Hans Jürgen Witthöft

Der Alte Elbtunnel

Geschichte und Geschichten

ProMar

Steinwärder.
+9,20
23,50
22,0
G.P. HAMBURG 1911

Hans Jürgen Witthöft

Der Alte Elbtunnel

Geschichte und Geschichten

ProMar

Steinwärder.
+9,20
22,0
23,50
G·P·HAMBURG·1911

Hans Jürgen Witthöft

Der Alte Elbtunnel

Geschichte und Geschichten

Bibliografische Information der Deutschen Nationalbibliothek
Die Deutsche Nationalbibliothek verzeichnet diese Publikation in der Deutschen Nationalbibliografie; detaillierte bibliografische Daten sind im Internet über http://dnb.d-nb.de abrufbar.

ISBN 978-3-00-062684-5

Gestaltung und Layout:
Karl-Heinz Westerholt

Vor-und Nachsatz:
Heike-Angela Baltruweit
purephotography@steenart.de

Printed in Europe

Inhalt

Meinen drei Kindern und vor allem
Ihrer Mutter gewidmet.
Hans Jürgen Witthöft

Einleitung

»**Eines der Eigenartigsten Bauwerke,** das zwar nicht zu den schwierigsten, aber wohl zu den interessantesten Ausführungen der Ingenieurskunst Deutschlands zu zählen ist, wurde in Deutschlands größter Hafenstadt, der alten Hansestadt Hamburg, im letzten Jahr fertig gestellt und dem Verkehr übergeben. Es ist dies der Elbtunnel, der als unterirdischer Verkehrsweg, tief unter der Sohle des hier 400 m breiten Elbstromes den Stadtteil St. Pauli mit den Industrie- und Hafengebieten Steinwärder und Kuhwärder verbindet.«

So bescheiden und sachlich beginnt Baumeister Otto Stockhausen 1912 in der

St. Pauli.
22.0

Zeitschrift des Vereins Deutscher Ingenieure seinen ausführlichen Bericht über die Entstehung jenes Bauwerkes, des Elbtunnels, das von da an zu den charakteristischsten der Hansestadt Hamburg zählt. Es ist ein unverwechselbares Bauwerk, das auch heute noch Jahr für Jahr, neben der eigentlichen Erfüllung seiner Nutzfunktion als Verbindungsweg zwischen den Stadtteilen diesseits und jenseits der Elbe tausende Besucher anzieht. Der Tunnel ist in jedem Stadtführer als außerordentliche Sehenswürdigkeit verzeichnet, und er gilt als Schmuckstück besonders für jenen Teil des Elbufers, der als St.-Pauli-Landungsbrücken weit über die Grenzen unseres Landes hinaus bekannt ist.

Damals, zu Anfang des vorigen Jahrhunderts, wurde das, was tüchtige Baumeister und ein Heer von Arbeitern unter schwierigen Bedingungen an und unter der Elbe schufen, als staunenswerte Ingenieurskunst höchster Vollendung angesehen. Von »Jahrhundertbauwerken« wurde in jener Zeit zwar noch nicht gesprochen, nach heutigen Maßstäben hätte es eine solche Bezeichnung aber mit einiger Sicherheit erhalten.

Seine solide Bauweise ist bis heute über alle Zweifel erhaben. Spätere Modernisierungen tun dieser Feststellung nicht den geringsten Abbruch. Zwar täuscht Nichts darüber hinweg, dass die technische Entwicklung ihn seit geraumer Zeit überholt hat – deswegen heißt es ja inzwischen auch der »Alte Elbtunnel« – zum alten Eisen zählt es aber deswegen noch lange nicht.

Der Verkehrsablauf wirkt heute zwar im Vergleich zu früheren Zeiten eher bedächtig und die passierende Fuhrwerke (heute Autos) sind deutlich weniger geworden, aber ein Bauwerk wie dieses sollte nicht nur an seinem »Verkehrswert« gemessen, nicht nur vom ökonomischen Standpunkt aus beurteilt werden. Einen hohen Stellenwert haben die gesamtbauliche Wirkung, die zahlreichen damit verbundenen, für den dafür offenen Betrachter liebenswerten nostalgischen Linien im Verbund mit den vielen Detailschönheiten, die sich dem Suchenden öffnen. Das hat auch die Hansestadt Hamburg erkannt, die in der Zeit nach dem Krieg mit ihren Baudenkmälern nicht unbedingt pfleglich umgegangen ist. Mit der nach und nach erfolgten Grundsanierung und vor allem aufwendigen Restaurierung des Alten Elbtunnels, die wahrscheinlich 2024 abgeschlossen sein wird, hat Hamburg allerdings ein Zeichen nicht nur für den Denkmalschutz, sondern für das Stadtbild insgesamt gesetzt, das es zu würdigen gilt. Es ist mit seiner Detailliebe und handwerklichen Kunstfertigkeit ein Meisterstück sorgsam kultivierter, denkmalgeschützter Stadtgeschichte.

Im Folgenden geht es dann auch weniger um das Zweckbauwerk, sondern mehr um das Kultur denkmal. An seinen Bau soll erinnert werden. Es ist keine Fachabhandlung für Ingenieure und Wasserbauer, sondern vielmehr der Versuch eines Liebhabers, der den Tunnel schon oft und meistens zu Fuß durchquert hat – nachts können die Röhren sehr, sehr lang werden – und nun, in alten Berichten kramend, die Geschichte dieser Verbindung – Tunnel verbinden zum Glück ja immer – festhalten will. Das Ganze ist ein Stück Hamburger Geschichte, ein Stück Geschichte des Elbstromes, des Hafens und auch der Schifffahrt.

Ich habe es für reizvoll gehalten, das Geschehen teilweise so wiederzugeben, wie Zeitzeugen es verfolgt und erlebt haben. Deshalb wird auch viel mit Zitaten in der damaligen Sprache berichtet, ohne dass dies ironisch gemeint ist. Aber wie sonst könnten die Tageseindrücke festgehalten, die Stimmung des Augenblicks wiedergegeben werden?

Hans Jürgen Witthöft

Hamburg, Mai 2019

Deutsche Kaufleute erschlossen die entlegensten Winkel der Erde: Blick auf den Niederhafen in Hamburg von 1890.

Große Dinge werfen ihre Schatten voraus

DIE ZEIT DER JAHRHUNDERTWENDE MIT ALLEN ihren Besonderheiten und Eigenarten, ihren gesellschaftlichen, politischen und wirtschaftlichen Entwicklungen, bildet den Hintergrund, vor dem der schon wesentlich ältere Gedanke, in der Hansestadt Hamburg eine Verbindung zwischen den beiden Elbufern herzustellen, realisiert wurde.

Es war die »gute alte Zeit«: Im fernen China tobten blutige, fremdenfeindliche Unruhen, die als Boxer-Aufstand in die Geschichte eingegangen sind. Ein aus Kontingenten vieler Staaten zusammengesetztes Expeditionskorps unter Führung des deutschen Feldmarschalls Graf Waldersee marschierte auf Peking. Für die im südlichen Afrika gegen englische Übermacht kämpfenden Buren fand sich in Deutschland viel Sympathie. Mit der Thronbesteigung Eduard II. am 22. Januar 1901 ging auf der britischen Insel das Victorianische Zeitalter zu Ende, und zwischen Russland und Japan verschärften sich die Spannungen, so dass es 1904 zu einem Krieg in Fernost kam.

Deutschland stand als endlich geeintes Kaiserreich in der ersten Riege der Mächte der Welt. Der 1888 seinem Vater auf den Thron gefolgte Kaiser Wilhelm II. verschaffte dem Reich viel äußeren Glanz, nicht zuletzt durch einen rasanten Ausbau der Kaiserlichen Marine, als dessen Architekt der Chef des Reichsmarineamtes, Admiral Tirpitz, agierte – leider fehlte nach dem Abgang Bismarcks eine adäquate politische Qualität, was sich später bitter rächte. Dafür aber prosperierte das Wirtschaftsleben in geradezu atemberaubendem Tempo. Deutsche Kaufleute erschlossen die entlegensten Winkel der Erde, deutsche Industrieerzeugnisse genossen Weltruf.

Der deutsche Importbedarf, vor allem an Rohstoffen, wuchs entsprechend der vehementen industriellen Expansion und infolge des langsam wachsenden Wohlstandes auch breiterer Schichten der Bevölkerung. Die deutsche Handelsflotte rückte nach der alten Seemacht England auf den zweiten Platz in der Weltschifffahrt vor. Albert Ballin formte die Hamburg-Amerika-Linie zur größten Reederei der Welt, und der deutsche Schiff- und Maschinenbau beeindruckte mit Spitzenprodukten und Innovationen in nahezu allen Bereichen. Man strotzte im Lande allgemein vor Kraft und fühlte sich zu Höchstem berufen, jedenfalls gab es kaum etwas, was man nicht glaubte anpacken und glücklich zu Ende führen zu können.

Die Arbeit im Hafen und auf den Werften – hier »Hamborger Ketelklopper« (Nieter) – war schwer, und für die meisten der dort Beschäftigten war der Weg zur Arbeit lang.

Der Elbstrom trennte die Wohngebiete der Stadt von den expandierenden Hafenanlagen und Industriebetrieben am anderen Ufer. Zu Tausenden pendelten die dort Beschäftigten morgens und abends hin und her.

Ja, und in der Technik, da überschlugen sich die Dinge geradezu. Sie vollzog Sprünge, die die Leute einerseits das Fürchten lehrte, ihnen andererseits aber auch ein starkes Vertrauen einflößte und den Glauben, dass es keinerlei Schranken mehr gab. Sichtbarster Ausdruck war der anhaltende Siegeszug der Dampfmaschine und der Elektrizität. Das Auto begann sich seinen Platz auf den Straßen zu erobern, ja sogar Zweiräder mit Motor knatterten in Stadt und Land an kopfschüttelnden Bürgern vorüber, und es war tatsächlich wahr – einige Verrückte bastelten irrsinnigerweise sogar an Flugmaschinen. Funkentelegraphie und Telephon waren andere Zauberwörter, und die chemische Industrie legte das Fundament zu einer machtvollen, immer weitere Bereiche umfassenden Entwicklung.

Von all diesem florierenden Handel und Wandel profitierte in hohem Maße die Hansestadt Hamburg. In der Elbmetropole hatten viele große Handelshäuser und Reedereien, die geschäftliche Verbindungen zu allen Kontinenten pflegten, ihren Sitz. Dieser traditionsreiche Handel war der bestimmende Wirtschaftsfaktor in Hamburg. Er stellte auch die politisch tonangebende Schicht. Zunehmend an Bedeutung gewannen aber auch Industriebetriebe, vor allem die zahlreichen Werften, darunter Großwerften, die in ihrer Branche weltweit Spitzenpositionen einnahmen. Auf ihren Bauplätzen dröhnten nahezu ohne Pause die Niethämmer. Schiffe aller Typen, oft geordert unter einem wahren, der Zeit entsprechenden Größen- und Geschwindigkeitsrausch, glitten von den Hellingen ins Wasser, um möglichst bald nach Fertigstellung irgendwo in dem weit verzweigten Hafen Passagiere und Ladung zu übernehmen.

Die grossen Werften als relativ neue, viel Platz beanspruchende und sehr personalintensive Industriebetriebe sowie die dringend benötigten neuen Hafenbecken wurden meist auf der der Stadt gegenüberliegenden Elbseite angesiedelt, die zuvor fast ausschließlich landwirtschaftlich genutzt worden war. So erstreckten sich auf der Südseite des Stromes in einer Länge von mehreren Kilometern, und immer noch weiter wachsend, Werftanlagen, Schuppen, Umschlags- und Lagerplätze sowie Werkstätten und andere Betriebsgebäude. Allerdings gab es kaum Wohnraum für die dort Beschäftigten. Deshalb nahmen der Personen- und auch der Güterverkehr zwischen der Stadt und dem linkselbischen Hafen- und Industriegebiet rapide zu. Dafür gab es als einzige landfeste Verbindung nur die Eisenbahn- und Straßenbrücke über die Elbe am oberen Ende der Seehäfen. Fast ausschließlich dem Personenverkehr dienten dagegen einige Fährlinien, die aber den Ansprüchen immer weniger genügten.

Nebel und Eisgang brachten nicht selten den Fährverkehr ganz zum Erliegen. Manchmal stundenlang, manchmal ganze Tage. Tausende in den Betrieben südlich der Elbe beschäftigte Arbeiter und Angestellte mussten dann den weiten Weg über die Elbbrücken machen, um zu ihrem Arbeitsplatz oder nach Hause zu gelangen. Für den Fuhrverkehr gab es zu der genannten Verbindung überhaupt keine Alternative. Die Notwendigkeit, auch an der westlichen Stadtgrenze in der Nähe der großen Arbeiterwohngebiete Altonas endlich eine feste Verbindung zwischen den beiden Elbufern zu schaffen, wurde als immer dringlicher angemahnt. Um die Jahrhundertwende begannen schließlich die zuständigen Instanzen wieder einmal diesen Übelstand zu erörtern und nach Lösungen zu suchen. Hoher Favorit bei den entsprechenden Diskussionen war, wie schon bei den vorangegangenen, erneut die Anlage eines Tunnels.

Der gedankliche Ursprung, einen Tunnel als Elbunterquerung zu bauen, liegt weit zurück. Der erste ernstzunehmende Vorschlag kann wohl dem damaligen Senator Johannes Versmann zugeschrieben werden, der bereits im April 1872 den Bau eines Tunnels zwischen St. Pauli und Steinwärder vorgeschlagen hatte. Er sollte nach seinen Vorstellungen auf der Stadtseite bei der Sternschanze seinen Anfang nehmen und sowohl dem Personen- als auch dem Fracht- und Eisenbahnverkehr dienen. Die erforderlichen Mittel – etwa 700 000 Taler Preußisch – wären von den verschiedenen für das Projekt zu interessierenden Eisenbahngesellschaften aufzubringen. Technisch war dieser Plan durchaus durchführbar, er kam jedoch nicht zur Ausführung, weil der wirtschaftliche Bedarf bei vielen Entscheidungsträgern dafür noch nicht zu erkennen war und hohe Kosten die Riege der Kaufleute, die in Hamburg den Senat und die Politik allgemein dominierten, schon immer abgeschreckt hatten. Sie hatten ohnehin ihre Kontore auf der Stadtseite der Elbe und blieben vielleicht auch deshalb den

Die Werft Blohm & Voss, auf der linken Elbseite gelegen, war Arbeitsplatz für tausende Arbeiter, die auf der rechten Elbseite wohnten.

Alte Hafenansicht: Etwa in der Mitte ist der Platz, auf dem später die Einfahrthalle St. Pauli des Elbtunnels entstand (oben). Jüngeren Datums ist das Foto unten. Es zeigt aus einem anderen Blickwinkel den Platz, auf dem heute die Einfahrthalle steht.

Bedürfnissen der auf der anderen Seite der Elbe angesiedelten neuen Industrien gegenüber eher skeptisch abwartend eingestellt.

Auch das nächste Projekt, zehn Jahre später von dem Hamburger Architekten George Westendarp ins Gespräch gebracht, scheiterte an den veranschlagten hohen Kosten (26 Mio. Mark) und dem immer noch fehlenden wirtschaftlichen Druck. Westendarp wollte das südliche Elbufer, wo er im Zuge des sich abzeichnenden Zollanschlusses richtigerweise den größten Teil des Freihafengebietes entstehen sah, mit Innenstadt und Börse verbinden und schlug deshalb einen Tunnel zwischen dem Großen und Kleinen Grasbrook vor. Der Verkehr sollte in zwei Ebenen ablaufen. Die obere Ebene war für den Fußgänger- und Wagenverkehr gedacht, die untere für die Straßenbahn. Den Bau stellte sich Westendarp so vor, dass an Land große Röhrenelemente montiert und dann in eine ausgebaggerte Rinne versenkt würden. Nach dem Herauspressen des Wassers mittels Druckluft, sollte die Ausmauerung erfolgen.

In der darauf folgenden Zeit legten sowohl Privatleute als auch staatliche Techniker eine ganze Reihe weiterer Pläne vor, die eine Verbindung der beiden Elbufer zum Gegenstand hatten. Manche verfolgten die Tunnelidee weiter, andere beschäftigten sich mit dem Brückenbau und ein weiterer Diskussionsbeitrag sah sogar eine vom Niederbaum abgehende, die Elbe an der oberen Grenze des Freihafengebietes überschreitende und sodann am ganzen Südufer entlangführende Eisenbahnlinie vor. Sie alle hatten gemeinsam, dass sie mehr oder weniger nicht ernst genommen wurden.

Eine Ausnahme bildete 1888 die Idee des Ingenieurs Vering, die zwei verschiedene Tunnelpaare vorsah. Eines sollte vom Rödingsmarkt ausgehen und über die Kehrwiederspitze nach Steinwärder führen und das andere den Großen und Kleinen Grasbrook miteinander verbinden. Jeweils ein Tunnel war für Fußgänger, der andere für die Straßenbahn gedacht. Aber auch dieser Plan, obwohl ausgiebig diskutiert, landete, wie so viele andere vor ihm, schließlich im Aktenkeller. Seine Kosten waren mit nicht ganz 16 Mio. Mark angegeben.

Bei derartig vielen und vor allem unterschiedlichen Vorschlägen fiel natürlich eine Entscheidung besonders schwer. Das ist ja durchaus menschlich verständlich. Hinzu kam die natürliche Schwelle, die es selbst bei staatlichen Auftraggebern zu überwinden gilt, wenn es sich um derart teure Bauvorhaben handelt. Hier hat man allerdings im Laufe der verflossenen Jahrzehnte so manche Scheu überwunden. Die damals zur Prüfung der ausgewählten Vorschläge eingesetzte Senats- und Bürgerschaftskommission jedenfalls tat sich zunächst ungeheuer schwer und tat dann etwas, was auch heute noch allzu gern von politischen Entscheidungsträgern getan wird. Sie schob die Sache, um die es eigentlich ging, noch etwas vor sich her und demonstrierte zunächst Aktivität durch die Verkündung eines Kompromisses: Erst einmal sollte der bestehende Fährverkehr ausgebaut werden, um wenigstens dem gröbsten abzuhelfen und sich dadurch Luft zu verschaffen. Aber der Senat war sich durchaus darüber im Klaren, dass das sich auswachsende Problem nur mit anderen Mitteln grundlegend gelöst werden konnte. Nicht zuletzt, weil sowohl eine Eingabe der »Inhaber von Werften und industriellen Etablissements« als auch Unruhen unter der Arbeiterschaft in die diesbezügliche offene Wunde stießen. Auch der große Hafenarbeiterstreik von 1896 hatte seine Ursache in nicht unerheblichem Maße in den unzureichenden Fährverbindungen. Die Unternehmer selbst hatten es ja in ihrer Eingabe drastisch geschildert, wie es vor Beginn und nach Beendigung der Arbeitszeit aussah. Da »bilden sich lange Schlangen [von Männern], die, eingeklemmt in Barrieren, bei jedem Dampfer immer nur ein paar Schritte vorrücken können, und wer einmal mitten drin ist, muss oft stundenlang warten, bis er an die Reihe kommt. Und dies alles unter freiem Himmel, ohne den geringsten Schutz gegen Regen, Sonne, Kälte und Sturm. Nicht die kleinste Bank oder eine Wartehalle ist vorhanden.«

Klar war sich der Senat wohl auch darüber, dass eine Verbindung nicht in der Hafenmitte, also etwa auf der Linie Kehrwiederspitze – Steinwärder geschaffen werden sollte, sondern dass es viel dringlicher war, dies im mehr unterhalb gelegenen Hafenteil zu tun, nämlich zwischen St. Pauli und Steinwärder. Begründet wurde dies mit der Ballung von Arbeiterwohnquartieren und der Nähe zu der Jahr für Jahr expandierenden Werft von Blohm & Voss, die tausende Menschen beschäftigte, sowie mit der Übersiedlung der Kaibetriebe der Hamburg-Amerika-Linie auf das nahe Kuhwärder-Terrain, wo auch andere umfangreiche Hafenbauten entstanden.

Aber wie sollte die Lösung denn nun aussehen? Ein Brückenbau würde, das zeigte sich sehr schnell bei der Erörterung von Einzelheiten, an der vorgesehenen Stelle erhebliche Probleme bereiten. Eine Brücke musste, um die Zufahrt zu den oberen Seehäfen nicht zu versperren, mindestens 55 Meter über dem Wasserspiegel liegen, damit auch den neuen Großseglern die Durchfahrt gewährleistet blieb. Wir kennen diese Problematik bei den heutigen Diskussionen um die Köhlbrand-Hochbrücke. Erhebliche Schwierigkeiten wurden für den Fall eines Brückenbaus vor allem hinsichtlich der erforderlichen Zufahrtsrampen gesehen, denn sie mussten ja bis in die genannte Höhe geführt werden, durften aber wegen der Fuhrwerke dabei nicht zu steil ansteigen und waren deshalb sehr weiträumig anzulegen. Als Kosten wurden 25 Mio. Mark genannt.

Eine Schwebefähre, die u. a. 1900 von der Hamburg-Amerika-Linie im Zusammenhang mit deren umfangreichen Hafenbauten auf der anderen Elbseite ernsthaft ins Gespräch gebracht worden war, hätte zwar nur ein Drittel der Hochbrückeninvestition erfordert, wäre aber mit Sicherheit nicht dem zu erwartenden Verkehrsaufkommen gerecht geworden.

In der Errichtung einer auch für Fuhrwerke geeigneten Fährverbindung, wie sie die Bürgerschaft vorgeschlagen hatte, sah der Wasserbauinspektor Ludwig Wendemuth, dem die Vorschläge zur Stellungnahme zugeleitet worden waren, ebenfalls nur Nachteile. Eine Fähre würde zu Störungen im außerordentlich regen Schiffsverkehr auf der Elbe führen und ebenfalls größeren Ansprüchen kaum gewachsen sein, meinte er. Wendemuth antwortete dem Senat mit einem Bericht der Baudeputation am 5. Januar 1901. Er plädierte, wie andere vor ihm, für den Bau eines Tunnels und fügte gleich einen von der Frankfurter Firma Philipp Holzmann & Cie, GmbH erarbeiteten Entwurf bei. Basis war ein Tunnel, wie er ihn in Glasgow gesehen hatte und dessen Konzeption seiner Ansicht nach auch den hamburgischen Bedürfnissen weitgehend entsprach. Diese Lösung bot die Vorteile, weder hemmende Einflüsse auf den Schiffsverkehr auszuüben, noch umfangreiche Uferbauten zu erfordern. Die erste Kostenrechnung belief sich auf rund 6 400 000 Mark.

Nachdem die Angelegenheit immerhin zumindest gedanklich so weit gediehen war, schritten die entscheidenden Männer aus Politik und Verwaltung zur Tat und schickten zur Demonstration ihrer Entschlossenheit zunächst einmal eine Delegation auf Studienreise ins Ausland, um dort verschiedene, in etwa vergleichbare Objekte in Augenschein zu nehmen. Derartige Studienreisen sind ja auch heute, nicht zuletzt aus den Berichten der Rechnungshöfe, gut bekannt. Sie scheinen schon immer sehr beliebt gewesen zu sein.

Schon im Mai 1901 traten die Präsides der Baudeputation der Hamburger Bürgerschaft, die Senatoren Dr. Predöhl und Holthusen, in Begleitung der Herren Vermehren und Wendemuth eine Fahrt nach Rouen an, um die dort betriebene Schwebefähre zu besichtigen. Von der Seine aus ging es anschließend weiter nach Glasgow, wo die Inaugenscheinnahme des schon erwähnten Hafentunnels auf dem Programm stand.

Nach ihrer Rückkehr gaben die nun offensichtlich wohl informierten Herren der Delegation unzweideutig die Empfehlung, in Hamburg einen Tunnel zu bauen. Bereits im Februar 1902 legten Wasserbaudirektor Buchheister und Oberingenieur Vermehren einen gemeinschaftlichen Bericht vor, zusammen mit einem detaillierten, bindenden Angebot der Firma Philipp Holzmann, das sie zur Annahme empfahlen. Die Idee zum Bau eines Tunnels unter der Elbe war damit in ein konkretes Stadium getreten, wenn natürlich der verwaltungsmäßige und politische Vorlauf auch noch einige Jahre Zeit in Anspruch nahm.

Das liess viel Raum für die öffentlichen Diskussionen und Spekulationen, die sich an diesem großen und auch spektakulären Bauwerk trefflich entzünden konnten, vor allem deshalb, weil sich die Bevölkerung sehr wohl bewusst war, dass in ihrer Stadt ein Jahrhundertbauwerk entstehen sollte. Entsprechend groß war das Interesse von Beginn an. Mit dem ihnen eigenen Gespür gingen auch die Medien zunehmend darauf ein, im Tonfall je nach Zusammensetzung ihrer Leserschaft. Das »Hamburger Echo« zum Beispiel trat als traditionelles Arbeiterblatt vor allem für deren Belange ein, während der »Hamburgische Korrespondent« mehr der Reportage verschrieben war. Als typisch für die einsetzenden Debatten kann eine Zuschrift gelten, in der sich unter dem Aspekt der geplanten Verbindung »St. Paulianer Kreise« (heute würden wir das ganz anders auffassen) Gedanken über die Zukunft ihres Stadtteils machten. Sie erschienen am 14. September 1902 im »Hamburger Fremdenblatt« unter der Rubrik »Communales« und sind von besonderem Interesse auch deshalb, weil in diesen ausführlichen Darlegungen mehrerer besorgter, vor allem aber interessierter Bürger über die Elbquerung hinaus nicht nur einige Angaben über die Stadt- und Hafenentwicklung an sich enthalten sind, sondern auch ganz reizende Geständnisse und Bekenntnisse, die ein Bild des damaligen St. Pauli skizzieren. So lohnt es sich, ein wenig abzuschweifen. Unter anderem heißt es:

»›Wer kennt nicht St. Pauli?‹, so könnte man gewiss ausrufen, wenn man von unserer Vaterstadt Hamburg spricht. Der Name St. Pauli ist eng verknüpft mit dem Namen Hamburgs. Jeder Fremde, welcher Hamburg besucht, wird nicht vergessen, sich St. Pauli anzusehen. Da es bekanntlich die Metropole des Vergnügens ist und daher das Leben und Treiben dort höchst interessant und sehenswerth macht, so daß dieser Stadttheil in dieser Beziehung einer Groß-, Handels- und Seestadt gewiß würdig erscheint. Auf der Reise wird manchem Hamburger die schelmische Frage gestellt: ›Na, was macht St. Pauli? Nichts Neues dort?‹ In dieser Frage liegt eigentlich begründet, daß man bis jetzt St. Pauli nur von der heitersten Seite kennt.

Ehemals war St. Pauli, als es noch Vorstadt war, ein etwas nicht ganz makelloser Stadttheil, weil die Stadt Hamburg sich gewisser Elemente dadurch entledigte, daß sie diese dorthin verwies. Nebenbei fanden sich da auch Leute ein, die in der Stadt, der Zunftgesetze wegen, nicht seßhaft werden konnten, und nun dort ihr Gewerbe ausübten. Da dieser Ort demnach mit Bezug auf Gewerbebetriebe viel freier dastand, so konnte sich auch eine bedeutende Entwicklung bemerkbar machen, zumal die Zunahme der Bevölkerung, was Gewerbetreibende und gutes seßhaftes Bürgertum anlangte, trotz der Absperrung von Hamburg eine ganz bedeutende war. Als nun gar erst 1860 die Thorsperre fiel, entwickelte sich die Vorstadt zunehmend von Jahr zu Jahr, so daß dieser Stadttheil heute 78 000 Einwohner besitzt. Außer großen Wirtschaftsbetrieben entstanden daher auch größere Geschäfte, die durch den regen Verkehr rentabel gehalten wurden.

Bekanntlich war ja der Haupttheil des Hafens früher in St. Pauli; es duldete die Behörde dort, auch deshalb schon, ein bedeutend freieres Leben. Es entstanden mit der Zeit die verschiedenartigsten Vergnügungs-Etablissements in ausgedehntem Maße, die ihre gute Existenz fanden, so daß heute

Für Abwechslung und Vergnügen in St. Pauli sorgten auch die damals noch zahlreichen und gut besetzten Straßenkapellen. Musik war schon immer ein Teil des dortigen Lebens.

Der Zollanschluss brachte für das Wirtschaftsleben der Hansestadt tiefgreifende Veränderungen und führte zum Bau des Freihafens; am 29. Oktober 1888 legte Kaiser Wilhelm II. den Schlussstein für die Neubauten.

in Wirklichkeit dort eine Centralisation der Theater, Variétés und sonstiger Vergnügungs- und Wirtschaftslokale ist, was ein so eigenartiges Bild abgibt, wie es wohl kaum anderswo zu finden ist.

Als 1888 der Zollanschluß Hamburgs erfolgen sollte, mußte man weitgehende Hafenpläne ins Auge fassen, um eine Centralisation der verschiedensten Hafenanlagen zu schaffen, in Verbindung mit einer Centralisation der für den auswärtigen Handel in Frage kommenden Geschäfte und Comptoirs. So entstanden die großen Hamburger Hafenanlagen, die zu den Sehenswürdigkeiten der Welt gehören und daher von allen Fremden mit Recht bewundert und angestaunt werden.

Die beständige Zunahme des Handels machte eine fortwährende Vergrößerung der Hafenanlagen nöthig, die schließlich bis an die äußerste preußische Grenze in Wilhelmsburg erfolgte. Wie nun aber an eine noch weitere Vergrößerung der Hafenanlagen durch Neuanlagen gedacht werden mußte, wurde auch in Anbetracht der jetzt vorgenommenen Elbstrom- Correction, das St. Pauli gegenüberliegende Hamburger Terrain in Kuhwärder beginnend bis nach Finkenwärder gehend für die nöthige und spätere Ausdehnung der Hafenanlagen bestimmt.

In dieser Bestimmung liegt die Zukunft St. Paulis, denn, wenn die Ausdehnung der Hafenanlagen nur nach dieser einen Richtung erfolgen kann, so wird geographisch St. Pauli immer mehr zur Mitte der Gesammt-Hafenanlagen kommen, und es wird sich auch auf commerciellem Gebiet anders gestalten müssen, so daß St. Pauli künftig eine richtige Hafenstadt sein wird, deren Verkehr sich auch bei Tage bedeutend heben muß. Selbstredend muß aber eine vorzügliche Verbindung nach den neuen Hafenanlagen geschaffen werden.

Eine der schwierigsten Fragen, die ihrer Lösung entgegengehen, ist die feste Verbindung der beiden Elbufer.

Man hat inzwischen alle erdenklichen Verbindungsmöglichkeiten erwogen, so dass Schwebefähre, Tunnel, Traject, Schwebebahn und natürlich auch eine Hochbrücke genannt wurden und augenblicklich vorwiegend an einen Tunnel oder Fähre gedacht wird. Die Anlage einer Hochbrücke über die Elbe wird jetzt von Fachleuten für am praktischsten und zweifellos ausführbar gehalten, wobei weder Fahrstuhl oder dergl. nöthig wird, trotz Rücksichtnahme auf Terrain, Schiffahrt, Verbindung aller Häfen etc., da alle Bedingungen bekannt sind.

Die Kosten würden sich auf 3 bis höchstens 4 Mill. Mk. belaufen. Dafür würde man aber eine Brücke schaffen, unter welcher alle Schiffe ungestört durchfahren können, für Eisenbahn, Straßenbahn, Wagen und Fußverkehr eingerichtet, und was die Hauptsache ist, dem Verkehr ohne Unterbrechung in jeder Beziehung gerecht werden können, was bei einer anderen Verbindung nicht möglich ist.

Die jetzt von der Behörde ins Auge gefaßte Fähre würde zweifellos den Elbstrom beengen, der entschieden frei gehalten werden muß, und bei Eisgang und Nebel großen Schwierigkeiten ausgesetzt sein, abgesehen davon, dass auch hierbei der Verkehr nicht fortlaufender Richtung sein kann, selbst bei zwei in entgegenlaufender Richtung nebeneinander arbeitenden Fähren. Der unter Wasser anzulegende

Tunnel ist, außer seinen sonstigen Mängeln, nur für Personenverkehr gedacht, was doch entschieden nicht genügen würde.

Da der Kaiser, bei dem hohen Interesse, welches er der Entwicklung unserer Handelsmarine entgegenbringt, demnächst die Kuhwärder Häfen in Augenschein nehmen will, wobei ihm gewiß ein Zukunftsbild derselben entworfen und auch auf die Verbindung der beiden Elbufer hingewiesen wird, wobei natürlich St. Pauli auch genannt werden muß, da es mit der zukünftigen Entwicklung eng verbunden, so wird es bei dieser Besprechung vortheilhafter beurtheilt werden wie bisher, da es berufen, neben der Metropole des Vergnügens, auch spähter einen Theil der Metropole des Handels zu sein, so daß das Wort eines unserer Herren Senatoren hoffentlich zu Wahrheit wird, welches anläßlich einer Audienz fiel: ›St. Pauli wird in Zukunft das bevorzugteste Kind Hamburgs sein.‹«

Die Diskussionen über das Projekt einer Verbindung der beiden Elbufer zogen Kreise. In vielen Zirkeln, Vereinen sowie von zahlreichen betroffenen Firmen und Personen wurden sie teilweise heftig und kontrovers geführt. Ein Beispiel bietet die Hafen-Dampfschiffahrt AG, die auf ihrer Generalversammlung im März 1903 unter anderem auch dazu Stellung nahm. Es hieß, dass die Zukunft der Gesellschaft »nicht ungünstig sei, trotzdem man die Aktionäre durch einen Tunnelbau graulen gemacht habe.« Überhaupt, wurde zu bedenken gegeben, koste ein Tunnel rund 20 Millionen Mark und es sei immer noch die Frage, ob der Staat sich solche Lasten auferlegen werde. Anders sähe es aus, wenn es zu einer Fährverbindung kommen sollte. Jedoch sei auch das kein Anlass zur Sorge, denn für diesen Fall habe man sich bereits so weit abgesichert, dass die Gesellschaft es sein werde, die dann diese Verbindung betreiben werde, und das unter den notwendigen Garantien. Die Hafen-Dampfschiffahrt AG hatte einen möglichen Trajektverkehr, wie es damals noch hieß, ebenfalls mit ins Gespräch gebracht, und tatsächlich sind wiederum Fachleute ins Ausland geschickt worden, um dort schon in Betrieb befindliche Anlagen dieser Art zu studieren.

Im Zusammenhang mit der Eröffnung der Kuhwärder Häfen und besonders der Situation nach Eröffnung des Kaiser-Wilhelm- und des Ellerholz-Hafens beschäftigte sich im »Hamburger Fremdenblatt« vom 1. Dezember 1903 auch ein Herr Y. mit dem Problem. Er wies darauf hin, dass der An- und Abtransport der umfangreichen dort umgeschlagenen Güter, soweit dies nicht per Eisenbahn- oder Leichterverkehr erfolge, zu beschleunigen sei, beschrieb den Umweg, den die Güter unter den gegebenen Umständen zu nehmen hätten, wies auf schon überlastete Straßenzüge hin und plädierte ebenfalls für eine Wagenfähre als einzig vernünftig gangbaren Weg. Vom Bau einer Brücke oder eines Tunnels werde »man vorläufig wohl absehen müssen, da erstere der Schiffahrt ein arges Hindernis, mag sie auch gebaut werden wie sie will, bieten würde und der Bau eines Tunnels wegen des ungünstigen Grundes auf sehr große Schwierigkeiten stoßen würde.« Y. meinte, dass eine Wagenfähre, die so groß dimensioniert sein müsste, dass sie bis zu zwölf mit je zwei Pferden bespannte Wagen aufzunehmen imstande sei, große Vorteile mit sich brächte, da sie gleichzeitig zur Beförderung der Arbeiter genutzt werden könne. Zur Zeit des Arbeitsbeginns oder Feierabends könnte sie sogar für eine bestimmte Zeit allein zur Personenbeförderung dienen.

Diesen Überlegungen stimmte ein Herr Schiffer am 5. Dezember 1903 in der gleichen Zeitung zu, meinte aber, dass Tunnel oder Brücke zu späterer Zeit folgen könnten, ja sie würden sicher folgen, denn eine oder mehrere Wagenfähren würden den Verkehr ohnehin bald nicht mehr bewältigen können. Im Übrigen empfand er es als lächerlich, zu befürchten, dass der Verkehr auf der Elbe den Fährverkehr bald nicht mehr zulassen würde. »Unsere Nachkommen würden uns belächeln«, meinte Herr Schiffer, »wenn sie hörten, wie wir bei dem geringen Verkehr von heute es nicht wagen wollten, die Elbe zu kreuzen. Der Verkehr zu Wasser wird sich in nicht ferner Zeit verdoppeln und verdreifachen, das ist sicher, es werden aber auch Mittel und Wege gefunden, ihn in der Gewalt zu behalten. Der Mensch wächst eben mit seinen höheren Zwecken.«

Dieser so voller Zuversicht steckende Herr Schiffer war andererseits auch voll Vertrauen in die Gegebenheiten und die gute Anlage des Hafens. Er meinte: »Wenn wir erst eine Wagenfähre haben, wird sie so sicher verkehren wie nur menschenmöglich. Wir verfügen über sehr ausgedehnte Wasserflächen und ich bin der Ansicht, diese werden noch lange nicht ausgenutzt, wie es wohl angängig ist. Wir sind eben verwöhnt, durch den kolossalen Ellenbogenraum, den man uns läßt. Wo findet man es, daß Schiffe ungefähr mit halber Kraft an ihren Löschplatz gelangen und alles von Bord verschwunden ist in etwa einer Stunde nach Insichtkommen Hamburgs? Wo findet man es, daß Schlepper mit einer Reihe Schuten in voller Fahrt durch den Hafen sausen

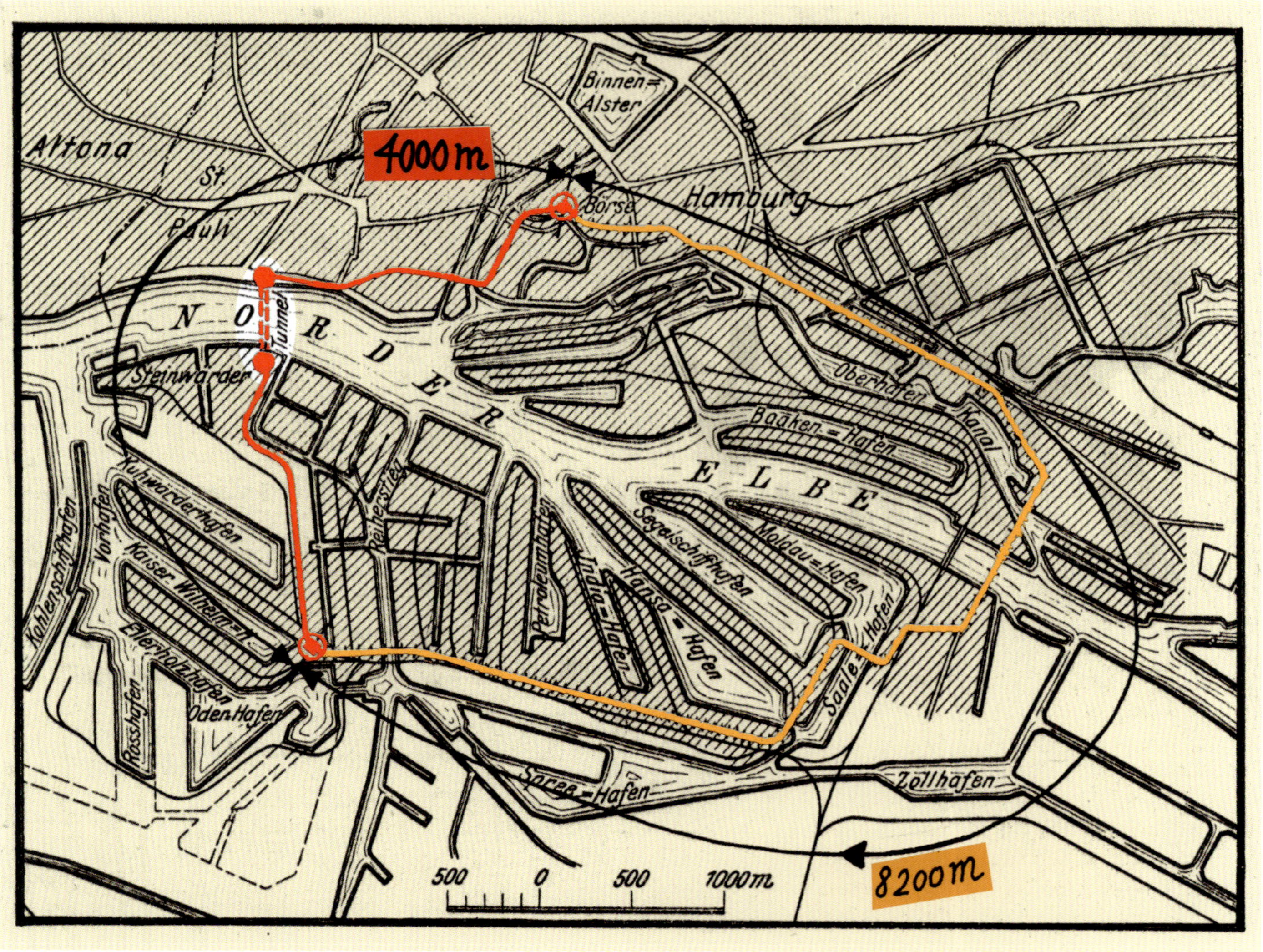

Plan des Hamburger Hafens. Der Tunnel ist gestrichelt und rot eingezeichnet, hervorgehoben sind die Wege von der Börse zum Hafen mit (rot) und ohne Tunnel (gelb).

können? Man denke an London, Liverpool und wird finden, wie sparsam dort mit den kostspieligen Wasserflächen umgegangen wird und welcher Zeitverlust entsteht, an einen Löschplatz zu gelangen.«

Dann wird Herr Schiffer, machen wir gedanklich einen Sprung in die achtziger Jahre mit dem sich bis heute fortsetzenden Gerangel um die Hafenerweiterung, sogar prophetisch, als er fortfährt: »Es ist gewiß schön, so viel Raum zu haben, aber darum dürfen wir nicht vergessen, daß eine Zeit kommt, wo auch uns der Platz knapp wird, eine Ausdehnung nicht mehr möglich ist. Auch dann werden und müssen wir uns, wenn auch mit Bedacht, helfen.« Im übrigen scheint Herr Schiffer recht gut informiert gewesen zu sein, denn er berichtet, dass Techniker zum Studium der besten Fähr- und Pontonanlagen nach Amerika und England entsandt worden seien und man in nächster Zeit bestimmt mit einer Vorlage des Hohen Senats rechnen könne. Er schloss: »Die Bürgerschaftliche Fähr-Kommission tagt ja noch und Herr Y. kann hoffen, recht bald von ihr zu hören.«

Allerdings, die Dinge spitzten sich zu und das Fährprojekt wurde rasch offiziell und endgültig abgehakt. Bereits am 30. Dezember 1903 wusste das »Hamburger Fremdenblatt« mitzuteilen: »In der Frage einer festen Verbindung der beiden Elbufer neigt man sich, wie in maßgeblichen Kreisen verlautet, nunmehr definitiv der Ansicht zu, daß der Bau eines Tunnels unter der Elbe das einzig Richtige sein würde, die Vorlagen über den Tunnel, welcher mit großen, auch für Wagen zu benutzenden Einstiegsschächten projektiert ist, werden der Bürgerschaft wahrscheinlich noch während des Jahres 1904 zugehen.«

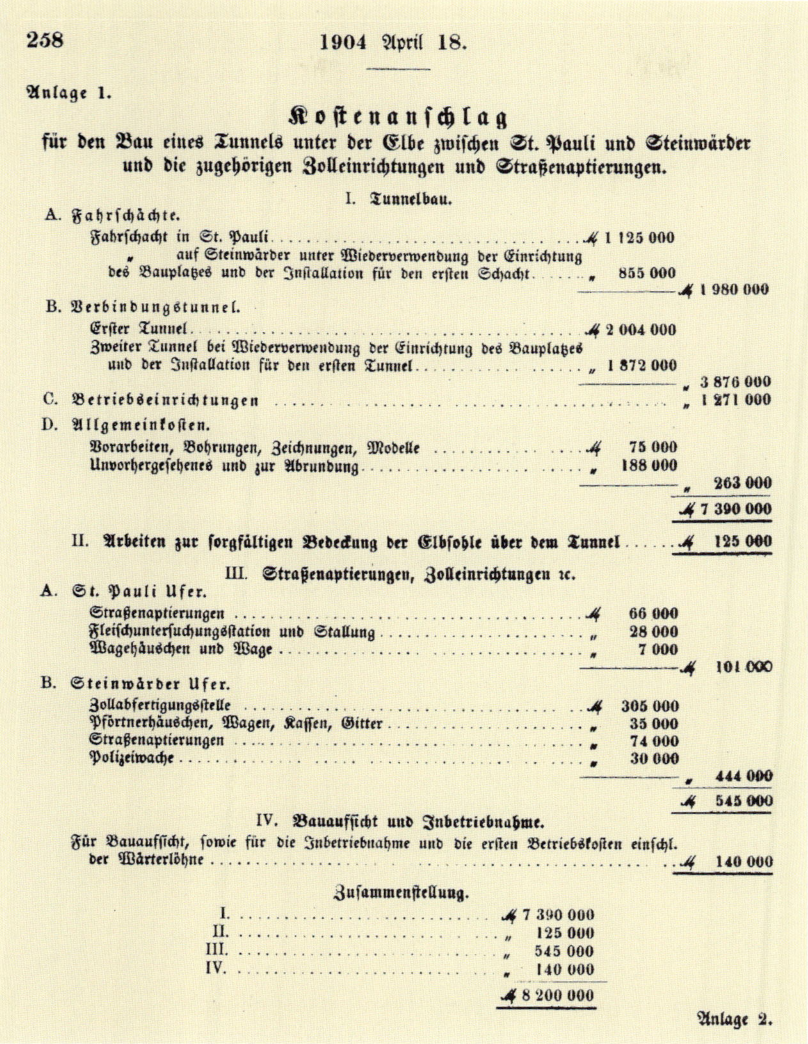

258 — 1904 April 18.

Anlage 1.

Kostenanschlag
für den Bau eines Tunnels unter der Elbe zwischen St. Pauli und Steinwärder und die zugehörigen Zolleinrichtungen und Straßenaptierungen.

I. Tunnelbau.		
A. Fahrschächte.		
Fahrschacht in St. Pauli	ℳ 1 125 000	
" auf Steinwärder unter Wiederverwendung der Einrichtung des Bauplatzes und der Installation für den ersten Schacht	" 855 000	
		ℳ 1 980 000
B. Verbindungstunnel.		
Erster Tunnel	ℳ 2 004 000	
Zweiter Tunnel bei Wiederverwendung der Einrichtung des Bauplatzes und der Installation für den ersten Tunnel	" 1 872 000	
		" 3 876 000
C. Betriebseinrichtungen		" 1 271 000
D. Allgemeinkosten.		
Vorarbeiten, Bohrungen, Zeichnungen, Modelle	ℳ 75 000	
Unvorhergesehenes und zur Abrundung	" 188 000	
		" 263 000
		ℳ 7 390 000
II. Arbeiten zur sorgfältigen Bedeckung der Elbsohle über dem Tunnel		ℳ 125 000
III. Straßenaptierungen, Zolleinrichtungen ꝛc.		
A. St. Pauli Ufer.		
Straßenaptierungen	ℳ 66 000	
Fleischuntersuchungsstation und Stallung	" 28 000	
Wagehäuschen und Wage	" 7 000	
		ℳ 101 000
B. Steinwärder Ufer.		
Zollabfertigungsstelle	ℳ 305 000	
Pförtnerhäuschen, Wagen, Kassen, Gitter	" 35 000	
Straßenaptierungen	" 74 000	
Polizeiwache	" 30 000	
		" 444 000
		ℳ 545 000
IV. Bauaufsicht und Inbetriebnahme.		
Für Bauaufsicht, sowie für die Inbetriebnahme und die ersten Betriebskosten einschl. der Wärterlöhne		ℳ 140 000

Zusammenstellung.

I.	ℳ 7 390 000
II.	" 125 000
III.	" 545 000
IV.	" 140 000
	ℳ 8 200 000

Anlage 2.

Der erste Kostenvoranschlag für das Tunnelprojekt.

Mitte Januar 1904 konnten dann tatsächlich bereits Arbeiter der Baudeputation beobachtet werden, die an beiden Ufern der Elbe Bodenprüfungen vornahmen. Das wurde natürlich sofort und richtig mit dem projektierten Tunnelbau in Verbindung gebracht. Auf der St.-Pauli-Seite geschah dies bei der seinerzeitigen, nur noch wenig genutzten Fleischbeschauanstalt, einem früheren Holzschuppen der Hamburg-Amerika-Linie. Auf dem jenseitigen Ufer wurden die Bohrungen in den Gartenanlagen hinter der Öffentlichen Männer-Badeanstalt Steinwärder gemacht.

Zu dieser Zeit wurden auch bereits erste Spekulationen angestellt, wie der Tunnel wohl beschaffen sein und wie er gebaut würde. So berichteten beispielsweise die »Hamburger Nachrichten« in ihrer 2. Morgenausgabe am 17. Januar 1904, dass die Anlage gleichzeitig für den Hin- und Rückverkehr eingerichtet und zwei gänzlich voneinander getrennte Tunnelröhren erhalten solle. Diese Tunnel würden aus mächtigen eisernen Röhren bestehen, die in vorher ausgebaggerte Rinnen quer über das Bett des Elbstromes gelegt werden sollten. Als Einstieg seien auf beiden Seiten Lifte vorgesehen.

Größere Klarheit brachte aber erst im April 1904 die lang erwartete Senatsvorlage für die Erbauung eines Tunnels zwischen St. Pauli und Steinwärder. Sie umfasste 16 Folioseiten und begründete das Vorhaben ausführlich. Insgesamt war der Senat zu dem Schluss gekommen, dass in Anbetracht der Sachlage als beste Verkehrseinrichtung nur ein Tunnel in Frage käme, denn er würde die Schifffahrt in keiner Weise beeinträchtigen, sei von Nebel und Eisgang völlig unabhängig und garantiere den einzig leistungsfähigen, nämlich den ununterbrochenen Betrieb.

Als der allein in Betracht kommende Platz für die Tunnelverbindung sei die Gegend zwischen dem westlichen Ende der St. Pauli Landungsbrücken und der Steinwärder Männer-Badeanstalt, westlich vom Fährkanal anzusehen. Abgesehen davon, dass an und für sich der Querverkehr an diesem Punkt des Hafengebietes besonders stark entwickelt sei, sei die Gegend der Landungsbrücken auch aus jeder Richtung sowohl für Fuhrwerke wie für Fußgänger leicht zugänglich. Nach Osten wie nach Westen zu befänden sich in nur geringer Entfernung stark bevölkerte Wohnquartiere, in denen zahlreiche Hafen-, Werft- und Industriearbeiter, die am Südufer der Elbe ihre regelmäßige Beschäftigung hätten, wohnhaft seien. Auf dem Südufer würden sich vom Endpunkt des Tunnels aus sowohl die dort gelegenen Werften und Fabriken wie auch die neuen Hafenanlagen verhältnismäßig leicht erreichen lassen. Durch den Tunnel würde die Entfernung vom Mittelpunkt der Geschäftsstadt, der Börse, bis zum Mittelpunkt der Hafenanlagen der Hamburg-Amerika-Linie von 8200 Meter auf 4000 Meter verkürzt. Für die Fuhrwerkverbindung von St. Pauli bis Steinwärder bedeute der Tunnel sogar eine Verkürzung um elf Kilometer.

Nach dem aus den gemeinsamen Beratungen der 1. und 2. Sektion der Baudeputation hervorgegangenen Projekt, für das das Prinzip des Clyde-Tunnels in Glasgow als Vorbild gedient habe, soll an den beiden Mündungspunkten des Tunnels je ein runder, überbauter Schacht von 20 Meter Durchmesser hergestellt werden, in welchem sich sechs Lastenaufzüge von drei verschiedenen Längen, nämlich von 9,40 Meter bzw. 7,00 Meter für Fuhrwerke und von 3,20 Meter für Personen, bewegen. In die beiden auf dem Wege der Druckluftgründung zu versenkenden Schächte, deren Sohle etwa 6,50 Meter unter dem Flussbett der Elbe liegen wird, münden unten zwei Paralleltunnel von 4,80 Meter innerem Durchmesser ein, die die Verbindung zwischen den beiden Elbufern, und zwar zur Vermeidung von Stockungen, in zwei den gegengesetzten Verkehrsrichtungen entsprechend getrennten, nebeneinander herlaufenden Verkehrswegen vermitteln. Jedes der beiden Tunnelrohre werde der Breite nach in eine Fahrbahn für Lastfuhrwerke und zwei beiderseitige Fußwege für den Personenverkehr eingeteilt. Böse Zungen behaupteten damals, dass die Höhe der Tunnelröhren so bemessen sei, damit Fuhrwerke auch noch mit aufgestellten Pferdepeitschen hindurchfahren konnten.

Selbstverständlich waren in der Senatsvorlage die Kosten nicht vergessen worden. Sie wurden für das gesamte Projekt, für dessen Ausführung man eine Bauzeit von zwei bis drei Jahren annahm, auf rund 8 200 000 Mark berechnet. Davon entfielen 7 390 000 Mark auf den eigentlichen Tunnelbau, 125 000 Mark auf die Arbeiten zur sorgfältigen Bedeckung der Elbsohle über dem Tunnel und 545 000 Mark auf die Straßenadaptierungen und Zolleinrichtungen; außerdem wurden für die Inbetriebnahme und für die ersten Betriebskosten einschließlich der Wärterlöhne sowie für Bauaufsicht noch 140 00 Mark angenommen. Die jährlichen Betriebskosten sind ohne Berücksichtigung einer Amortisierung des Anlagekapitals auf 55 000 Mark geschätzt worden, wovon 31 000 Mark auf die Lieferung des zum Betrieb der Aufzüge und zur Beleuchtung des Tunnels erforderlichen Stromes aus dem städtischen Elektrizitätswerk entfallen würden, ferner 17 700 Mark auf Gehälter und Löhne und 6 300 Mark auf die Unterhaltung der Anlagen.

Der geplante Tunnel unterquert das Freibad am rechten Elbufer.

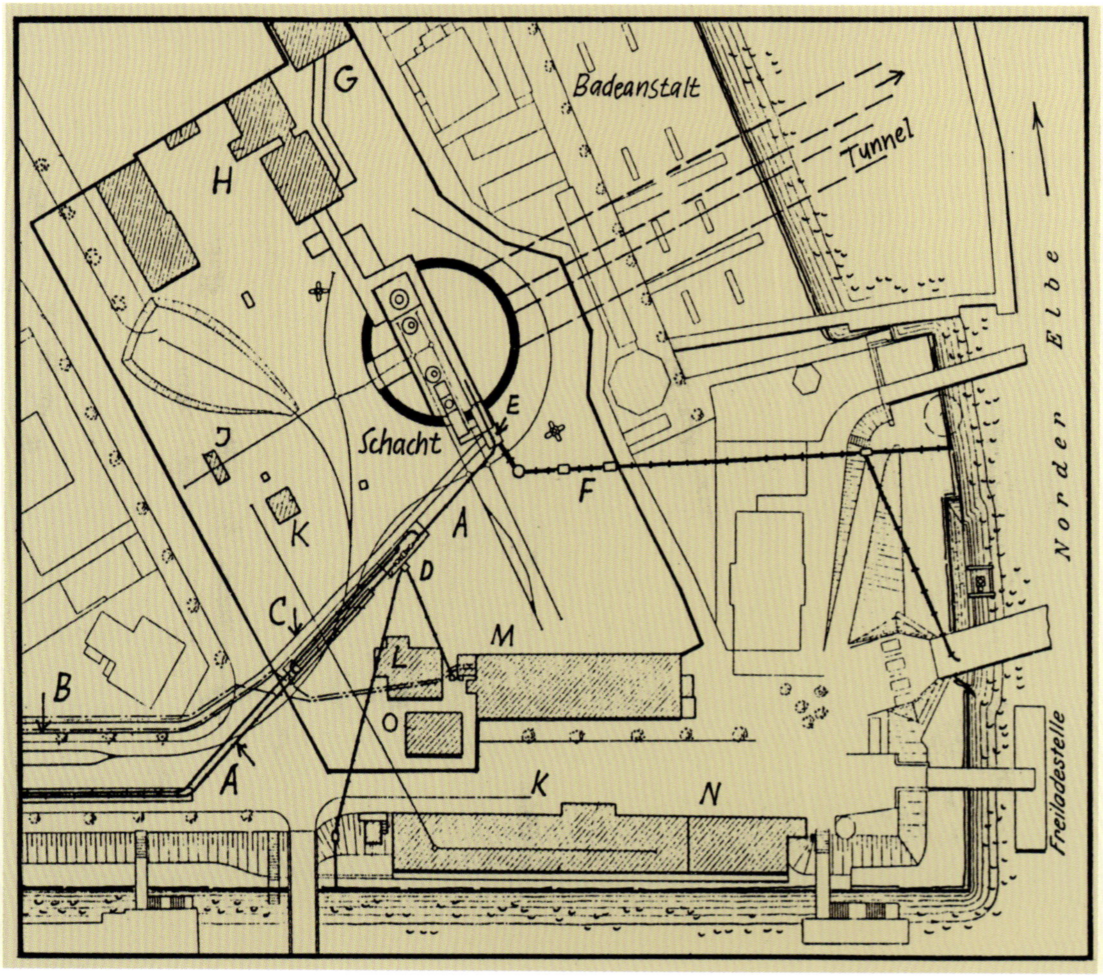

Der Umfang der hiernach erforderlichen Aufwendungen einerseits sowie die erheblichen Verkehrserleichterungen und die Ersparnisse an Zeit und Geld, die die Herstellung des Tunnels sowohl für den Personen- als auch für den Fuhrwerksverkehr im Gefolge haben werde, andererseits, würden es nach Meinung des Senats als gerechtfertigt erscheinen lassen, für die Benutzung der Einrichtung eine Gebühr zu erheben, hieß es. Man dachte an 3 Pfennig für den Fußgänger, 50 Pfennig für leere und 80 Pfennig für volle Wagen sowie 10 Pfennig für Karren. Dadurch ließe sich mutmaßlich eine jährliche Einnahme von etwa 168 000 Mark erzielen, die ausreiche, um die Betriebskosten zu decken und daneben noch eine Verzinsung und Amortisation der auf 1 271 000 Mark veranschlagten maschinellen Anlagen zu gewähren, während die eigentlichen Baukosten in Berücksichtigung der bei der Herstellung der ganzen Anlage in Betracht kommenden öffentlichen Interessen staatsseitig »a fonds perdu« aufzuwenden seien. Irgendeine sichere Vorausberechnung des wirklichen Erträgnisses der Gebühren sei nach der Sachlage zurzeit nicht möglich. Nach gesammelten Erfahrungen könne man zu einer Revision des Tarifs schreiten. Die darauf bezüglichen Festsetzungen würden zweckmäßig dem Senat im Einvernehmen mit dem Bürgerausschuss zu überlassen sein.

Nun, da jetzt die Karten auf dem Tisch lagen, als die Spannung langsam wich und es klar wurde, wer mit welchen Prognosen recht gehabt hatte, war die Stunde der so wichtigen und überaus klugen Kritiker gekommen, derjenigen, die noch dieses oder jenes vorsorglich zu bedenken gaben, die warnten und bemängelten. Kurzum, es war wie immer bei solchen Gelegenheiten, und die Schar derartiger Leute war damals keineswegs kleiner als heute bei ähnlichen Anlässen. So wurde im Bürgerverein Neustadt Süd beispielsweise moniert, dass der Tunnel

Über mangelnden Zuspruch konnte die Männer-Badeanstalt Steinwärder noch nie klagen.

nicht ganz an die richtige Stelle käme, und außerdem äußerte man starke Bedenken wegen der drei Pfennige, die die Passanten zu zahlen hätten. Das sei zu viel, da würden die Arbeiter doch lieber den bequemeren (!?), nur 1,6 Pfennig teuren Fährdampfer wählen, und für die zur Badeanstalt wollenden Personen müsse der Preis ohnedies geringer gesetzt werden, da man mit dem Dampfer für nur zwei Pfennige hin und her fahren könne.

In diesen beiden Punkten der gleichen Ansicht waren auch etliche Mitglieder des Freihafen-Bürgervereins. Sie traten für eine Gratisbenutzung ein, denn man hätte sicherlich auch nicht daran gedacht, Brückengeld zu kassieren, wenn man sich für die Brückenlösung entschieden hätte. Allerdings waren auch Stimmen zu hören, die einer Gratisbenutzung energisch widersprachen und sie wegen der hohen Bau- und Betriebskosten für nicht möglich hielten. Selbst die Grundeigentümer-Versammlung beschäftigte sich mit der Senatsvorlage und zerpflückte sie im Wechselbad der Meinungen. Gleiches gilt für die vielen anderen Bürgervereine, die sich in ihren Versammlungen sehr lebhaft mit vielen Fragen, die mit dem geplanten Tunnel zusammenhingen, beschäftigten, etwa im Hammerbrooker Bürgerverein, in dem Neustädter von 1878, in dem Bürgerverein zu Hamburg von 1871, im St.-Pauli-Hafenverein, im Eimsbütteler Verein von 1866 und anderen.

In der Grundtendenz war zwar überall weitgehende Zustimmung zur Sache an sich zu spüren, aber der Teufel steckt ja bekanntlich im Detail. Seltsamerweise kam in vielen Diskussionsbeiträgen immer wieder alternativ die Idee einer Schwebefähre zur Sprache, für die sich offensichtlich doch eine ganze Reihe von Hamburgern nach wie vor zu erwärmen schien. Für die vielen Besserwisser soll stellvertretend dem Herrn Hinze aus dem Neustädter Bürgerverein von 1878 gedacht werden, der schlicht feststellte, dass der Tunnel ja keinen großen Erfolg versprechen könne, da er viel zu tief angelegt sei.

Ganz mächtig ins Zeug legte sich, wie im »Hamburger Echo« vom 26. März 1905 zu lesen ist, die »Verkehrskommission aller im und am Hafen beschäftigten Arbeiter zu Hamburg«. Ihre Ausführungen, sie folgen im Wortlaut, geben bei aller Schärfe auch ein Stück sozialer Wirklichkeit von damals wieder: »Ähnlich wie bei den Vorortsbahnen liegen die Verhältnisse bei dem projektierten Tunnel nach Steinwärder. Die Versprechen sind gemacht, aber auch hier keine Aussicht auf Verwirklichung. Ob Tunnel, Brücke oder Schwebebahn ist den beteiligten Personen gleich; die Hauptsache für sie ist, daß endlich einmal etwas in Angriff genommen wird, das dazu führt, die so oft gerügte mangelhafte Verbindung der beiderseitigen Ufer in Nebel- oder Eiszeiten zu beseitigen. Die jetzigen Zustände im Winter sind unverantwortlich. Für die Werftarbeiter hauptsächlich bedeuten die Abzüge vom Lohn wegen Zuspätkommens eine wohl zu beachtende Schmälerung ihres Einkommens. Werden doch im Winter dort Löhne von 14 M pro Woche bei 7 1/2stündiger Arbeitszeit gezahlt und die Abzüge für eine halbe Stunde zuspätkommen betragen 35 Pfennig. Wenn das nun mehrmalig in einer Woche vorkommt, so bleibt von der horrenden Bezahlung der Arbeitskraft nicht mehr viel übrig. Dies sollte man auch bei der Festsetzung des Passagierpreises berücksichtigen. Oder will man in die Fußstapfen der Hafen-Dampfschiffahrts-Gesellschaft treten, die für die Benutzung der Querfähre so unverschämte Fahrpreise erhebt? Wir sind der Meinung, dass es wohl angängig sei, für die Benutzung des Tunnels, soweit der Personenverkehr in Betracht kommt, keine Vergütung zu erheben und den Arbeitern die projektierten 35 Pfennig pro Woche zur Verwendung in ihren Familien zu überlassen. Dies sollte die Bürgerschaft bei der Beratung des Tunnelprojektes berücksichtigen; die Hafen- und Werftarbeiter würden gewiß nichts dagegen einzuwenden haben. Wo so viel Geld für Empfänge höchster Herrschaften, Denkmalsenthüllungen usw. übrig ist, werden wohl auch die Unterhaltungskosten für den Tunnel übrig sein. Wir können übrigens nicht fassen, weshalb hier mit zweierlei Maß gemessen werden soll. Soviel uns bekannt, braucht die Bourgeoisie Hamburgs für die Instandhaltung der Reitwege auf der Uhlenhorst auch keine Abgaben zu bezahlen.« Harsche Worte, doch gewiss ein Stück Alltag der »guten alten Zeit.«

Aber alles Drängen, endlich mit der Realisierung zu beginnen, nützte nichts. Im April 1905 geriet der Gang der Dinge noch einmal ins Stocken, als der zur Prüfung der Senatsvorlage eingesetzte bürgerschaftliche Ausschuss nach nahezu einjähriger Beratung diese ablehnte und vom Senat einen verbesserten Vorschlag erbat, der den Forderungen des zu erwartenden Verkehrs mehr entsprach. Der vorgesehene Querschnitt des Tunnels sei zu klein und die Aufzüge wären zu schwach, meinte die Mehrheit der im Ausschuss mitarbeitenden Bürgerschaftsabgeordneten. Die Herren hatten sich ein Jahr zuvor in Begleitung von Wasserbauinspektor Wendemuth und Bauinspektor Witt während einer nach England unternommenen Studienreise kundig gemacht. Sie hatte zunächst nach London geführt, wo man sich über den Blackwalltunnel, den Fußgängertunnel an der Doginsel sowie über ein neues Themse-Tunnelprojekt informierte. Anschließend war es nach Glasgow gegangen, um dort die mit Aufzügen arbeitende Clyde-Tunnelanlage und alternativ eine Dampffährverbindung noch einmal in Augenschein zu nehmen. Die dort gemachten Beobachtungen schlugen sich in den nun erhobenen Verbesserungsforderungen nieder, wobei im Nachhinein gesagt werden kann, dass sich die Reisespesen diesmal wohl gelohnt haben.

Die mit dem Tunnelprojekt befasste Behörde hatte keinerlei technische Bedenken gegen eine Vergrößerung des Projektes. Allerdings war man sich darüber im Klaren, dass die Angelegenheit sich damit nicht unwesentlich verteuern würde. Aber wie hatte es schon in einem der Bürgervereine geheißen: »Kosten dürfen bei einem derartigen Vorhaben nicht gescheut werden, wenn es sich darum handele, etwas Besseres schaffen zu können.«

Übrigens, wie sich die so oft beklagten Störungen des Elbverkehrs zum Beispiel bei Nebel auswirken konnten, davon legt ein Bericht des »Hamburgischer Correspondent« vom 12. Oktober 1905 Zeugnis ab, aus dem, soweit es den Hafen betrifft, zitiert werden soll. »Die Arbeiterbeförderung hat durch den Nebel sehr gelitten. Die Fährdampfer gaben sich alle erdenkliche Mühe, die Fahrten aufrecht zu erhalten. Das ging natürlich nur unter Beobachtung der weitestgehenden Vorsichtsmaßregeln. Daß die Fährdampfer dabei ganz bedeutende Verspätungen hatten, ist selbstverständlich. Daß sie oftmals weit aus dem Kurs gerieten und auch Kollisionen verursachten, ist begreiflich. Namentlich in der Gegend der St. Pauli-Landungsbrücken verirrten sich die Fährdampfer. Der in der Linie 6 (St. Pauli – Fischmarkt – Schanzengraben) verkehrende Fährdampfer J. F. MARTENS kam so weit aus der Richtung, dass er in den Wachtschiffsponton der St. Pauli-Landungsbrücken hineinrannte und dessen Verschalung zerstörte. Der Fährdampfer REPSOLD rannte in den an den St. Pauli-Landungsbrücken vertäut liegenden Pakketfahrtschlepper BRUNSHAUSEN hinein und durchschnitt diesem die Steuerbord-Wallschienen. Der Fährdampfer PETERSEN rannte in den bei den Zollpallisaden vertäut liegenden Stader Passagierdampfer CONCORDIA hinein und durchschnitt dessen Wallschienen. Erst gegen 7 1/2 Uhr war die Arbeiterbeförderung, die schon vor 6 Uhr hätte beendet sein müssen, so weit bewirkt, daß die Fährdampfer ihre Fahrten zeitweilig einstellen konnten, bis um 9 1/2 Uhr sichtige Luft eintrat, die den gesamten Schiffsverkehr sich frei entfalten ließ.«

Es war natürlich klar, dass dies auf Dauer unhaltbare Zustände waren. Sie waren ganz besonders für ein solches Handels-, Hafen-, Schifffahrts- und Wirtschaftszentrum, wie es die alte Hansestadt darstellte, nicht tragbar. Aber die grundsätzliche Entscheidung war ja auch schon gefallen, und »Drunter durch« gab Walter Bloem die Lösung aus, als er Ende 1906 in einer Hamburger Zeitung über die Unterthemsetunnel und ihre Nachahmungen berichtete.

Überhaupt waren »Tunnelgeschichten« und »Tunnelprojekte« damals ein beliebter Berichts- und Lesestoff, drehten sich doch viele Gespräche nicht nur in den Vereinen, sondern auch auf der Straße, am Biertisch, unter Nachbarn und in den Familien um das große Vorhaben, nun auch einen Tunnel unter der Elbe zu bauen. Hohe Erwartungen verbanden sich damit. Irgendwie fühlte sich jeder Hamburger Bürger einbezogen, und auch im Umland nahmen die Leute regen Anteil an dem großen Geschehen, das sich in der Hansestadt anbahnte.

Hamburger Fremdenblatt 30. April 1904

Tunnel unter der Elbe

Ich habe mit großem Interesse die Vorlage des Senats über den projektierten Tunnelbau gelesen, aber wenig praktisch scheint es mir zu sein, den Wagenverkehr während der Verkehrszeit der Arbeiter zu unterbrechen, da die Wege für Fußgänger nicht genügend breit seien. Welch eine Anhäufung von Wagen wird es während dieser Zeit geben und welch ein Gewühl, wenn der Tunnel für den Wagenverkehr wieder freigegeben wird, denn jeder Kutscher will zuerst in den Tunnel hineinfahren. Man mache den Tunnel gleich weiter, damit die Wege für Fußgänger gleich genügend breit angelegt werden können. Man bedenke immer, daß Fehler in der Anlage nie wieder gut gemacht werden können.
Eine andere Frage ist, ob der Tunnel tief genug zu liegen kommt. Den jetzigen Verhältnissen entsprechend mag der Tunnel schon tief genug zu liegen kommen, aber da der Hafen in absehbarer Zeit vertieft werden muß, so würde die Sohle der Elbe in ganz gefährliche Nähe des Tunnels kommen. Ich höre, der Tunnel unter der Mersey bei Liverpool liegt bedeutend tiefer als der hier projektierte.

Alter Abonnent.

Die Parole heißt: »Drunter durch«

Am 7. November 1906 war es dann endlich so weit. Die Bürgerschaft genehmigte den in der Sache nach ihren Vorstellungen verbesserten Antrag des Senats und bewilligte für das erweiterte Projekt die stolze Summe von 10 722 000 Mark, und als am 22. Februar 1907 die zustimmende Antwort des Senats auf einige weitere Änderungswünsche des Stadtparlaments bekannt wurde, da war politisch und verwaltungstechnisch das letzte Hindernis für den Bau eines Tunnels unter der Elbe aus dem Weg geräumt.

Allseits begrüßt wurde von den Bürgern vor allem, dass sich die Verwaltung nun doch dazu durchgerungen hatte, die Passage den Fußgängern kostenfrei zu ermöglichen, selbst dann, wenn sie die Aufzüge benutzten. Die kostenfreie Benutzung war jedoch stets eine der wesentlichen Voraussetzungen gewesen, an die die Bürgerschaft die Bewilligung der erforderlichen Mittel geknüpft hatte. Dass auf der anderen Seite die Finanzdeputation immer heftig dagegen opponierte, darf und kann nicht weiter verwundern, denn welcher Finanzminister oder Finanzsenator verzichtet schon freiwillig auf eine mögliche zusätzliche Einnahmequelle.

Es war geplant, sämtliche Aufzüge eine halbe Stunde vor Beginn und nach Schluss der allgemeinen Arbeitszeit nur für den Personenverkehr zu nutzen. Die Tageskapazität wurde mit 13 000 Personen angegeben, die jährlichen Betriebskosten mit 68 000 Mark. Vier Jahre sollte die Bauzeit betragen.

Bleibt noch nachzutragen, warum sich die Fachleute für einen Tunnel mit Fahrstühlen entschieden hatten, was doch immerhin einen beträchtlichen technischen Aufwand bedeutete, und nicht für einen mit Rampen. Darüber ist selbstverständlich diskutiert worden. Gegen einen Rampentunnel, der auf den ersten Blick sicherlich praktisch erscheinen musste, sprachen laut Baumeister Stockhausen im wesentlichen drei Gründe: Erstens hätte, wie bei den ebenfalls geprüften Brückenprojekten, die Anlage der erforderlichen langen Zufahrtsrampen große Schwierigkeiten bereitet, zweitens wären dadurch die Baukosten um rund 10 Mio. Mark höher ausgefallen, und drittens war das Interesse der Fuhrwerksbesitzer zu berücksichtigen, und zwar insofern, als sich die in Betracht kommende Hebung bzw. Senkung um 23,50 Meter billiger mit Maschinenkraft, als über die teilweise zu kolossalen Umwegen zwingenden, langen Rampen bewerkstelligen ließ.

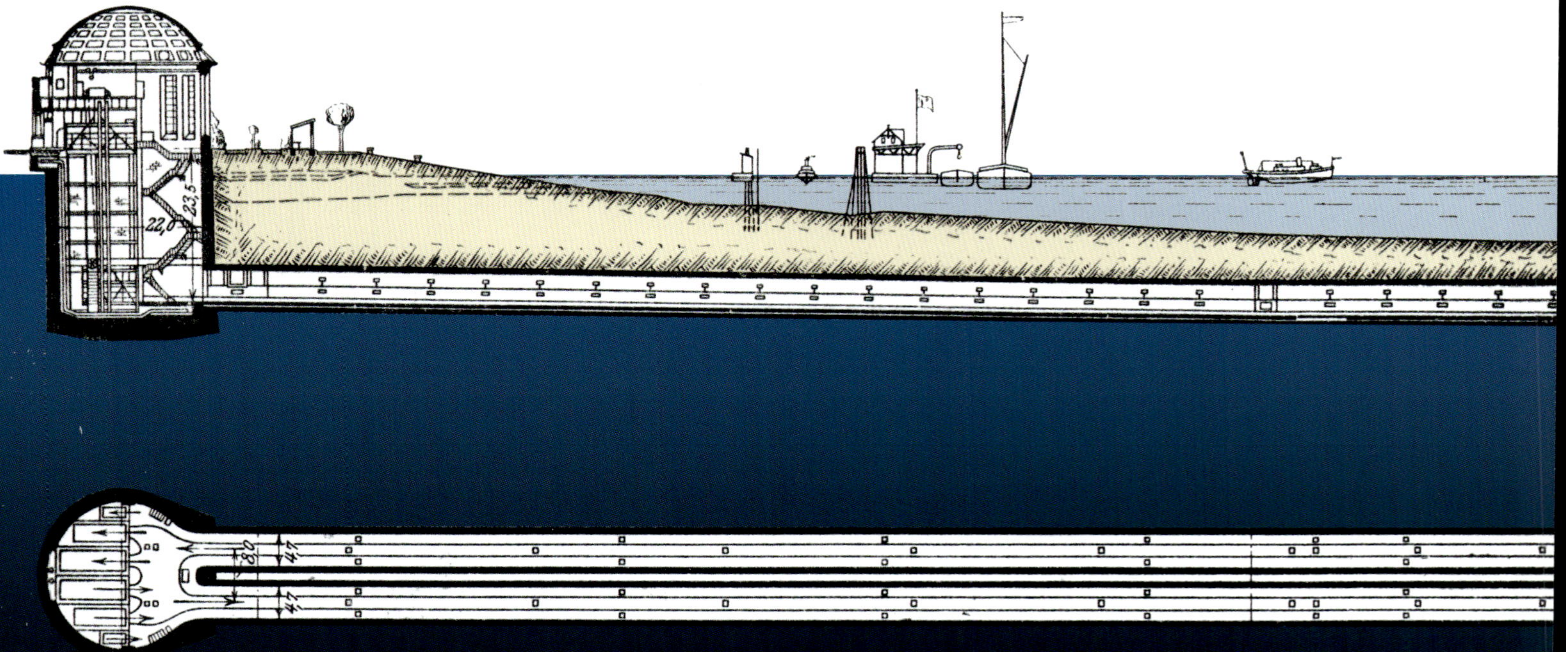

»Drunter durch«, hatte es geheißen und »Wo ein Wille ist, da ist auch ein Weg«, schloss der erwähnte Aufsatz. Noch blumiger wurde es in einem anderen Zeitungsbeitrag, der sich ebenfalls, wenn auch zu einem späteren Zeitpunkt, mit dem Bau des Elbtunnels befasste. Er ist in der ach so berühmten »Gartenlaube« zu finden, und dort heißt es in einem kaum zu überbietenden Höhenflug am Anfang: »Schon Vater Horaz war der Meinung, daß dem Menschen nichts zu schwer sei. Aber doch würde sich dieser biedere Römer wohl wundern, wenn er heute mit ansehen könnte, wie der moderne Mensch seinen Spruch wahr macht. Die gewaltige Kraft der Tierriesen übertrumpfen wir durch Maschinen, die Schnelligkeit des flüchtenden Hirsches wird weit übertroffen durch unsere Kraftfahrzeuge. Schon schicken wir uns an, dem Adler die Höhenluft streitig zu machen; und so ist es denn kein Wunder, daß wir auch den Füchsen und Maulwürfen zeigen: ›Wir können's noch besser‹!« Soll man da noch etwas hinzufügen?

Am 27. März 1907 wurde die Ausführung des Gesamtprojektes der Firma Ph. Holzmann auf der Basis der von ihr lange vorher eingereichten vorläufigen Arbeitspläne und bindenden Kostenanschläge übertragen. Als Preis waren mit ihr 9 808 000 Mark vereinbart worden. Die Firma Holzmann hatte als einziges Unternehmen in Deutschland Erfahrungen im Bau von Unterwassertunneln.

Es soll hier nicht unerwähnt bleiben, dass es vorher in der Frage der Kosten gewisse Spannungen zwischen Holzmann und der Stadt gegeben hatte. Das ursprüngliche Angebot Holzmanns war bis zum 1. Oktober 1906 befristet gewesen und es hatte schwieriger Verhandlungen bedurft, bis die Firma sich bereit erklärt hatte, die Frist bis zum 1. April 1907 zu verlängern. In einem dringend gehaltenen Schreiben des Wasserbaudirektors Bubendey an den Syndikus Dr. Zellmann hieß es mit auch heute durchaus vertrauten Worten, dass es wohl kaum gelingen werde, die Firma nochmals zu einem Aufschub zu bewegen, »ohne den Kostenanschlag entsprechend den immer mehr gestiegenen Preisen für Material und Arbeit ganz wesentlich zu erhöhen.« Bubendey schätzte, dass sich der Tunnelbau, wenn der Auftrag nicht bis zum 1. April erteilt wäre, leicht um 10 Prozent, also um rund 1 Mio. Mark, verteuern könnte.

Am 6. Mai 1907 wurde mit ersten Bohrungen in der Tunneltrasse begonnen, und am 22. Juli 1907 erfolgte der erste Spatenstich auf Steinwärder. Den meisten Beteiligten wäre es, wie sie mehrfach

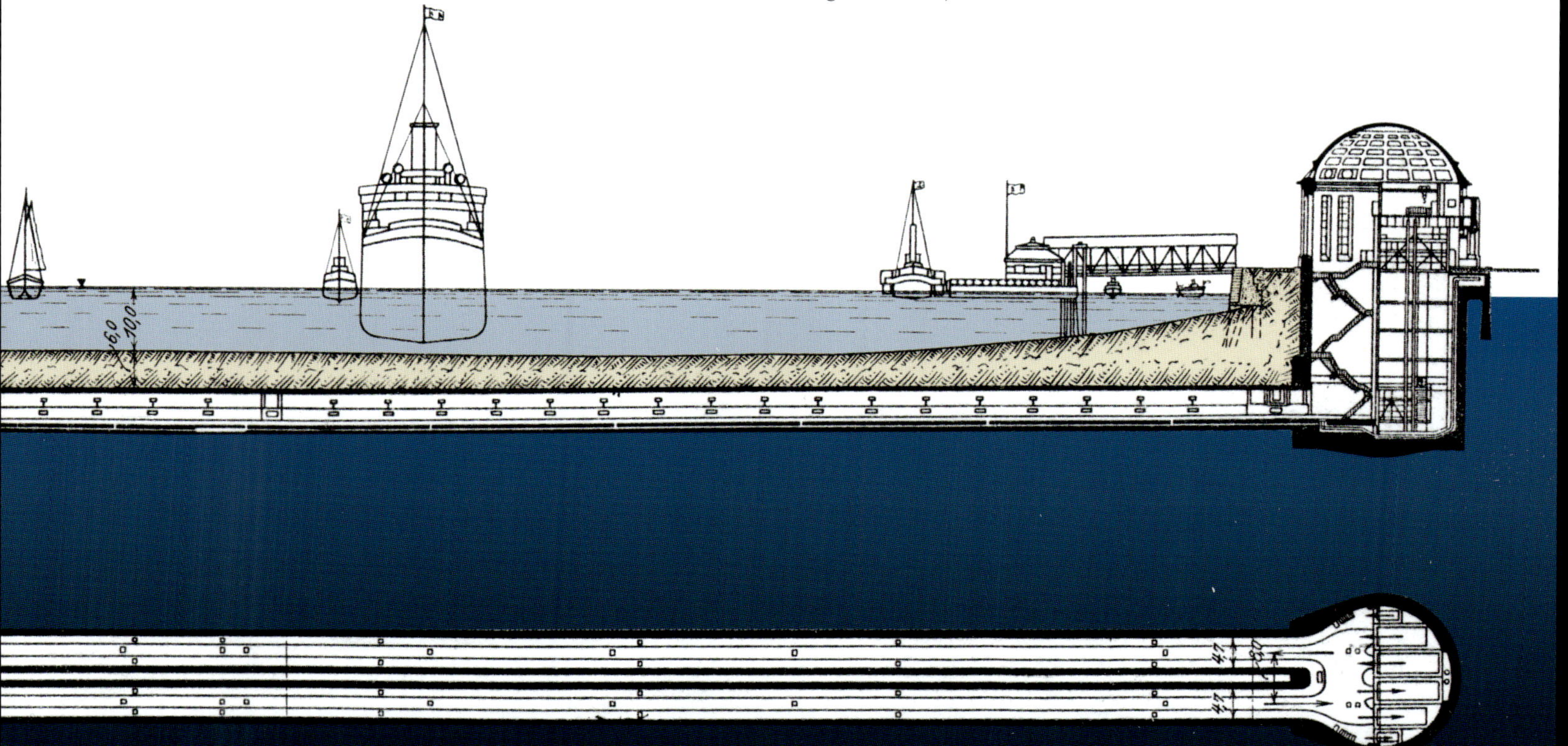

Vor dem Beginn des Tunnelbaues wurde der Elbgrund intensiv erforscht, um Aufschlüsse über die Beschaffenheit der zu durchstoßenden Bodenschichten zu erhalten. Allerdings nicht intensiv genug, wie es sich später zeigen sollte.

eingestanden, lieber gewesen, auf der St.-Pauli-Seite unter relativ einfachen Verhältnissen mit den Arbeiten anzufangen, um sich von da aus nach und nach an die sich erschwerenden Umstände zu gewöhnen. Die im Frühjahr des Jahres niedergebrachten Bohrungen hatten nämlich das erwartete Resultat gebracht, dass auf der St.-Pauli-Seite der Tunnel in fest gelagertem Ton und Mergel zu liegen kommen würde, während etwa in der Elbmitte beginnend bis zum jenseitigen Schacht wasserdurchlässiger Sand, teilweise Treibsand lagerte, der ziemliche Schwierigkeiten verhieß. Aber der durch den gleichzeitigen Umbau der Landungsbrücken, die später mit dem Elbtunnel eine architektonische Einheit bildeten, bewirkte Platzmangel auf der rechten Elbseite zwang dazu, den Start auf das andere Ufer zu verlegen.

Insgesamt war der Ablauf wie folgt vorgesehen: zunächst Absenken des Fahrschachtes Steinwärder bis zum Frühjahr 1908 und dann von dort aus Vortrieb des Tunnels, was etwa 2 1/2 Jahre erfordern würde. Im Frühjahr 1909 sollten die Arbeiten auf St. Pauli mit der dortigen Schachtabsenkung beginnen, um rechtzeitig fertig zu sein, wenn der Tunnelvortrieb das rechte Elbufer erreichte. Der Durchstich wurde für den Sommer 1910 erwartet, in dem auch alle anderen Anlagen, wie Einfahrthalle, Zollgebäude usw. erbaut werden sollten. Die »Vollendung des Werkes« war für das Frühjahr 1911 terminiert.

Wie schon gesagt, war auf der vorgesehenen Tunnelstrecke auf der St.-Pauli-Seite in der Tiefe fester Ton anzutreffen, über dem sandige Mergelschichten lagerten. Hätte sich diese günstige Bodenlagerung durch die gesamte Tunnelstrecke gezogen, so wären die Baukosten nach Ansicht des Baumeisters Stockmann um etliches geringer gewesen. Leider war dies aber nicht der Fall. Nach einem Drittel der Tunnelstrecke fiel die Tonschicht ab und wurde von da an von Sandanschwemmungen überlagert, die mit großen Steinen, Kiesschichten, Holz-, Kohlen- und Pflanzenresten durchsetzt war. Dieses Material war so wasserdurchlässig, dass Ebbe und Flut in der Tiefe fast ebenso wahrnehmbar waren wie auf der Oberfläche der Elbe, nur dass die Gezeiten sich um etwa eine halbe Stunde verzögerten.

Aufgrund dieser Bodenverhältnisse mussten für den Schachtbau Steinwärder und für den Tunnelvortrieb Druckluft eingesetzt werden. Die gesamte Druckluftanlage wurde daher nach Steinwärder gelegt. Natürlich hätte der Tunnel auch von beiden Seiten gleichzeitig angegangen werden können. Das hätte zwar die Bauzeit nach damaligen Schätzungen etwa um zwei bis drei Monate verkürzt, die Kosten wegen der in diesem Fall zu beschaffenden zweiten

Druckluftanlage jedoch um rund eine halbe Million Mark in die Höhe getrieben. Die außerdem auf der St.-Pauli-Seite zu bewältigenden Platzschwierigkeiten sind bereits genannt worden.

Selbstverständlich wird ein solches Bauwerk, und das ist ja auch völlig in Ordnung, immer mit Personen in Verbindung gebracht, mit seinen »geistigen Vätern«, sowie denen, die an herausragender Stelle an seiner Ausführung beteiligt waren. Im Falle des Elbtunnels wird der spätere Baurat Wendemuth als der geistige Vater des Projektes bezeichnet. Er leitete etwa von 1900 an die Vorarbeiten und setzte das Vorhaben beharrlich bis zur Absegnung durch Bürgerschaft und Senat gegen vielerlei Einwände und Hindernisse durch. Der Wasserbaudirektor Bubendey, der zusammen mit Wendemuth die Bauaufsicht führte, beauftragte im Februar 1907 den erst 26-jährigen Diplom-Ingenieur Otto Stockhausen als Bauleiter, als eigentlichen »Mann vor Ort«, mit der Einzelprojektierung und Durchführung des Baues. Ihm zur Seite standen vier Diplom-Ingenieure: Teichgräber für Konstruktion und Fahrschacht St. Pauli, Specht für den Westtunnel, Platiel für den Osttunnel und Stief für Präzisionsmessungen.

Von der Firma Holzmann sind besonders Direktor Behrends und der Ingenieur Rheindorff zu nennen, Letzterer als Konstrukteur des Vortriebsschildes und der eisernen Tunnelverkleidung. Leitender Ingenieur der Firma in Hamburg war Xaver Beck, den der Ingenieur Richter und nach dessen Erkrankung der Ingenieur Hoigne unterstützte. Der Einbau der Aufzüge erfolgte durch das Maschinentechnische Bureau der Wasserbaudirektion unter der Leitung von Bauinspektor E. G. Meyer. Die Entwürfe der Einfahrthallen und die architektonische Beratung wurden dem Architekten Wöhlecke übertragen, der, und das ist sein besonderes Verdienst, auch das repräsentative Eingangsgebäude auf der St.-Pauli-Seite in Anlehnung an den Kuppelbau des römischen Pantheons entwarf. Bereits zu Anfang der Planungen war darauf geachtet worden, Platz für eine künstlerische Ausstattung des Gesamtbauwerks zu schaffen. So hat der renommierte Künstler Hermann Perl den Auftrag bekommen, besondere Kachelelemente mit maritimen Themen herzustellen, die als Schmuckelemente in die Tunnel- und Schachtwände eingefügt werden sollten.

Mehr oder weniger ungenannt müssen auch hier die zahlreichen am und im Tunnel beschäftigten Arbeiter bleiben. Viele von ihnen waren so genannte Wanderarbeiter, Vorläufer unserer heutigen Gastarbeiter. Sie kamen aus aller Herren Länder und wurden zeitweise bevorzugt eingestellt, weil sie größtenteils anspruchsloser waren als die weitgehend gewerkschaftlich straff organisierten heimischen Kräfte. Zahlreiche Polen, Russen und Italiener waren darunter, aber auch Skandinavier, Holländer und Belgier. So Manchen lockte die abenteuerlich anmutende Arbeit im Untergrund, noch dazu unter einem breiten Fluss. Allerdings erwies sie sich dann in der Realität aber doch wohl vor allem als schwer und schmutzig. Dafür war allerdings der Verdienst, gemessen am damaligen allgemeinen Lohnniveau, recht gut, vor allem für die Ausländer. Etwa 60 bis 76 Pfennig gab es in der Stunde. Hinzu kam die Druckluftprämie in Höhe von 100 Mark monatlich. Das war viel Geld damals. Gearbeitet wurde Tag und Nacht in drei Schichten. Nur jeden sechsten Sonntag gab es frei.

Wie es hieß, waren in der Mehrzahl nur junge Leute am Tunnel beschäftigt. Das gilt besonders auch für den Chef, den Baumeister Otto Stockhausen, als ihm die Leitung dieses bedeutenden Bauvorhabens übertragen wurde. Er war so auf diesen Bau fixiert, dass er eine Wohnung direkt bei der Baustelle mietete, um jederzeit »greifbar« zu sein. Sogar seine an sich bereits geplante Hochzeit verschob er des Tunnels wegen. Heiraten wollte er erst, wenn der »Tunnel durch war«.

Immerhin bedeutete es aber auch schon etwas, zum einen auf der seinerzeit wohl interessantesten Baustelle Europas zu arbeiten, und zum anderen, dabei auch noch nicht schlecht Geld zu verdienen. Josef Tozynski, 1889 in Westpreußen geboren und als Ehrengast 1975 bei der Eröffnung des neuen Elbtunnels dabei, erinnerte sich an seine Zeit beim Bau des alten Tunnels: »Einen Spitzenlohn von 53 Mark pro Woche habe ich verdient.« Beschäftigt war er bei der Firma Holzmann als Vermessungsgehilfe »unter Tage«. »Eine relativ leichte und zudem noch gut bezahlte Arbeit«, meinte er dazu rückblickend. »Ich gehörte zu den wenigen, die nur acht Stunden am Tag zu arbeiten brauchten und die keinen Schichtdienst hatten. Von den acht Arbeitsstunden gingen noch anderthalb Stunden für die Zeit des Ein- und Ausschleusens durch die Druckkabinen ab.« Die Tätigkeit des vorher arbeitslos gewesenen Vermessungsgehilfen hatte darin bestanden, den Technikern die Geräte aufzubauen und die Messmarkierungen anzubringen. Andere hätten es wesentlich schwerer gehabt. Aber der Andrang war groß, fiel einer aus, stünden genügend andere bereit, seinen Arbeitsplatz zu übernehmen. Möglicherweise hatte Herr Tozynski bei dem, was die Arbeitszeit betrifft, eine Erinnerungslücke, oder es war eben bei ihm anders, denn normalerweise geschah das Ein- und Ausschleusen vor und nach der normal festgelegten Arbeitszeit – also zusätzlich.

Die meisten der direkt beim Tunnelbau Beschäftigten werden besonders die Verhältnisse unter Druckluft in Erinnerung behalten. Selbstverständlich waren sich die Verantwortlichen von vornherein im Klaren, dass das Arbeiten unter Druckluft eine gefährliche Sache war. Jedoch versicherte die Bauleitung, »dass alles, was die heutige Technik und Wissenschaft Brauchbares zum Schutze der Arbeiter gefunden hat, angewendet werden muß und wird. Es werden unter Heranziehung der hiesigen Medizinalbehörde zur Zeit die ausführlichsten sanitären und technischen Unfallverhütungs-Vorschriften ausgearbeitet. Durch ständige ärztliche Überwachung aller beim Tunnelbau Beschäftigten, sollen Erkrankungen möglichst eingeschränkt werden.

Unvorhergesehene Ereignisse werden kommen, mehr als bei anderen Bauwerken, und mit einschneidenden Folgen. Wir wissen heute noch nicht, wann sie kommen und wie wir sie überwinden werden. Aber wir wissen, daß die moderne Technik sie überwindet.«

Dieser Glaube an die Technik, die nach damaligen Vorstellungen alles vermochte, dieses schon fast naive Vertrauen mutet heute überzogen an, sollte aber nicht etwa von der heutigen Warte aus gesehen werden, wo weite Kreise eher in das gegenteilige Extrem verfallen sind. Damals befand man sich im Aufbruch, erlebte die sich fast überschlagende technische Entwicklung hautnaher, von einer anderen Position als heute, wo, zeitimmanent, zunächst erst einmal Zweifel angemeldet werden, wo nicht einmal mehr bedeutende Raumfahrtereignisse, wie etwa die so aufregend »normale« Landung von Raumgleitern, eine nennenswerte Zahl von Mitbürgern beeindruckt – es passiert zu viel, die gebotene Masse an Informationen erzeugt Übersättigung, es ist alles zu unpersönlich, zu weit entfernt. Damals war es anders …

Immerhin, um auf den Kern zurückzukommen, es sollten alle Maßnahmen getroffen werden, um Leben und Gesundheit der beim Tunnelbau Beschäftigten zu schützen. Als mahnendes Beispiel stand den Verantwortlichen der Bau eines Doppeltunnels in New York vor Augen, bei dem allein 1906 43 Menschen ums Leben gekommen waren. Allerdings, so wusste man zu berichten, seien die Sicherheitsvorkehrungen dort so haarsträubend gewesen, dass man nach dem Staatsanwalt hätte schreien müssen. So sollte es auf keinen Fall auch nur

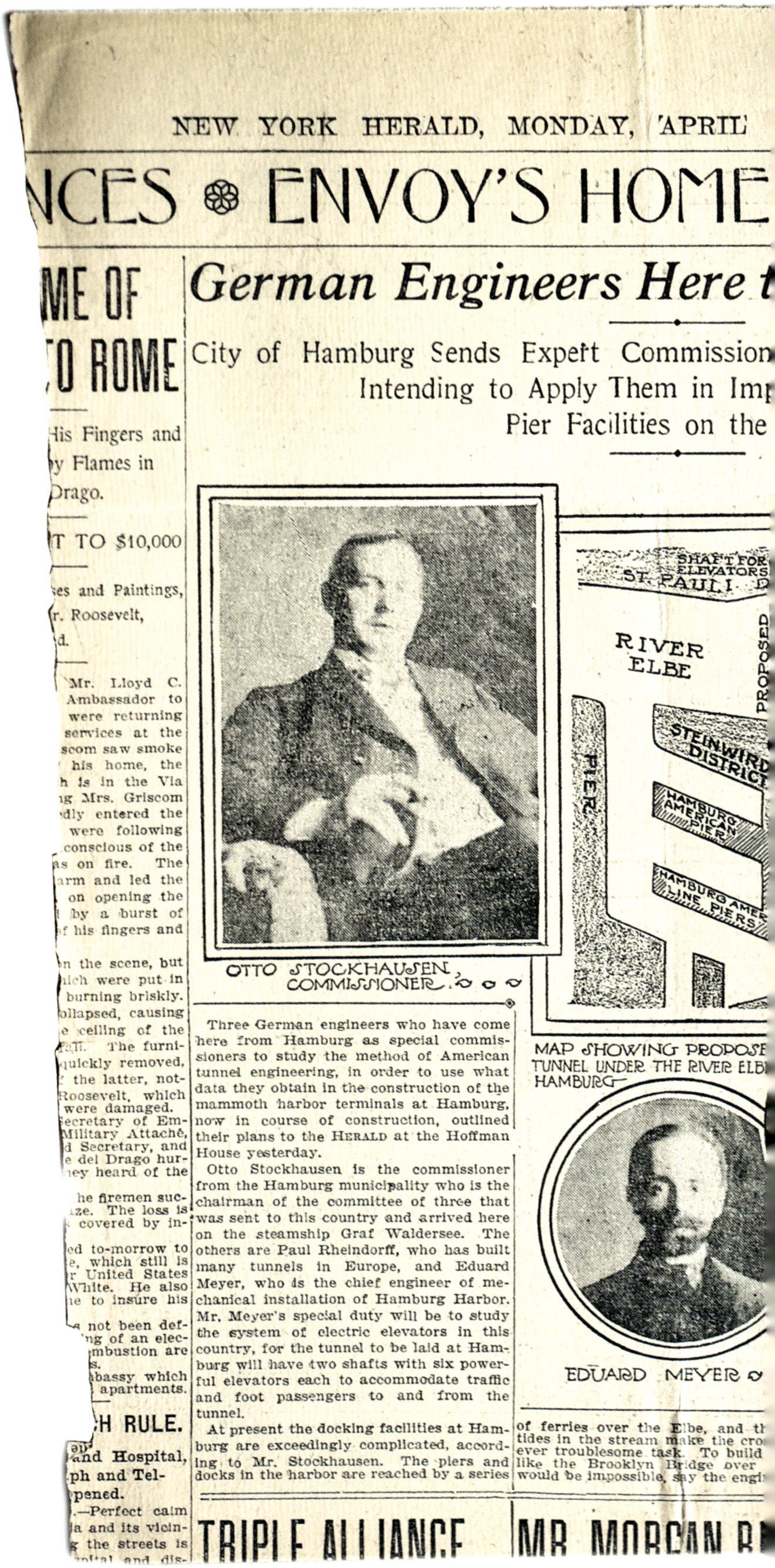
NEW YORK HERALD, MONDAY, APRIL

NCES ❀ ENVOY'S HOME

ME OF

O ROME

His Fingers and
by Flames in
Drago.

T TO $10,000

ses and Paintings,
r. Roosevelt,
d.

Mr. Lloyd C. Ambassador to were returning services at the scom saw smoke his home, the h is in the Via ng Mrs. Griscom dly entered the were following conscious of the as on fire. The arm and led the on opening the by a burst of f his fingers and

n the scene, but hich were put in burning briskly. ollapsed, causing e ceiling of the fall. The furniquickly removed, the latter, not-Roosevelt, which were damaged. Secretary of Em-Military Attaché, d Secretary, and e del Drago hur-ney heard of the

he firemen suc-ze. The loss is covered by in-

ed to-morrow to e, which still is r United States White. He also e to insure his

not been def-ng of an elec-mbustion are s. bassy which apartments.

H RULE.

and Hospital, ph and Tel-pened.

.—Perfect calm a and its vicin-the streets is

German Engineers Here t

City of Hamburg Sends Expert Commission
Intending to Apply Them in Im
Pier Facilities on the

OTTO STOCKHAUSEN, COMMISSIONER.

Three German engineers who have come here from Hamburg as special commissioners to study the method of American tunnel engineering, in order to use what data they obtain in the construction of the mammoth harbor terminals at Hamburg, now in course of construction, outlined their plans to the HERALD at the Hoffman House yesterday.

Otto Stockhausen is the commissioner from the Hamburg municipality who is the chairman of the committee of three that was sent to this country and arrived here on the steamship Graf Waldersee. The others are Paul Rheindorff, who has built many tunnels in Europe, and Eduard Meyer, who is the chief engineer of mechanical installation of Hamburg Harbor. Mr. Meyer's special duty will be to study the system of electric elevators in this country, for the tunnel to be laid at Hamburg will have two shafts with six powerful elevators each to accommodate traffic and foot passengers to and from the tunnel.

At present the docking facilities at Hamburg are exceedingly complicated, according to Mr. Stockhausen. The piers and docks in the harbor are reached by a series

of ferries over the Elbe, and th tides in the stream make the cro ever troublesome task. To build like the Brooklyn Bridge over would be impossible, say the engi

MAP SHOWING PROPOSE TUNNEL UNDER THE RIVER ELB HAMBURG

EDUARD MEYER

TRIPLE ALLIANCE

MR MORGAN R

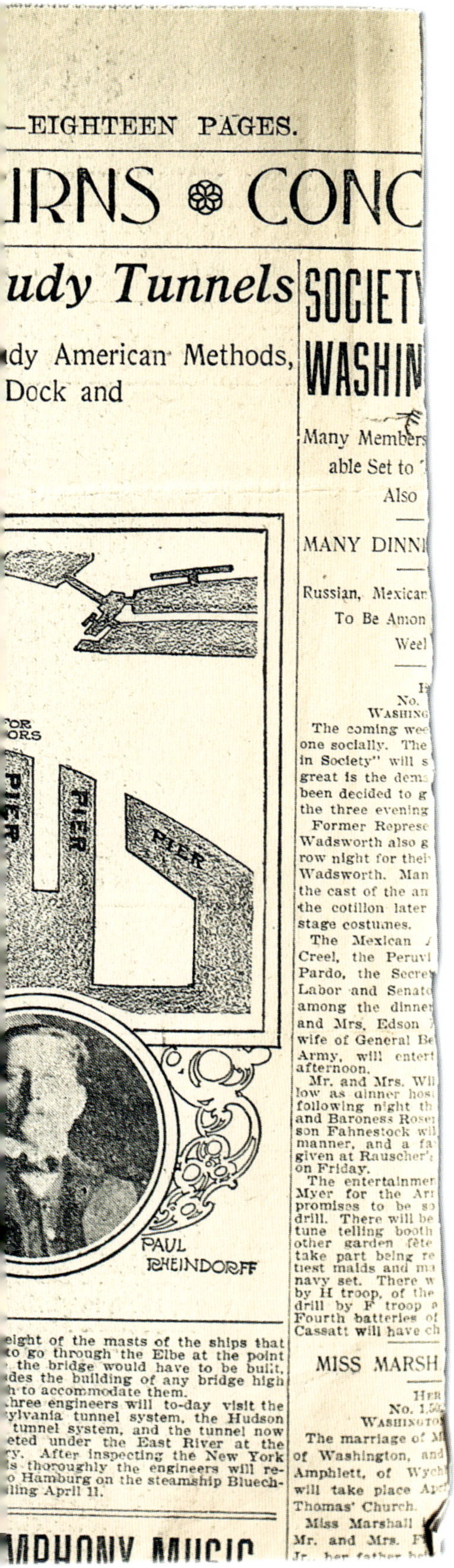
—EIGHTEEN PAGES.

IRNS ❁ CONC

udy Tunnels

dy American Methods,
Dock and

SOCIET
WASHIN

Many Members
able Set to
Also

MANY DINN

Russian, Mexican
To Be Amon
Weel

The coming wee
one socially. The
in Society" will s
great is the dem
been decided to g
the three evening
Former Represe
Wadsworth also g
row night for thei
Wadsworth. Man
the cast of the an
the cotillon later
stage costumes.
The Mexican
Creel, the Peruvi
Pardo, the Secre
Labor and Senat
among the dinner
and Mrs. Edson
wife of General Be
Army, will entert
afternoon.
Mr. and Mrs. Wil
low as dinner hos
following night th
and Baroness Rose
son Fahnestock wil
manner, and a fa
given at Rauscher's
on Friday.
The entertainmen
Myer for the Art
promises to be so
drill. There will be
tune telling booth
other garden fête
take part being re
tiest maids and m
navy set. There w
by H troop, of the
drill by F troop o
Fourth batteries of
Cassatt will have ch

eight of the masts of the ships that
to go through the Elbe at the point
the bridge would have to be built,
des the building of any bridge high
h to accommodate them.
hree engineers will to-day visit the
ylvania tunnel system, the Hudson
tunnel system, and the tunnel now
eted under the East River at the
y. After inspecting the New York
s thoroughly the engineers will re-
o Hamburg on the steamship Bluech-
ling April 11.

MISS MARSH

The marriage of M
of Washington, and
Amphlett, of Wych
will take place Ap
Thomas' Church.
Miss Marshall
Mr. and Mrs. F

MPHONY MUSIC

annähernd werden. Andererseits ahnte man aber wohl auch, dass die Verhältnisse nicht so günstig werden würden, wie beim Bau des Londoner Blackwell-Tunnels, der den idealen Londoner Tonmergel durchschnitt und dessen Bau keine Menschenleben gekostet hatte.

Intensiv befassten sich demnach die zuständigen Hamburger Dienststellen mit der »Anwendung sanitätlicher Vorbeugungsmaßregeln bei der Tunnelarbeit«. In einem Senatsschreiben vom Oktober 1906 hieß es beispielsweise, dass für den Einsatz im Tunnel nur solche Arbeiter zugelassen werden, die aufgrund ärztlicher Untersuchung für geeignet befunden wurden. Außerdem sollten alle Vorschriften zur Anwendung kommen, die sich aufgrund der hier und auswärts gesammelten Erfahrungen, bei der Ausführung solcher Arbeiten als zweckmäßig herausgestellt hatten.

Auch der »New York Herald« nahm bereits 1907 Anteil an den Bestrebungen Hamburgs, die richtige Elbunterquerung zu schaffen.

Weiter ist in einem Schreiben der Wasserbaudirektion zu lesen: »Bei dem Bau des Elbtunnels sind wegen des erforderlichen hohen Luftdrucks (2,4 Atm. Überdruck) besondere sanitäre Maßnahmen erforderlich, um die Zahl der Erkrankungen auf das geringstmögliche Maß herabzusetzen und Todesfälle möglichst ganz zu vermeiden. Zu diesem Zwecke wird die ausführende Firma einen oder mehrere Tunnelärzte anzustellen haben, denen die fortlaufende ärztliche Untersuchung der Beamten und Arbeiter des Unternehmens sowie die erste Hilfeleistung bei Erkrankungen und Unglücksfällen aller beim Tunnelbau Beschäftigten obliegen. Dies wird aber nicht genügen, sondern es ist auch eine Kontrolle und Mitwirkung durch unabhängige Staatsmedizinalbeamte, d.h. durch die hamburgische Medizinalbehörde dringend anzustreben.« Am 4. Januar 1908 legte die Wasserbaudirektion einen ersten Entwurf über »Sicherheitsvorschriften für die Preßluftarbeiten« (am 10. Juni begannen die Arbeiten in Überdruck) und Anfang Juni lagen die »Sicherheitsvorschriften für Preßluftarbeiten« in endgültiger Fassung vor.

Dennoch hat es gerade in der Anfangszeit erhebliche Kontroversen zwischen dem bauausführenden Unternehmen und den Behörden, darunter die Gesundheitsbehörde, gegeben. Als Reaktion darauf verpflichtete das Medizinalamt einen eigenen »Preßluftarzt«. Es wurde der junge Privatdozent Dr. Arthur Bornstein, der am 16. Januar 1909 seinen Dienst antrat und per Handschlag vom Präses der Baudeputation verpflichtet wurde. Er bezog eine Dienstwohnung auf Steinwärder. Eine für ihn abgeschlossene Unfallversicherung belief

Viele der beim Tunnelbau Beschäftigten kamen von weit her, auch aus anderen Ländern.

sich im Todesfall auf 50 000.- Mark, für dauernde Totalinvalidität auf 15 000,- Mark. Dr. Bornstein wurde später ein auch international sehr geachteter Wissenschaftler und Experte auf dem Gebiet der Presslufterkrankungen.

Wer im Hamburger Tunnel unter Druckluft tätig sein wollte und musste, wurde zunächst vom Betriebsarzt gründlich untersucht. War er für diese Tätigkeit aus ärztlicher Sicht geeignet, dann durfte er am ersten Tag nur vier Stunden, am zweiten Tag nur sechs und erst am dritten Tag volle acht Stunden unter diesen besonderen Bedingungen arbeiten. So war es jedenfalls vorgeschrieben, wurde oft jedoch nicht eingehalten, wie andere diesbezügliche Auflagen auch nicht, zumindest nicht in der ersten Zeit. Acht Stunden dauerte der normale Arbeitsgang im Tunnel. Dazuzurechnen waren eine halbe Stunde für das Ein- und eine Stunde für das Ausschleusen. Insgesamt dauerte die tägliche Druckluftperiode also neuneinhalb Stunden.

Da die Körper der Menschen, die da unten ihre Schicht abgearbeitet hatten, durch Wärme und Feuchtigkeit stark erhitzt waren, mussten sie sehr vorsichtig ausgeschleust werden. Jeder bekam eine Wolldecke zum Umhängen und es wurde genügend heißer Tee gereicht. Wurde trotzdem jemand von der Pressionskrankheit befallen, gewöhnlich ein bis zwei Stunden nach der Arbeit, so musste er erst die Sanitätsschleuse aufsuchen, wurde dort unter denselben Druck gesetzt wie im Schacht, blieb eine Stunde unter Druck und wurde dann zwei Stunden lang ausgeschleust, damit sich die Luft restlos durch die Poren aus dem Körper entfernen konnte. War der Kranke dann immer noch nicht fähig, die Glieder richtig zu gebrauchen, wurde das Ein- und Ausschleusen nochmals wiederholt. Es ist vorgekommen, dass durch den öfters stark wechselnden Druck sämtliche Leute vom Oberingenieur bis zum letzten Arbeiter von der gefürchteten Krankheit befallen waren. Nahezu täglich gab es Krankheitsfälle dieser Art, bei denen oft auch das nahe gelegene Hafenkrankenhaus eingeschaltet wurde.

Um noch weiter bei diesem Thema zu bleiben, so ist in diesem Zusammenhang interessant, was der Baumeister Stockhausen rückblickend in Sachen Druckluft und Sicherheit resümierte: »Um der gefährlichen Druckluftkrankheit zu begegnen, war auf der Baustelle ein Lazarett mit mehreren Betten, Badezimmer, Untersuchungszimmer und Krankenschleuse eingerichtet, in dem ein auf der Baustelle wohnender Arzt die Eingestellten untersuchte und die Erkrankten behandelte. Für das Ein- und Ausschleusen waren besonders eingehende Vorschriften erlassen, die der ständigen Überwachung der Bauleitung und des Arztes unterlagen. Die so wichtigen Ausschleusungszeiten wurden durch selbstzeichnende Druckmesser kontrolliert. Besonders ausgebildete Schleusenwärter in den Schleusen selbst waren bei strengen Strafen für das Einhalten der Schleusenzeiten verantwortlich. Den Arbeitern standen zum Ausschleusen wollene Decken zur Verfügung. Der Verkauf von alkoholischen Getränken war auf der Baustelle untersagt, stattdessen wurde sämtlichen Angestellten unentgeltlich heißer Tee verabreicht. Wenn trotz dieser energisch durchgeführten und überwachten Vorsichtsmaßnahmen 615 leichte und 74 schwere Erkrankungen und drei Todesfälle eingetreten sind, so kann diese Zahl im Vergleich zu den amerikanischen Tunnelbauten nur als sehr gering bezeichnet werden, trotz der beklagenswerten Einzelfälle. Die Erkrankungen verteilten sich auf 4400 untersuchte Arbeiter und Beamte. Ihre Zahl wäre noch geringer gewesen, wenn es möglich gewesen wäre, das Verhalten auch außerhalb der Arbeitszeit, besonders im Alkoholgenuss zu regeln. Die gemachten Erfahrungen und besonders die Untersuchungen des Dr. Arthur Bornstein bei diesem umfangreichen deutschen Druckluftbau haben jedenfalls die Wissenschaft bereichert.« Dieses Bemühen muss immer in Anbetracht der damaligen Möglichkeiten uneingeschränkt anerkannt werden.

Zunächst einmal ging es aber um die Betroffenen selbst, die trotz aller Vorsichtsmaßnahmen unter den besonderen Bedingungen zu leiden hatten. So war es nicht selten, dass Arbeiter auf dem Nachhauseweg irgendwo plötzlich umkippten. Die in Wilhelmsburg wohnenden durften nicht allein gehen, weil es dort so einsam war. Aber es waren eben meistens junge Burschen, die sich davon nicht abschrecken ließen.

Die Stimmung war nach Überwindung anfänglicher Schwierigkeiten durchweg gut, auch in der Öffentlichkeit. So hieß es, was den Tunnel und die Hansestadt überhaupt betraf, Ende 1907 in mehreren Hamburger Zeitungen: »Ist der Tunnel erst einmal vollendet, dann wird Hamburg um ein Ingenieurbauwerk reicher, wie es sich in gleicher Eigenart in Deutschland nicht wiederfindet. Wir haben dann zwischen den Ufern der Elbe eine Verbindung im Zollinlande: die Elbbrücke; wir haben dann neu geschaffen eine Verbindung vom Freihafen mit dem Zollinland: den neuen Tunnel. Eine dritte Aufgabe harrt dann immer noch der Lösung: eine Verbindung von Freihafen zu Freihafen.

Da unten am Hafentor, im Zentrum unseres Wasserverkehrs, ist in letzter Zeit viel gebaut worden und wird noch manches gebaut werden. In wenigen Jahren wird das ein Fleckchen Erde sein, wie es sich technisch und künstlerisch gleichbedeutend selten, vielleicht nirgends wiederfindet. Schon jetzt ist dort einer der lebhaftesten Verkehrsknotenpunkte der Stadt. In kurzer Zeit werden drei Ingenieurbauwerke neu entstehen: Die an den Hügeln der Seewarte angeschmiegte Vorortsbahn in ihrem reizvollen Übergang von der Hoch- zur Untergrundstrecke, die imposante Neuanlage der St. Pauli-Landungsbrücken und der geheimnisvolle Elbtunnel. Sie werden mit lauter Sprache reden, wie die moderne Technik zu Lande, zu Wasser und unter Wasser die an sie herantretenden Aufgaben überwindet.

Ein unvergleichliches Bild wird es aber auch für den von See kommenden sein, wenn hinter der ruhiglanggestreckten von Schiffen umdrängten Landungsbrücke das reizvolle Empfangsgebäude sich erhebt, zur Linken flankiert von der massiven Patinakuppel der Einfahrtshalle zum Tunnel, darüber der lebhafte Bau der Navigationsschule, als Gegenstück dazu die stimmungsvolle Seewarte; wenn durch das Grün der Elbhöhen die zugbelebte Linie der Stadtbahn sich hindurchwindet, die Bismarckstatue ernst über das ganze Getriebe hinüberschaut und im Hintergrunde der wiedererstandene Michaeliskirchturm den heimkehrenden Seefahrer grüßt. Das wird ein Bild werden, ein modernes Elbpanorama, das sich jenem berühmten vom Dufte der Geschichte umwobenen in Dresden ebenbürtig an die Stelle stellen darf.« Na, bitte!

Am 22. Juli 1907 war der erste Spatenstich getan. So sah es auf der Baustelle Steinwärder Ende August aus, etwa einen Monat nach Beginn des Baus.

Es geht richtig los

AM 22. JULI 1907 WURDE ENDLICH NACH jahrelangem Vorlauf, vielfältigen Diskussionen, Studienreisen, hin- und hergehenden Anträgen und Vorlagen sowie gründlichen Vorplanungen der erste Spatenstich auf Steinwärder getan. Es dürfte klar sein, dass sich die Baustelle, die von der Firma Holzmann zwischen der Öffentlichen Männerbadeanstalt und der Neuhofer Straße am Grevendamm eingerichtet worden war, zunächst kaum von anderen großen Baustellen unterschied. Aber bereits Ende September deutete ein weithin sichtbarer Holzturm den Fortgang der Arbeiten an. Unter diesem Gerüstbau waren die Arbeiter mit dem Aushub der großen Baugrube beschäftigt. Daneben wurde eifrig und soweit es ging die Montage des 22 Meter im Durchmesser messenden eisernen Senkkastens, besser bekannt als Caisson, vorbereitet, mit dessen Hilfe später, nach Erreichung des Grundwassers, die weitere Ausschachtung unter Druckluft vorgenommen werden sollte.

Ein hoher Zaun umgab die Baustelle, »um müßige Besucher nach Möglichkeit fernhalten zu können«. ... »Dem neugierigen Späher aber ist die Welt in des Wortes wahrster Bedeutung mit Brettern vernagelt,« schrieb das »Hamburger Fremdenblatt« dazu. »Erst nachdem er einige Schritte weitergegangen ist, erblickte er an einem kleinen Gebäude zu seiner Orientierung und zur Befriedigung seines Wissensdranges ein Schild mit den klangvollen Worten »Baubureau Elbtunnel«.

Im euphorischen Stil jener Zeit heißt es in einem anderen Blatt: »Zwei mächtige Aufgaben haben Technik und Arbeit in den nächsten Jahren in Hamburg gemeinsam zu lösen. Menschengeist und Arbeitskraft sollen dem Verkehr der Großstadt zwei neue Wege erschließen, und fast gleichzeitig dringen im Osten und Westen der Stadt Schaufel und Hacke in die Eingeweide der Erde, um Verkehrswege durch den Untergrund Hamburgs zu schaffen.« Gemeint waren damit der Bau der südöstlichen Untergrundstrecke der Hochbahn am Berliner Tor und der Elbtunnel, den der Autor ohne Einschränkung als das schwierigste der beiden Vorhaben bezeichnete.

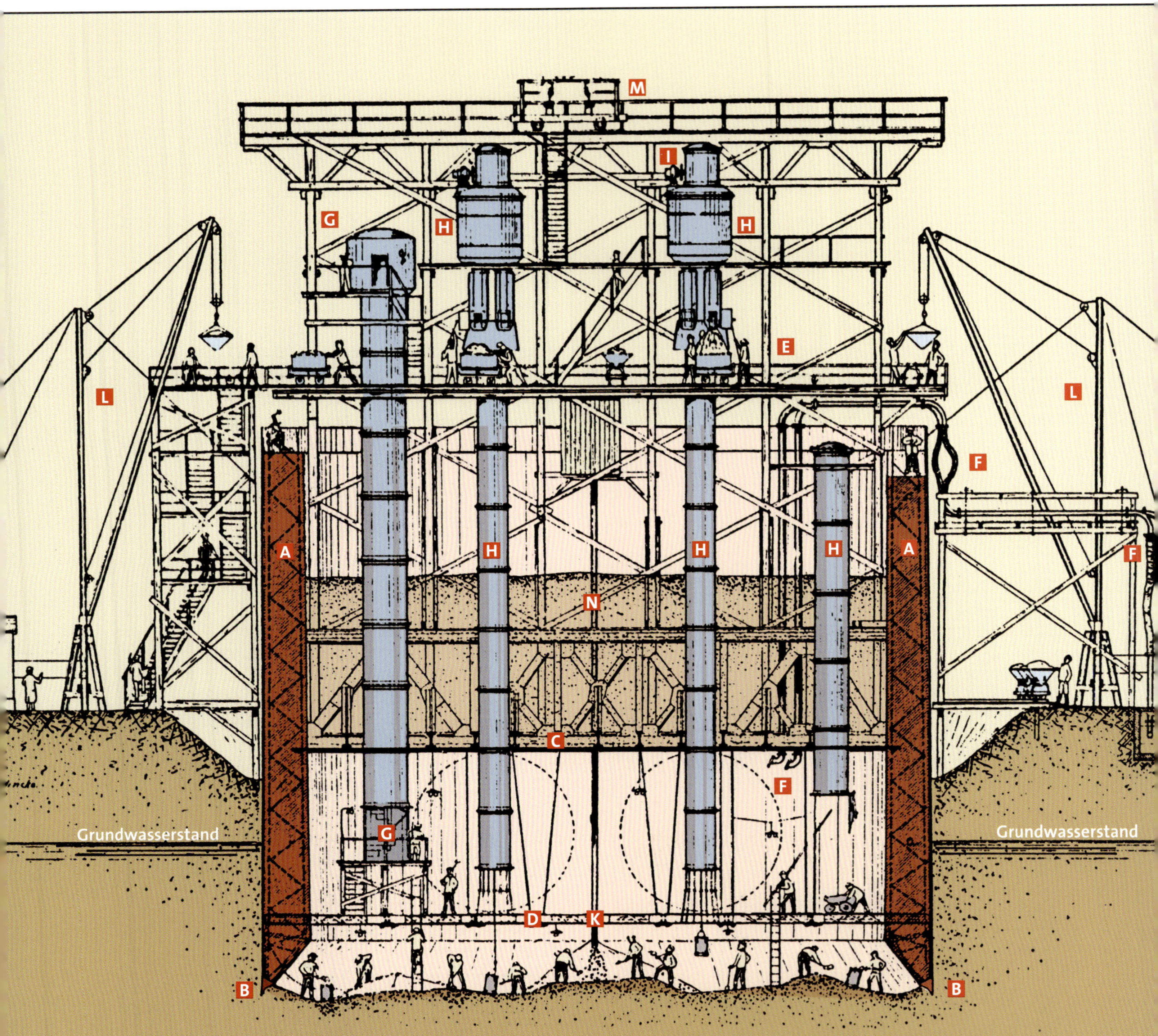

Querschnitt durch den Schacht Steinwärder während des Absenkens.

A Schachtwand mit Blechmantel und Eiseneinlage
B Schneide
C Decke des Senkkastens
D Arbeitsgerüst
E Fahrbahn mit Gleisen
F Luftzuleitungsrohr
G Personenschleuse
H Materialschleusen
I Elektromotoren
K Ausblasrohr
L Hebekräne
M Laufkran für den Einbau der Schleusen
N Sandballast

Der Fahrschacht Steinwärder entsteht (30.5.1908).

Der Blechmantel A* auf der Schneide B

Teilweise konnte der wegzuschaffende Sand durch ein Ausblasrohr K nach draußen geschafft werden.

EIN ANDERER VERTRETER DER SCHREIBENDEN Zunft begann seine Ausführungen über den Elbtunnel: »Die auszuführende Arbeit ist keine alltägliche, und dem Vordringen im Innern des Erdreiches stehen große Gefahren bevor, die große materielle Opfer fordern können. Dem Bergmann gleich versucht der winzige Mensch einen Riesenstrom zu unterwühlen, versucht sich das Innere nutzbar zu machen, aber nicht um Schätze zu sammeln, sondern um sie zu befördern. Ihm genügt die Oberfläche des Planeten nicht mehr.«

Aber so schön und optimistisch das auch alles klang, in der Realität gingen die Arbeiten zunächst eher langsam voran, da zur gleichen Zeit die Montage der Kessel- und Maschinenanlage vorgenommen werden musste, die die nötige Druckluft und elektrische Energie für die Beleuchtung und andere Zwecke erzeugen sollte. Das alles musste erst zur Verfügung stehen, denn was die Ausschachtungsarbeiten betraf, so stießen die Schaufeln der Arbeiter schon in rund fünf Metern Tiefe auf Grundwasser, was das weitere Arbeiten unter normalen Verhältnissen unmöglich machte. Aber darauf war man ja gefasst und es konnte unverzüglich mit der Montage des den Schachtabmessungen entsprechenden Caissons begonnen werden, der in Einzelteilen schon neben der Baugrube vorgefertigt worden war. In diesem Caisson sollten die Arbeiten nun in täglich drei Schichten zu je 32 Mann unter Druckluft fortgesetzt werden.

ZUNÄCHST WURDE DIE AUS STAHLGUSS MIT angenieteter eiserner Konsole bestehende Schneide in der Baugrube montiert, über der in der Mitte das bereits weiter vorn erwähnte mächtige Holzgerüst für zwei leistungsfähige Baukrane aufragte. Drei Meter oberhalb der Schneide kam ein mächtiges Rost aus sich rechtwinklig kreuzenden Gitterträgern zum Einbau. Es hatte einerseits die Aufgabe, die Schachtwände bei der Absenkung zu verspannen, so etwa wie die Felgen eines Fahrrades durch Speichen gehalten werden, und andererseits sollte es später in der Oberkante der Sohle des Schachtes einbetoniert werden, um diese so zu einer Eisenbetonkonstruktion zu machen. Auf die Caissonschneide wurde dann ein fester Blechmantel mit einer innen angeklebten wasserdichten Schicht getranter Leinwand aufgesetzt. Innerhalb des Blechmantels entstand schließlich auf der Schneide die eigentliche Schachtwand aus zwei Meter dickem Beton.

Die Weiterführung der Montage des Blechmantels und Betonierung der Schachtwandung erfolgte

* Die rot hinterlegten Buchstaben verweisen auf Positionen in der nebenstehenden Zeichnung.

Als Verbindung zwischen der Außenwelt und dem Caissoninnern dienten vier Schleusenrohre – eines für den Personenverkehr (G*).

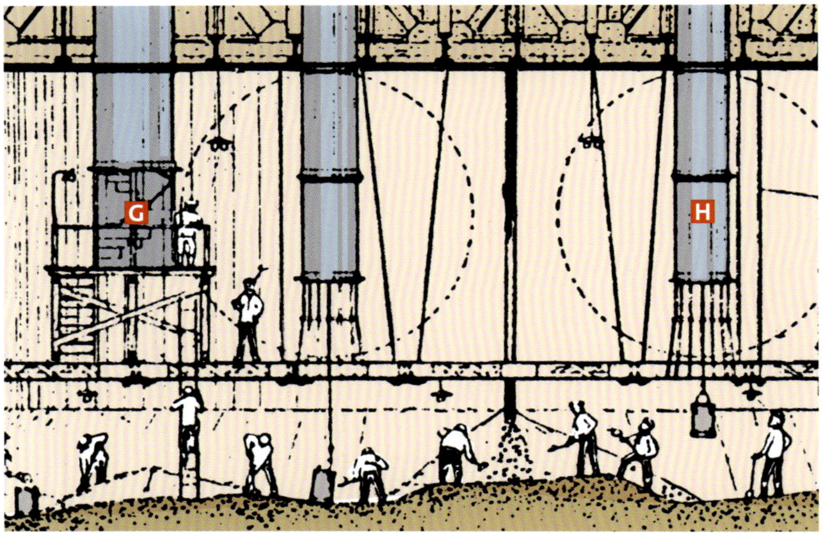

Sand, der nicht über das Ausblasrohr abtransportiert werden konnte, musste in Behälter gefüllt und über die Materialschleuse (H) aus dem Schacht gebracht werden.

* Die rot hinterlegten Buchstaben verweisen auf Positionen in oben stehender Zeichnung.

unter gleichzeitiger Wegnahme des Erdreiches aus dem Innern des Rundbaus, solange die Pumpen es schafften, das zulaufende Grundwasser wieder aus der Grube zu entfernen. Lange reichte diese Methode allerdings nicht aus, denn schon bald erwies sich der Wassereindrang als so stark, dass er nicht anders als mit Druckluft bewältigt werden konnte. Zu diesem Zweck musste der bis dahin offene Senkschacht nun endgültig oben durch eine Decke fest verschlossen werden. So wurde ein luftdichter Raum geschaffen, in dem die Ausschachtungsarbeiten wie unter einer Taucherglocke – im Prinzip handelte es sich ja auch um eine solche – fortgesetzt werden konnten. Installiert wurde die Caissondecke in einer Höhe von etwa sieben Metern über dem Rost oder zehn Metern über der Unterkante der Schneide. Diese an sich beträchtliche Höhe war gewählt worden, damit die Abdeckung auch später noch beim Tunnelvortrieb verwendet werden konnte. Mit einer lichten Weite von 22 Metern entstand so eine mächtige Halle, in der, so hieß es in einem Bericht, gut 1000 Menschen auf Stühlen bequem Platz gefunden hätten.

Für den Verkehr zwischen der Außenwelt und dem Caissoninnern dienten vier Schleusenrohre – eines für den Personenverkehr, zwei für die Ausschleusung der ausgegrabenen Erdmassen und das vierte für die Zu- und Abfuhr von Baustoffen. Die letztgenannte Schleuse wurde später beim Tunnelvortrieb zu einer weiteren Personenschleuse umfunktioniert. Alle Schleusenkammern befanden sich unmittelbar auf den Schleusenrohren. Eine eiserne Wendeltreppe verband die runde Kammer der 16 Arbeiter fassenden Personenschleuse mit der Arbeitskammer. Die Druckluft wurde über zwei durch die Decke gehende mit Rückschlagventilen versehene Rohre zugeführt.

Wie schon weiter vorne erwähnt, war hier im Untergrund von Steinwärder zu einem beträchtlichen Teil feiner Sand anzutreffen. Diesen beseitigten die Bauarbeiter zum Teil mit Hilfe eines ebenfalls durch die Decke geführten Rohres, das außerhalb des Senkkastens auf dem Bauplatz endete, während das untere in den Caisson reichende Ende etwas oberhalb des Erdbodens durch einen Ventilhahn abgeschlossen war. Wurde der feine Sand nahe genug an das Rohrende herangeschaufelt und der Ventilhahn geöffnet, so riss der durch das Rohr nach oben entweichende Überdruck im Caisson den Sand mit sich, und zwar etwa 6 bis 12 Kubikmeter in der Stunde, je nach Bodenart und erreichter Tiefe. Am oberen Ende des Rohres quoll dann ein dicker Strahl Sand heraus, der sich leicht auffangen und abfahren ließ.

Die weitere Abteufung des seit dem 18. Juni 1908 unter Druck stehenden Schachtes erfolgte in der üblichen Weise durch Abgraben und Ausschleusen des Bodens unter gleichzeitiger Höherbetonierung der Schachtwandung. Um bei ungleichmäßigem Abteufen Rissbildungen zu vermeiden, wurden in die Schachtwand senkrecht, waagerecht und kreuzweise angeordnete Rundeisen eingelegt.

Der Druck innerhalb des Caissons, dessen obere Abdeckung zusätzlich noch mit einer mehrere Meter dicken Sandschicht beschwert war, musste mit zunehmender Tiefe gesteigert werden. Er betrug, als die Ausschachtungsarbeiten am 2. September 1908 die projektierte Tiefe von 28 Metern erreicht hatten, 2,6 atü, was immerhin dem Druck heutiger Lkw-Reifen entspricht. Was dieser Druck bedeutet, davon kann man sich vielleicht eine Vorstellung machen, wenn man bedenkt, dass während mehrerer Wochen nach dem 2. September die gesamte Stahlkonstruktion mit einem Gewicht von 12 000 Tonnen allein auf dem von der komprimierten Luft geschaffenen Polster ruhte. Ein Nachlassen des Druckes hätte zur Folge gehabt, dass der gesamte Schacht um einen Meter tiefer gefallen wäre. Um dieser Gefahr zu begegnen, wurde während der Zeit, als die mächtige Betonröhre im wahrsten Sinne des Wortes in der Luft schwebte, die scharfe Schneide des Caissons mit Betonklötzen unterfangen. Nachdem das geschehen war, erhielt die Schachtsohle eine dünne Betonschicht und darüber eine zwei Millimeter starke Bleihaut, die mit den eisernen Seitenwänden verlötet wurde.

Daraufhin erfolgte die Ausbetonierung der 4,25 Meter starken, als Gewölbe konstruierten Sohle, die einen Grundwasserdruck von sage und schreibe 25 000 kg pro Quadratmeter aufzunehmen hatte. Während dieser Betonierungsarbeiten musste der Luftdruck innerhalb des Caissons dem Wasserdruck stets beständig das Gleichgewicht halten, da sonst die Gefahr bestand, dass die Dichtungsschicht von unten durchbrach. Zur Beobachtung dieses sensiblen Gleichgewichts zwischen Druckluft und Wasserdruck war in der Mitte der Betonsohle ein Brunnenrohr offen gelassen worden, in dem der Wasserstand auf Millimeter genau abgelesen werden konnte.

Am 17. Oktober 1908 war die schwierige Arbeit beendet. Die Holzmann-Ingenieure und die der Stadt hatten, so stellte der »Hamburgische Correspondent« Ende November 1908 fest, »während der Zeit der ›hängenden Pein‹ Schulter an Schulter mit ihren Bauarbeitern zusammen mutig gegen das von unten nachdrängende Grundwasser gekämpft und ihm Zoll für Zoll seine naturgewaltige Macht abgerungen. Das war die Zeit, während der starke körperliche Anforderungen an die Arbeiter und Leiter des Baus herantraten, von denen einige unter der Einwirkung der Druckluft nicht unerheblich von der so genannten Caisson-Krankheit befallen wurden, die aber mit Ausnahme eines einzigen Falles, wenn auch langwierig, so doch glücklich verliefen.«

Aber der Drucklufteinsatz unter der Erde hatte auch noch andere, zum Glück weniger gefährliche »Nebenwirkungen«, die am deutlichsten im Fährkanal und in der Steinwärder-Männerbadeanstalt zu beobachten waren. Die auf verschlungenen Wegen durch das Erdreich entweichende, nach oben drückende Luft verursachte auf dem Wasser große Blasen, ja so wurde berichtet, zeitweise schien das Wasser an manchen Stellen regelrecht zu kochen. Einmal konnte sogar »das wunderbare Schauspiel eines kleinen Geysers beobachtet werden, der lustig und mit nur geringen Unterbrechungen zum Amüsement der Steinwärder Badegäste tätig war. Groß und klein benutzte ihn als eine von unten recht kräftig wirkende Douche, die die Schwimmer aber energisch wieder von sich schleuderte.«

Wie jedoch die Welt so ist, für die Verantwortlichen überwog nicht der Spaß, sondern das Sicherheitsrisiko. Da sich stellenweise in der Badeanstalt tiefe Löcher gebildet hatten, noch dazu im Nichtschwimmerbereich, wurden diese Teile kurzerhand so lange abgesperrt, bis die Bauleitung des Tunnels alle Löcher wieder mit Sandsäcken geschlossen hatte. »Dadurch ist nun den Badegästen die Gelegenheit zu einer interessanten Spielerei entgangen.«

Auch nach der Fertigstellung der Betonsohle hielt man den weiter vorn erwähnten ausgleichenden Druck zunächst noch eine Zeit lang, bis am 28. Oktober das in die Sohle eingelassene Brunnenrohr fest verschlossen wurde. Damit war die Betonsohle vollkommen dicht. Erst dann konnte der Druck ganz allmählich verringert werden, bis am 12. November der Ausgleich hergestellt worden war. Der erste Abschnitt des Tunnelbaus war damit glücklich beendet.

Selbstverständlich gab es nun nicht etwa eine Pause. Dazu war auch damals schon die Zeit viel zu kostbar. Jetzt mussten die Vorarbeiten für die Montage der je rund 120 Tonnen schweren Bohrschilde für den Tunnelvortrieb beendet werden. Im Dezember 1908 wurden sie mit Hilfe kräftiger Spindeln langsam auf die Schachtsohle hinabgelassen. Das Manöver nahm drei volle Tage in Anspruch.

Nach Aufstellung der Schilde unten und erneutem Verschluss der Caisson-Decke wurde der Raum wieder unter Druck gesetzt, um die Vorbereitungen für den zweiten Bauabschnitt, den horizontalen Tunnelvortrieb fortsetzen zu können. Diese Arbeiten waren schon in der Phase der Erholung der Betonsohle aufgenommen worden, und zwar hatte man mit dem Ausstemmen der Schachtwand an den Stellen begonnen, von denen aus die Tunnelrohre vorgetrieben werden sollten. Nicht versäumt hatte es die Bauleitung, gleichzeitig bzw. bereits vorab eine Anzahl Arbeiter für spezielle Aufgaben zu trainieren. So waren beispielsweise mehrere von ihnen

Pressluftstrudel in der Badeanstalt Steinwärder zeigten in etwa den Verlauf der Tunnelgrabungen an.

an den auf dem Bauplatz neben dem Schacht fertig montiert stehenden Vortriebs- und Bohrschildern eingeübt worden, die Tunnelringe mit Hilfe eines hydraulischen Kranes möglichst rasch einzubauen. Von der Fixigkeit, mit der gerade diese Arbeiten später ausgeführt wurden, hing ganz wesentlich die gesamte Vortriebsgeschwindigkeit ab.

Die Bauleitung nutzte die Zeit, um die Öffentlichkeit vor Ort noch einmal über Stand und Fortgang der Arbeiten zu unterrichten. Später, wenn erst einmal mit dem Tunnelvortrieb begonnen worden war, würde dies für längere Dauer nicht mehr möglich sein. Ein Journalist, der den anberaumten Pressetermin wahrgenommen hatte, berichtete: »Etwa 150 Stufen führen durch die Steigeröhre, die von den Arbeitern zum Betreten der unterirdischen Arbeitsstätte benutzt wird, auf die Sohle des Schachtes hinab, auf der man 21 Meter unter dem Wasserspiegel der Elbe steht. Wir hatten vor einigen Tagen die Gelegenheit, den Abstieg in den Orkus zu wagen. Durch die jetzt offenstehende Schleuse ging es die Wendeltreppe hinab, die schier kein Ende zu haben schien. Oben verließen wir den kalten und klaren Wintertag. Unten empfing uns eine bedrückende Wärme, die durch die Bindung des Betons sich entwickelt hatte und bis auf 44 Grad C hinaufgetrieben worden war. Trüb schimmerten die Lichter der elektrischen Birnen durch einen dichten Nebel hindurch, der einem kleinen See entstieg, der sich auf der Tunnelsohle aus dem von der noch geschlossenen Caissondecke herabträufelnden Wasser gebildet hatte. Wie aus der Ferne erklang in dem weiten und hohen unterirdischen Gewölbe das Hämmern der Arbeiter, die fleißig bei der Ausmeißelung der Tunnelöffnungen in der Schachtwand tätig waren. Sehr weit waren sie mit ihrer Arbeit noch nicht gekommen. Der hart gewordenen Betonwand konnte nur der scharfe Stahlmeißel kaum sichtbare Stücke abzwingen. Ein Zeichen der Vorzüglichkeit des verwandten Baumaterials. Den beiden zukünftigen Tunnelöffnungen gegenüber war man mit dem Aufstellen einer Pumpe beschäftigt, die das Kondenswasser aus dem Schacht herauspumpen soll. Die Luft da unten war schwül und drückend, so daß wir nicht ungern den Rückweg zur Erdoberfläche wieder antraten«.

Sogar der Senat nutzte die Gelegenheit, um sich zwischen den Bauphasen an Ort und Stelle vom Fortgang der Arbeiten berichten zu lassen. Am 19. Januar 1909 bestiegen die wichtigen Herren beim Baumwall den »Eisbrecher II« und ließen sich von ihm nach Steinwärder bringen. Dort standen Wasserbaudirektor Bubendey und Baumeister Stockhausen als »Bärenführer« und für Auskünfte bzw. Erklärungen jeglicher Art bereit.

Zentrale und Lagerplatz auf Steinwärder im Oktober 1908. Die Vorbereitungen für den Tunnelvortrieb laufen: Die ersten Tunnelsegmente liegen bereit.

Auf St. Pauli sind die Schwierigkeiten überwunden. Gut zu erkennen ist das Rund des Fangdammes und der später noch auszuhebende Erdkern. (31.3.1909)

Schachtbau in St. Pauli

Auf der anderen Seite, auf St. Pauli, hatten die Arbeiten aus bereits zuvor genannten Gründen erst viel später begonnen. Zwar war auch dort schon bald ein genügend großes Gelände eingezäunt worden, richtig los ging es aber erst in den ersten Junitagen 1908.

Obwohl die Bodenverhältnisse auf dieser Seite allgemein als günstig bezeichnet worden waren, mussten die Arbeiter gleich zu Anfang mit einer nicht unbeträchtlichen Schwierigkeit fertig werden. Eine vier bis sechs Meter mächtige, stark wasserführende sandige Mergel- und Lehmschicht bereitete Probleme. Erste Überlegungen waren dahin gegangen, wegen dieser problematischen Bodenschicht die ganze Baugrube mit einer eisernen Spundwand zu umgeben, um damit das Wasser abzufangen. Das klang zwar gut und simpel, klappte allerdings trotzdem nicht wie vorgesehen, und so wurde der erforderliche, bis in die feste Tonschicht reichende Fangdamm als massive Betonmauer ausgeführt. Die in der Nähe liegende alte Kaimauer am Elbufer musste dafür acht Meter tief unterfangen werden, und während der Herstellung des Fangdammes gab es bei Hochwasser zweimal Wassereinbrüche. Sie richteten jedoch nur geringen Schaden an und führten kaum zu Verzögerungen beim Bau. Dafür zeigte der fertige Fangdamm anschließend außerordentliche Erfolge. Er hielt den entstehenden Schacht während der gesamten Bauausführung völlig trocken, so dass auf jeglichen Pumpeneinsatz verzichtet werden konnte.

Für den Bau der eigentlichen Schachtwand wurde anschließend ein etwa 2,25 Meter breiter ringförmiger Schlitz nach unten getrieben, und zwar ganz bis in die vorgesehene Tiefe von 28 Metern. Nachdem das geschafft war, wurde die Schachtwand von unten hochgezogen, im Gegensatz zu dem Verfahren auf Steinwärder, wo von oben nach unten gebaut worden war.

Als die Schachtwand schließlich so weit fertig war, dass sie die Oberfläche erreicht hatte, gingen die Arbeiter daran, den im Innern stehengebliebenen Erdkern auszuheben. Das hört sich allerdings einfacher an, als es vor Ort getan werden musste. Der in etwa 20 Meter Tiefe angetroffene schwer durchlässige

Schachtbau St. Pauli

Schematische Darstellung (oben) und der Realität (unten)

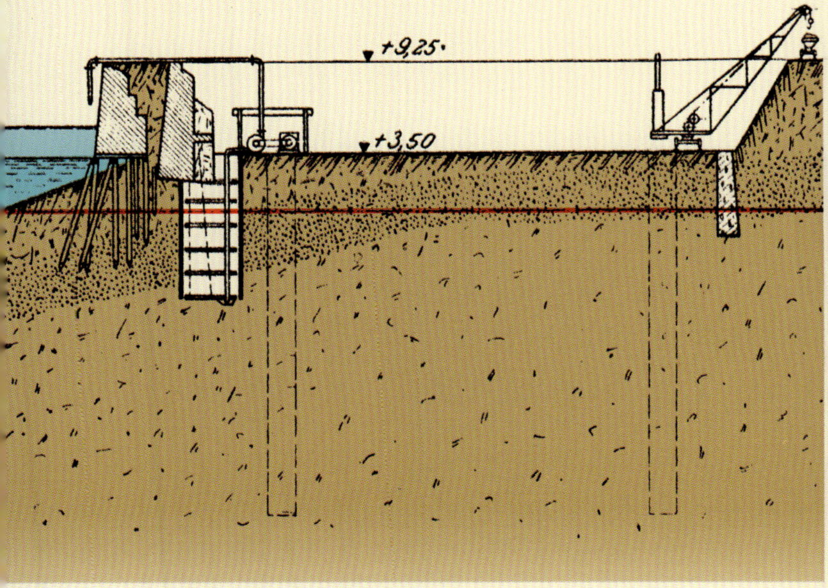

Bau des Fangdammes.

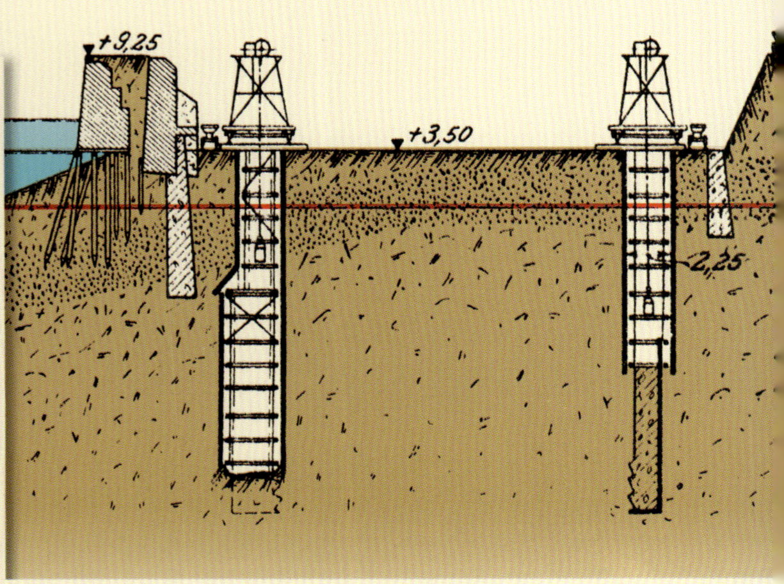

Ausheben und Betonieren des Schlitzes.

Während der Herstellung des Fangdammes gab es zweimal Wassereinbrüche.

Auf St. Pauli sind die Schwierigkeiten überwunden. Gut zu erkennen ist das Rund des Fangdammes und der später noch auszuhebende Erdkern.

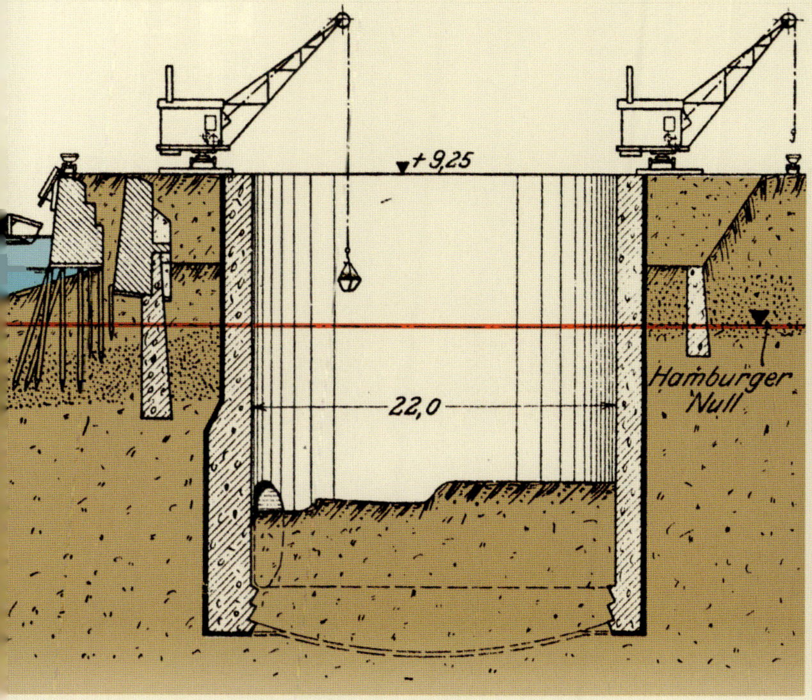

Ausheben des Erdkernes.

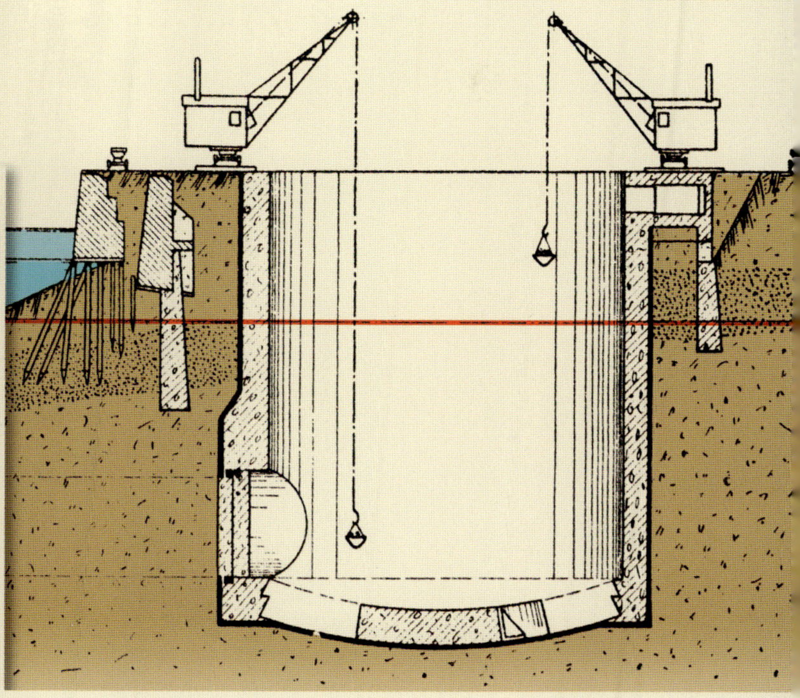

Betonieren der Sohle.

Sukzessive wird das Loch tiefer.

Mitte 1910, die Betonierung der Sohle macht Fortschritte.

Mauerarbeiten am Schachtbau St. Pauli.

mit Felsbrocken durchsetzte Kleiboden erwies sich nämlich als so hart, dass ihm mit Hacke, Pickäxten und Schaufel nicht mehr beizukommen war. Es musste gesprengt werden, und obwohl über lange Zeit sich dort unten 40 Mann pro Schicht Tag und Nacht abmühten, schafften sie in 24 Stunden kaum mehr als 100 Kubikmeter Erdreich. Die Loren, die sie unten mit den Brocken vollschaufelten, wurden per Kran nach oben befördert.

Für die später in diesen Schacht mündenden Tunnelrohre war die Schachtwand an den betreffenden Stellen flanschartig verstärkt worden. Gegen möglicherweise eindringendes Grundwasser waren die Öffnungen durch vorgesetzte Blendscheiben aus Backsteinmauerwerk verschlossen.

Ein besonders interessanter Vorgang war auch hier die Betonierung der Schachtsohle. Es handelte sich dabei darum, einen Betonkörper von etwa 4 Metern Höhe und 22 Metern Durchmesser herzustellen, und zwar so, dass er später sicher als Gewölbe wirkte. Das Ganze war äußerst kompliziert. Auf eine untere Ausgleichsschicht aus Zement kam eine doppelte Lage Asphalt-Isolierplatten. Um anschließend im Beton die Wirkung eines Gewölbes zu erzielen, wurde zunächst in Sohlenmitte ein Betonkörper als Ganzes in einem Arbeitstag hergestellt. Dann wurde zwischen einer spiralförmigen Brettschalung und diesem Körper der Beton weiter und weiter herumgeführt, etwa so, wie man einen Apfel schält. So entstanden nur Fugen an den Stellen, wo theoretisch die Fugen eines Gewölbes liegen müssten. Während der Betonierungsarbeiten wurde das Grundwasser durch Pumpen auf einer bestimmten Höhe gehalten, um Beschädigungen der noch nicht erstarrten Betonmasse zu vermeiden.

Leider hatte es im Verlauf des Schachtbaues einen schweren Unfall mit tödlichem Ausgang gegeben. Er passierte am 15. Mai 1909: Die Herstellung des Schlitzes, in dem dann die Umfassungswand des Fahrschachtes hochgezogen werden sollte, war gerade beendet worden, und am 15. Mai 1909, einem Sonnabend, war alles bereit, mit der Betonierung der Sohle zu beginnen. Der mit der Bauaufsicht betraute »staatliche Techniker«, Gustav Ely, hatte unten auf der Sohle des Schlitzes die erforderlichen Anweisungen gegeben, als von oben ein zum Herablassen bereitgestellter schwerer gusseiserner Betonstampfer herunterfiel und ihn so unglücklich am Kopf traf, dass er sofort bewusstlos zusammenbrach. Glück hatte der neben Ely stehende Bauführer der Firma Holzmann, der Ingenieur Beck, der, weil er gerade eine zufällige Bewegung machte, sich nur eine relativ unbedeutende Verletzung am rechten Arm zuzog. Der schwer

Arbeiter bei Abdichtungsarbeiten am Fahrschacht.

getroffene Gustav Ely erhielt so rasch es ging einen Notverband und wurde in das nahe gelegene Hafenkrankenhaus gebracht, wo er jedoch nach wenigen Stunden verstarb.

Gustav Ely, der eine Frau und einen fünf Monate alten Jungen hinterließ, war kein Neuling beim Elbtunnelbau gewesen. Er war beim Vortrieb des Tunnels von Steinwärder aus aber so erkrankt, dass er vorläufig nicht weiter unter Druckluftbedingungen eingesetzt werden konnte. Das wurde sein Schicksal.

Insgesamt gesehen konnten die Arbeiten auf der St.-Pauli-Seite im Vergleich mit dem auf Steinwärder notwendigen Aufwand aber geradezu als Kinderspiel bezeichnet werden. Vor allem die Möglichkeit, die Ausschachtung praktisch im Tagebau durchzuführen, brachte entscheidende Vorteile. Dennoch war es aber auch hier allemal harte Arbeit, den Schacht fertigzustellen. Sie brachte jedoch nicht nur Mühsal. Eine ganze Reihe von Leuten hatte sogar eine ausgesprochene Freude an den umfangreichen Erdarbeiten. Es waren die Geologen. Sie hatten hier Gelegenheit, praktisch so nebenher, bei dieser Buddelei viele neue Erkenntnisse zu sammeln. Erich Horn hat darüber eine Arbeit im Jahrbuch der Hamburgischen Wissenschaftlichen Anstalten 1911 veröffentlicht. Er zeigte sich befriedigt darüber, dass der bis in eine Tiefe von 20 Metern unter Normalnull (NN) hinabreichende Tunnel »für die geologische Geschichte unseres Stadtgebietes manche interessante Aufschlüsse geliefert hat«. So wurde im ausgehobenen Erdreich auf der St.-Pauli-Seite eine reiche, schön erhaltene Fauna entdeckt, Horn bedauerte es nur, dass es nicht möglich sei, nach Horizonten zu sammeln, da stets in mehreren Etagen abgebaut wurde und das Sammeln an Ort und Stelle den Arbeitern überlassen werden musste. Bei dem beschränkten Raum im Schacht und der großen Zahl der Arbeiter hätte die häufige Anwesenheit eines Sammlers die Arbeit gestört, wie er jedoch verständnisvoll anmerkte.

Trotz dieser aus der Sicht der Geologen nicht optimalen Verhältnisse war die Ausbeute bedeutsam. In einer Kiesschicht unter der Elbe fanden sich häufig Holzstücke sowie hin und wieder sogar große Baumteile. Ferner enthielt sie an manchen Stellen zahlreiche zusammengeschwemmte Bernsteinstücke. Von besonderer Bedeutung aber waren die beim Aushub des Steinwärderschachtes gefundenen menschlichen Kulturreste aus der neolithischen Zeit, der Zeit der dänischen Kjökenmöddinger. Es handelte sich dabei um mehrere bearbeitete Hirschhornstücke, zwei Hirschhornbacken und einige andere Knochenstücke. Außer diesen Funden sind in derselben Schicht im Osttunnel in der Nähe des Tertiärs noch zwei Funde gemacht worden: das Schädeldach eines Menschen und das Hinterhaupt eines kleinen Wals (Orca gladiator).

Tunnelwandungen und im Hintergrund das Vortriebsschild.

Der eigentliche Tunnelbau: Vorbereitungen und Technik

Drunter durch, hatte es geheissen. Drunter durch, das war die Losung für den eigentlichen Tunnelbau, der von Steinwärder aus energisch in Angriff genommen worden war. Nach der Fertigstellung des dortigen Schachtes im Rohbau hatte die Bauleitung, wie schon erwähnt, etlichen Interessenten noch einmal die Gelegenheit gegeben, sich über das bisher Erreichte und die weitere Bauplanung einen Überblick zu verschaffen. Während der folgenden zwei Jahre sollte dann der Tunnelbauplatz aus Sicherheitsgründen für alle Nichtbeteiligten gesperrt bleiben. Hier noch einen Bericht dazu, um nach der Unterbrechung durch den Ausflug nach St. Pauli und zu den prähistorischen Funden auf den nun folgenden schwierigsten Teil des Bauvorhabens eingestimmt zu werden.

Als Vertreter der »Hamburger Nachrichten« hatte ein gewisser T. H. die Gelegenheit genutzt. Folgen wir auszugsweise seinen Beobachtungen, die er am 20. Januar 1909 in seinem Blatt schilderte: »Die Sache« sei wirklich »nicht so einfach«, befand er anerkennend, und es sei ein »ganz artiger Maulwurfsgang«, den sie da von Steinwärder unter dem Elbstrom hindurch nach den Landungsbrücken von St. Pauli gruben. Der Tunnel, durch den sich später der Menschen- und Wagenverkehr ergießen würde, werde »eine regelrechte Straße mit Bürgersteig, Fahrdamm, elektrischer Beleuchtung – und Schutzmannsposten«. Zwei Horizontalröhren sollten »den Elbtunnel« bilden. In der einen ginge es von St. Pauli nach Steinwärder, in der anderen zurück – immer im Kreise herum, wie die Paternoster-Fahrstühle. Die Strecke könne dann zu Fuß, im Lastwagen oder in der Droschke (ohne unterirdische Taxerhöhung) zurückgelegt werden, »und oben über die Menschheit hinweg wälzt der mächtige Strom, gleiten die Dampfer hin und her«.

Der Autor stellte, offenbar sachkundig, fest, dass ein solcher Gang unter der Elbe besondere Sicherheitsmaßnahmen erfordere, und dazu gehöre es zu allererst, dass von nun an kein Unbefugter in den Schacht hineindürfe. Er jedoch durfte noch, und so können wir lesen: »Nun also hinein in den Schacht; 120 Stufen auf einer ganz schmalen Wendeltreppe. Wir kommen uns vor wie lebende Schraubenzieher …

Man sieht schon die Anfänge des Tunnels, in dem sich ein schmiedeeiserner Ring an den anderen fügt; fest und sicher vernietet. Es wird nach neuesten Systemen gearbeitet und wir werden technisch den englischen Themsetunneln weit voraus sein. Der zukünftige Tunnel ist einstweilen noch durch gewaltige Schilde (vor beiden Röhren) abgeschlossen – wie Deckel auf großen Futteralen. Einer dieser Deckel bleibt an Ort und Stelle, bis die Nachbarröhre etwa 100 m weit vorgerückt ist; dann beginnt auch hier die Arbeit. Solch ein Schild kann zu jeder Zeit vollkommen zugeschraubt werden, falls etwa während der Arbeit das Wasser durchbricht. Er dient zur Deckung des bisher Geschaffenen. Durch kleine Türen kriechen wir vor den Schild hinaus und stehen nun vor der bereits erwähnten Betonwand, an der schon munter geklopft wird, wie in einem Bergwerk – bis dann das weiche Erdreich erreicht ist und die Druckluft eingelassen wird. Um jedes Stückchen, das man nun im Erdreich weiterkommt, wird Ring für Ring der gewaltige Mantel des Tunnels weitergefügt und gleichzeitig der Schild vorgeschoben. Was dann diesseits des Schildes liegt, ist in Sicherheit; und im Falle der Gefahr können sich die Arbeiter durch die kleinen Türen in Sicherheit bringen und schnell die Klappen hermetisch schließen. So bohrt sich der menschliche Maulwurf Zoll für Zoll weiter, bis er unterhalb der Navigationsschule das Tageslicht erblickt. Sind dann die beiden Gänge fertig und ausgepanzert, so folgt der Rest: Ausbau zu einer richtigen Straße (im Bogen nach unten, der Sicherheit wegen), Ausmauerung mit hübschen Verblendsteinen (um Himmels willen nicht aus Cadinen, die sind zu teuer!), Ausschmückung, Beleuchtung usw. …

Nach gründlicher Besichtigung (unter liebenswürdiger Führung) wickeln wir uns die primitive Wendeltreppe wieder zurück, hinauf zum Licht – eine gute Leistung für bejahrte Leute. Es folgt eine kurze Besichtigung der Maschinenanlagen da droben; namentlich der Druckluftmaschinen, die gerade probearbeiten. Sie stoßen aus dem dicken

Gesamtanlage des Tunnelvortriebs

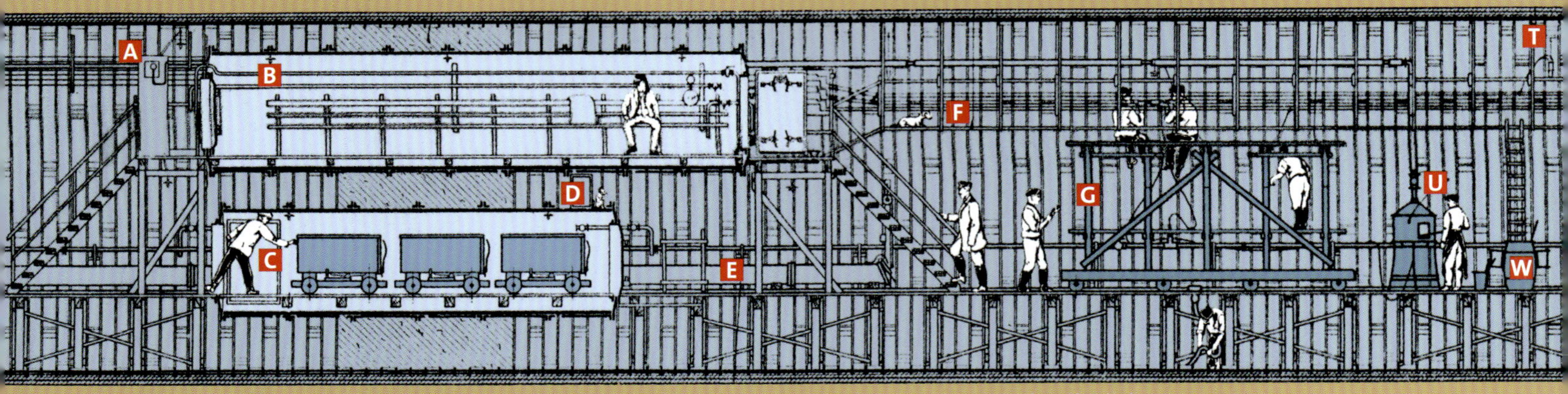

Verstemmen der Bleidichtung

- **A** selbstzeichnender Druckmesser zur Kontrolle der Ein- und Ausschleusungszeiten
- **B** Personenschleuse
- **C** Materialschleuse
- **D** Affe
- **E** Luftzuleitungsrohr
- **F** Hund
- **G** Fahrbares Nietgerüst
- **H** Abort
- **I** Tunnelschürze
- **K** Mörtelmischkasten

Rohre Luftdampf mit solcher Gewalt aus, daß ein Scheit Holz, das wir in den dicken Strahl werfen, glatt hinweggetragen wird, um weit hinaus erst niederzufallen. Für ein russisch-römisches Bad wäre diese Anfangsgeschwindigkeit des Dampfstrahles ein wenig zu gewagt ...«

In den beiden Monaten zwischen der Schachtfertigstellung und dem Beginn des Tunnelvortriebs, in denen ohne Druckluft gearbeitet worden war, hatte sich die Bauleitung eifrig bemüht, die »sanitären Einrichtungen« in jeder Beziehung zu verbessern. Unter anderem waren eingehende Versuche über die Temperatur und den Feuchtigkeitsgehalt der Luft angestellt worden. Dabei sah es so aus, dass die zusammengepresste Luft nach dem Verlassen der Kompressoren bei 2,4 Atmosphären Überdruck eine Temperatur von 120 bis 130 °C erreichte. Sie wurde durch Einspritzung von kaltem Wasser in die Druckleitung auf etwa 20 bis 15 °C verringert.

Für den Tunnelvortrieb, bei dem die Arbeitsbedingungen ohnehin schwierig genug sein würden, sollten Temperatur und Luftfeuchtigkeit noch bessere Werte erreichen. Dazu wurden die Kühleinrichtungen vergrößert, um die Druckluft durch Einspritzung von Kühlwasser jetzt bis auf 15 °C herunterzukühlen. Anschließend wurde sie in besonderen Apparaten gereinigt und schließlich durch künstliche Erwärmung wieder auf eine Temperatur von 20 bis 25 °C gebracht. Diese erneute Erwärmung entzog der Druckluft wieder eine gewisse Menge der bei der anfänglichen Kühlung aufgenommenen Feuchtigkeit. An sanitären Einrichtungen war ferner eine in der Nähe der Baustelle errichtete Schlafbaracke hinzugekommen. Sie hatte vierzig Betten und zwei Wohnräume und sollte den unter Druckluft arbeitenden Beschäftigten Gelegenheit bieten, sich nach dem Verlassen ihrer Arbeitsstätte noch eine Weile unmittelbar an der Baustelle ausruhen zu können, bevor sie den Heimweg antraten. Es bestand sogar die Möglichkeit, gleich bei der Baustelle wohnen zu bleiben. Schließlich war der schon weiter vorn erwähnte Arzt Dr. Bornstein engagiert worden. Das war damals eine durchaus bemerkenswerte soziale Zugabe. Er hatte, ähnlich wie Baumeister Stockhausen, gleich im Bereich auf der Baustelle eine Dienstwohnung bezogen und die Aufgabe, die in der Druckluft Beschäftigten medizinisch zu beobachten und die auftretenden Druckluftkrankheiten zu studieren.

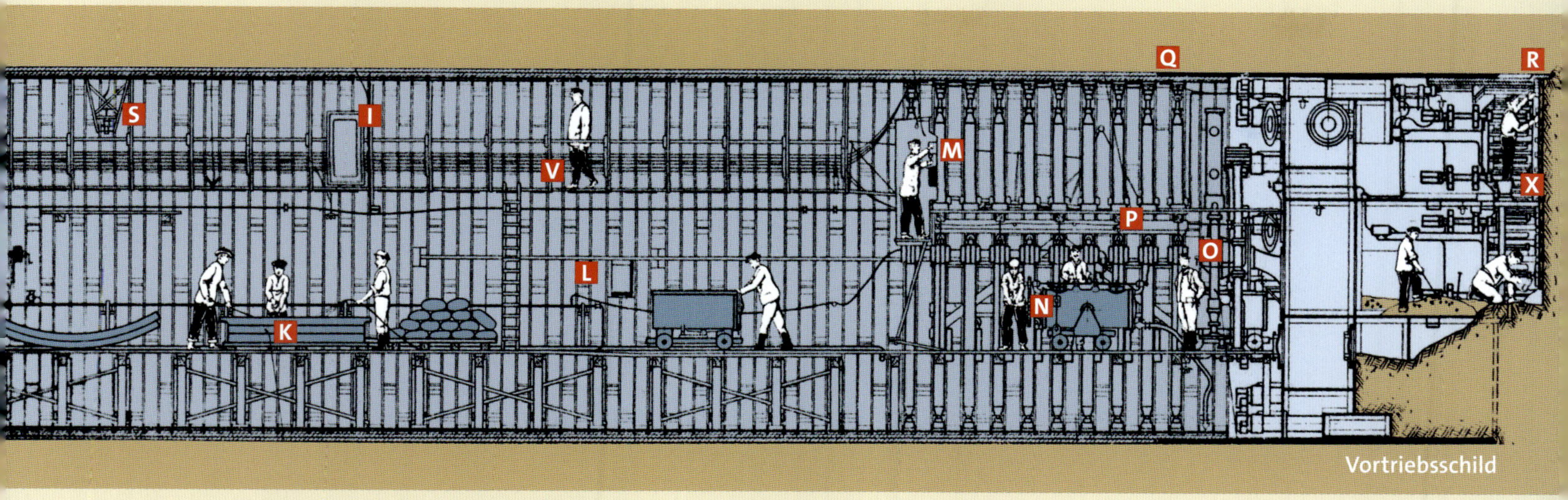

L Verbandkasten
M Fernsprechzelle
N Hinterspritzkessel
O Einbaukran
P bewegliches Gerüst
Q Schildschwanz
R Schildmaul
S Theodolith
T Lotscheibe mit Messschieber
U Nietofen und Rauchableitung
V Notsteg
W Feuereimer mit Wassertonne
X Brustverbau

Zusätzlich bauten die Druckluftexperten später unter Tage eine weitere »Sicherung« ein, die heute eher wie ein Kuriosum wirkt. Zwei lebende Tiere wurden beim Tunnelvortrieb mit eingeschleust – ein Hund und der Affe »Munki«. Letzteren hatte die Firma Holzmann von einem Schausteller namens Pempel gemietet. Beide Tiere saßen im Schacht direkt bei den Tunnelbauern. Da sie sehr empfindlich auf Sauerstoffmangel reagierten, wusste man, dass Gefahr im Verzuge sein musste, wenn sie beide oder einer von ihnen ohnmächtig umfiel. Der Hund überlebte diese Aufgabe, »Munki« dagegen starb kurz vor Beendigung der Bauarbeiten eines natürlichen Todes.

»Damit ist nun alles getan, was geschehen konnte, um den Aufenthalt in der Druckluft so erträglich wie möglich zu gestalten, und um bei eventuell eintretenden Erkrankungen sofort energische Gegenmaßnahmen treffen zu können, wodurch entschieden die Zahl der wohl kaum zu vermeidenden Krankheitsfälle auf das Äußerste beschränkt werden dürfte«, erklärte der Ingenieur Specht während eines Vortrages kurz vor Beginn des Tunnelvortriebs.

Es muss damals eine recht rege Vortragstätigkeit gewesen sein, mit der die leitenden Herren beim Elbtunnelbau auf zeitgemäße Art bürgernah Öffentlichkeitsarbeit betrieben. So war beispielsweise auch der Baumeister Stockhausen unterwegs, der – und das dokumentiert sicherlich das Interesse der Bevölkerung – im großen Saal des Vereinshauses des Bildungsvereins von 1845 sprach und respektvoll als der »Herr Tunnelbauer« tituliert wurde.

Die Arbeiten am Projekt schritten unterdessen weiter voran. Vom 23. Januar 1909 an stand der Einfahrtschacht auf Steinwärder wieder unter Druckluft. Die Caissondecke war zuvor wieder sorgfältig verschlossen und mit Ballast bepackt worden. Die Vortriebsschilde befanden sich an Ort und Stelle, die Montage des dazugehörenden Antriebssystems war beendet. Im Schacht herrschten gut zwei Atmosphären Überdruck, als zunächst an der Mündung des Osttunnels mit dem Durchstemmen der Schachtwandung begonnen wurde. Das erwies sich jedoch einfacher geplant als getan und ließ sich

Zur Erforschung der Auswirkungen der Druckluft mussten Versuchstiere herhalten – Hunde, Katzen und ein Affe.

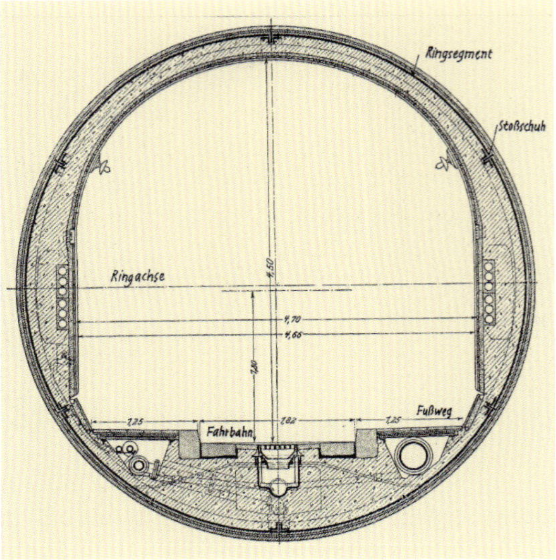

Tunnelquerschnitt: Sechs Segmente bilden einen Ring und sind gegenüber den folgenden versetzt.

Ein Druckversuch brachte den Beweis, dass das vorgesehene Material allen Beanspruchungen gewachsen war.

Die Gutehoffnungshütte richtete für die Abwicklung des Auftrags eine besondere Werkstatt ein, denn das Volumen belief sich immerhin auf 4500 t.

schließlich nur unter Zuhilfenahme von Sprengmaterial bewerkstelligen. Bevor zu der eigentlichen »Minierarbeit« übergegangen werden konnte, musste die in der Schachtwandung geschaffene Durchbruchstelle auf das Sorgfältigste mit der Tunnelwandung abgedichtet werden. Erst als dies geschehen war, setzte der Vortrieb des Bohrschildes ein, in dessen Schutz die Arbeiterkolonnen den Boden aushoben. Auf der anderen Seite, auf St. Pauli, war die Grube zu diesem Zeitpunkt fünf Meter tief geworden.

Für den aufgeschlossenen Entdecker, der sich mit dem Tunnel beschäftigt, sind die technischen Grundlagen, nach denen die Arbeiten damals in Hamburg abliefen, auch heute noch interessant. Zwar war das Bauwerk seinerzeit wohl mehr ein regionales bzw. nationales Ereignis, die Fachwelt nahm aber auch international regen Anteil, da die Arbeiten unter der Elbe mit teilweise bis dahin nur wenig erprobten oder sogar ganz neuen Methoden durchgeführt wurden. Eine absolute Neuerung war zum Beispiel die Tunnelverkleidung. Sie wurde erstmals aus flusseisernen Walzträgern hergestellt. Die Anregung dazu kam von der Firma Holzmann. Der Vorteil dieser Ausführung lag darin, dass der Tunnel damit Biegespannungen, die sich niemals ganz vermeiden ließen, viel besser ertrug und die Gefahr eines Bruches von Konstruktionsteilen minimiert wurde. Im Gegensatz zu dem Hamburger Bauwerk bestanden die bis dahin in Amerika und England gebauten Unterwassertunnel sämtlich aus Gusseisen. Bei ihnen war vielfach zu beobachten gewesen, dass schon bei geringen Formänderungen, die der Tunnel auszuhalten hatte, Platten sprangen und Ausbesserungsarbeiten nur sehr schwer auszuführen waren.

Ein Druckversuch brachte den Beweis, dass das vorgesehene Material allen Beanspruchungen gewachsen war. Auch nachdem die Ringe um einen Meter zusammen in eine unrunde Form gedrückt worden waren, ließen sich an keinem Konstruktionsteil nachteilige Zerrungen feststellen. Selbstverständlich war dieser Test eine bewusste Überbeanspruchung, die später so niemals auftreten würde. Die größte nachher registrierte Formveränderung betrug nicht mehr als etwa fünf Zentimeter.

Die einzelnen Stücke der jeweils aus sechs Segmenten bestehenden Ringe erhielten die Form eines I-Trägers. Die Segmente der aufeinanderfolgenden Ringe waren gegeneinander versetzt. Sie wurden nach ihrem Einbau miteinander vernietet und die Fugen, auch der einzelnen Segmente, mit Bleiguss abgedichtet. Das erwies sich als sehr wirkungsvoll, besonders deshalb, weil auf diese Weise auch später noch Nacharbeiten möglich waren.

Den Auftrag zur Herstellung der Ringe hatte die Gutehoffnungshütte erhalten. Sie richtete für die Abwicklung eine besondere Werkstatt ein, denn das Volumen belief sich immerhin auf 4500 t. Vom Walzwerk aus kam das in abgelängten Stücken angelieferte Walzeisen unter eine Presse, um in die genaue Krümmung gedrückt zu werden. Die weitere Bearbeitung erfolgte mit Spezialmaschinen. Mit Sägen wurden die Teile auf die richtige Länge zugeschnitten, die notwendigen Bohrungen besorgten besondere Bohrmaschinen. Mit dem letzten Arbeitsgang wurden an den Enden Stoßschuhe zur späteren Verbindung der Einzelstücke angenietet.

Eine sorgfältige Endkontrolle erfolgte dann noch einmal auf der Baustelle in Hamburg selbst. Die Ringe durften in ihrer Länge und auch in der Genauigkeit ihrer Lochung keine Abweichungen von mehr als einem Millimeter aufweisen. Erst einmal unten im Schacht angelangt, wäre es zu schwierig und kostspielig gewesen, unter Druckluft auf dem ohnehin nur knappen zur Verfügung stehenden Platz auch noch Teile auswechseln zu müssen.

Eine grosse Gefahr für später ging von der Rostbildung aus. Das galt besonders für ein solches Bauwerk, von dem es hieß, dass es für Jahrhunderte bestimmt sei. Mit verschiedenen Materialien durchgeführte große Versuche sollten herausfinden, welches den wirksamsten Schutz bot. Da die Ergebnisse nicht befriedigten, kam man schließlich, nach den versuchten großen Umwegen, wie so oft im Leben auf das Einfachste zurück – auf Zementmörtel in diesem Fall, dessen Verwendung sich als das Beste erwies. Um den Einbau der Segmente unter der Erde vor Ort unter Druckluft möglichst zu vereinfachen, wurden sie über Tage vollkommen einbaufertig vorbereitet. Das heißt, sie wurden betoniert, die Stoßfugen an den Segmenten mit Blei ausgegossen und verstemmt.

Einige Kontroversen hatte es zunächst um die Vernietung der Tunnelringe gegeben. Auch dies war eine Neuheit, und diesmal war es die Baufirma, die überzeugt werden musste. Sie leistete anfänglich Widerstand gegen diese Methode, die zudem teurer war als die bis dahin übliche Verschraubung. Ein mit einem Probestück durchgeführter Vergleich bewies jedoch die deutliche Überlegenheit der Vernietung gegenüber der Verschraubung in Bezug auf die Dichtigkeit. Zu lösen waren in dieser Hinsicht vorher noch die Konstruktion der Nietwerkzeuge, die da

Soweit es ging, wurden die einzelnen Tunnelring-Segmente vor dem Einbau weitgehend vorbereitet. Das Foto (30.10.1909) zeigt die äußere Füllung mit Zementmörtel …

… und das vorhergehende Vergießen mit Blei.

Die einzelnen Ringsegmente wurden durch Nieten verbunden

unten im Tunnel besonderen Anforderungen genügen mussten, und zudem die günstigste Methode für die Erhitzung der Nieten. Das Werkzeugproblem war relativ einfach zu lösen, Drucklufthammer und Druckluftgegenhalter wurden aus bestehenden Modellen abgewandelt. Schwieriger war es, für die Nieterwärmung ein geeignetes Verfahren zu finden. Hier ging es speziell um die Abführung der Verbrennungsluft aus dem Stollen und um die Temperatursteigerung durch das Feuer. Nach mehreren Versuchen kam man darauf, ummantelte Essen zu verwenden, deren Rauchfänge durch eiserne Rohre mit der Außenwelt verbunden waren. Durch Einstellung eines Hahnes konnten sämtliche Rauchgase durch den Überdruck der Tunnelpressluft ausgeblasen werden. Trotz Isolierung der Öfen und Abgasleitungen ließ es sich jedoch nicht vermeiden, dass die Temperatur manchmal bis auf 42 °C anstieg. Der Nietvorgang selbst spielte sich später relativ weit hinter dem Schild ab. Es hatte sich gezeigt, dass in dem engen Raum direkt hinter dem Schild die Arbeiten zu sehr behindert worden wären und es außerdem nicht möglich war, sich mit der Nietung dem ziemlich unregelmäßig voranschreitenden Vortrieb anzupassen. Deshalb wurden die Ringe zunächst verschraubt und die Bleidichtung nur teilweise eingebracht. Die Nietkolonne arbeitete je nach Vortriebsgeschwindigkeit erst etwa 20 bis 50 Meter hinter dem Schild. Etwa 10 Prozent der Nieten erwiesen sich bei der anschließenden Prüfung und Abnahme als undicht. Sie ließen sich mit der nötigen Vorsicht auch noch nach dem Abblasen der Druckluft herausnehmen und neu schlagen.

EINE BESONDERE BEDEUTUNG BEI DER OPERATION Elbunterquerung kam natürlich den Vortriebschilden zu. Bei den Bodenverhältnissen, die unter dem betreffenden Flussabschnitt zu bewältigen waren, konnte für den Tunnelvortrieb nur die Bauweise mit Brustschild und Druckluft in Frage kommen. Diese Baumethode war damals auch in Deutschland schon bei vorangegangenen kleineren Projekten verwendet worden und war mithin bekannt. Der Spreetunnel in Berlin war beispielsweise so entstanden. Allerdings musste beim Elbtunnel in anderen Dimensionen gedacht werden. Aufgabe des Schildes war es, den ausminierten Hohlraum auszufüllen, den Einbau der Ringe zu ermöglichen und auch die etwa erforderliche Absteifung der Brust zu tragen. Die Druckluft verhinderte das Eindringen des Wassers, trocknete das Erdreich vor der Brust aus und ermöglichte dessen Abbau.

Ein 52 Millimeter starker Eisenmantel bildete die äußere Hülle des Vortriebsschildes, dessen lichte Weite genau 32 Millimeter größer als der Durchmesser der einzubauenden Tunnelringe war. Der Schildmantel war durch zwei Querwände versteift, in denen sich mit Türen versehene Öffnungen befanden. Die dem Erdreich zugekehrte Seite, das so genannte Schildmaul, war durch zwei senkrechte und zwei waagerechte Längswände in neun Zellen unterteilt, von denen aus die Arbeiter, die »Miniere«, die Brust angreifen konnten.

Nach oben war die Brust durch hydraulisch vorschiebbare Triebpfähle gesichert. Ein ausgeklügeltes System, das ebenfalls weitgehend hydraulisch arbeitete, bewerkstelligte den Vortrieb des Schildes, und zwar so, dass dabei die Versteifung des Brustvorbaus nicht in Mitleidenschaft gezogen wurde. Je nach Beschaffenheit des angetroffenen Bodens wurden für den Abbau des Erdreiches unterschiedliche Techniken angewendet.

Wenn, wie auch immer, der Raum an dem Schildmaul ausminiert war, wurden 16 hydraulische Pressen mit einem Höchstdruck von 450 atü in Gang gesetzt und der Schild um 50 Zentimeter verschoben. Die Druckkolben stemmten sich dabei mit einem den Druck verteilenden Schuh auf die fertige Tunnelverkleidung. Die Gesamtdruckkraft betrug rund 2000 Tonnen. Nachdem die Kolben wieder eingezogen worden waren, konnten in dem nun entstandenen 50 Zentimeter langen Hohlraum unter dem Schutz des Schildschwanzes zwei neue Tunnelringe eingebaut werden sowie die erste Bleidichtung und gleich anschließend eine erste »Hinterspritzung« angebracht werden, um den Zwischenraum zwischen Tunnelverkleidung und Schildmantel auszufüllen. Der Arbeitsvorgang war überaus wichtig, diente er doch dazu, gemeinsam mit weiteren später folgenden der gefährlichen Rostbildung entgegenzuwirken.

Die beiden Vortriebsschilde wurden weitgehend obererdig vormontiert. Das Foto (8.1.1908) zeigt die rückwärtige Ansicht eines fertigen Vortriebsschildes mit den geöffneten Luken.

Zur Ausführung dieser Arbeiten war hinter dem Schild ein auf Rollen laufendes Schleppgerüst montiert, das jeweils beim Schildvortrieb automatisch weitergezogen wurde. Jedes der Tunnelringsegmente hatte schon bei der Herstellung ein mit einer Schraube verschließbares Hinterspritzloch erhalten, durch das nun der mit einem Fettkalkzusatz angereicherte Zementmörtel mit Hilfe von Schläuchen eingespritzt bzw. hinterspritzt wurde. Für das Versetzen der 220 Kilogramm schweren Ringstücke stand ein an der hinteren Querwand befestigter, um den Schildmittelpunkt drehbarer hydraulischer Kran zur Verfügung.

Im Allgemeinen wurde am und im Tunnel rund um die Uhr gearbeitet. Durchschnittlich konnte pro 24 Stunden eine Strecke von 1,50 Metern bewältigt werden. Die Tages-Spitzenleistung betrug 3,25 Meter.

Wichtig war auch die zweite Hinterspritzung, mit der der durch die Stärke des Schildschwanzes gebildete Hohlraum ausgefüllt werden musste. Dies geschah beim Vortrieb selbst unter dem Ansatz von drei Schläuchen. Dabei war äußerste Sorgfalt geboten, denn diese zweite Hinterspritzung war der wesentlichere Teil des Rostschutzes, bei dem hinzukam, dass weder eine genaue Überprüfung noch eine spätere Nachbesserung möglich war.

Wie schon erwähnt, erfolgten die Nietung der Ringstücke und die zweite Bleiverstemmung erst in einem gewissen Abstand hinter dem Schild. Waren schließlich die Nieten abgeklopft, die Bleiverstemmung geprüft und die erforderlichen Nacharbeiten vorgenommen, dann waren die unter Druckluft auszuführenden Arbeiten beendet. Ausbetoniert wurde die Tunnelverkleidung erst, nachdem die Druckluft abgeblasen, die Verkleidung sorgfältig von Schmutz gereinigt sowie alle Undichtigkeiten ausgebessert waren. Naturgemäß musste die mit Druckluft gefüllte Tunnelstrecke einen geschlossenen Teil bilden. Zunächst war sie durch die Senkkastendecke des Schachtes Steinwärder abgeschlossen, später erfüllten eingesetzte zwei Meter starke Betonwände diesen Zweck. Der zuerst vorgetriebene Osttunnel erhielt zwei davon, der Westtunnel nur noch eine. Die Abschlusswände enthielten oben eine Personal- und unten eine Materialschleuse.

Trotz aller Vorsichtsmaßnahmen musste immer mit der drohenden Gefahr eines Luftausbruches gerechnet und gelebt werden. Verschiedene Einflussfaktoren waren dabei ins Kalkül zu ziehen. Wesentlich war der Gegendruck, den das überlagernde Erdreich ausübte. Dieser Druck war jedoch keineswegs konstant, sondern hing zum Beispiel trotz gleich bleibender Mächtigkeit auch von der Beschaffenheit des Bodens ab. Hinzu kam, dass von der Schildbrust aus, die ja ein relativ offenes Ende

Das Foto links zeigt die Vorderseite eines fertigen Vortriebsschildes mit den Arbeitsebenen, rechts die technische Darstellung dazu.

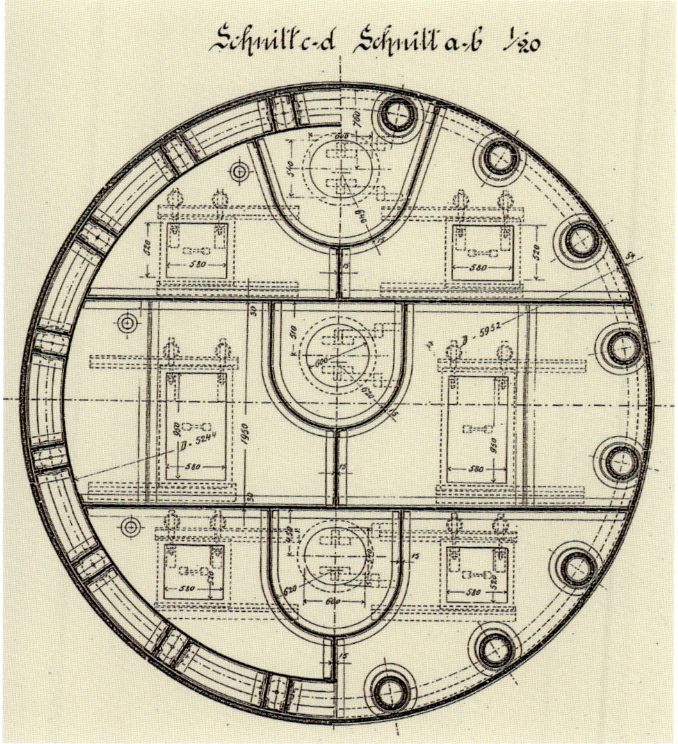

der Druckluftstrecke im Tunnel bildete, pro Sekunde rund ein Kubikmeter Druckluft, das sind rund drei Kubikmeter »normale« Luft, durch das Erdreich nach oben drang und im Elbwasser teilweise so heftige Strudel verursachte, dass sich die Schifffahrtsbehörde veranlasst sah, zumindest die kleineren Fahrzeuge vor den davon ausgehenden Gefahren zu warnen.

Durch den sukzessiv austretenden Druckluftstrom musste außerdem damit gerechnet werden, dass Auskolkungen im Flussbett entstanden. Erschwerend kam hinzu, dass sich die Sättigung des den Tunnelvortrieb überlagernden Erdreiches mit Luft und dessen dadurch verringerte Widerstandsfähigkeit nicht beobachten ließ und sich auch infolge Ebbe und Flut der Wasserdruck ständig veränderte. Keine einfachen Bedingungen also. Trafen einmal verschiedene dieser sehr schwer oder auch gar nicht zu berechnenden Umstände zusammen, konnte es leicht zu einem Luftausbruch kommen.

Oft wird bei der Nennung aller dieser wichtigen Dinge vergessen, auch an die vielen Selbstverständlichkeiten zu erinnern, die unabdingbar waren, um den Betrieb da unten überhaupt in Gang bringen zu können. Da waren eine ganze Reihe von Installationen und vorbereitende Arbeiten zu erledigen, die Zeit, Organisation und Geschick verlangten. Zunächst galt es, die Druckluftversorgung für die beiden Tunnelröhren aufzubauen und sie gegen jegliche Eventualitäten abzusichern. Besondere Druckluftleitungen waren für Hinterspritzung, Drucklufthämmer und Nietöfen zu installieren, es musste Druckwasser für den Schildvortrieb, die Triebpfähle, die hydraulische Absteifung und den Einbaukran ebenso zur Verfügung stehen wie Elektrizität für Aufzüge, Motoren, Pumpen, Beleuchtung usw. Hinzu kamen Wasserleitungen für Trink-, Spül- und Feuerlöschzwecke, Ausblaseleitungen für Wasser, Nietöfenabgase und verbrauchte Luft, Fernsprechleitungen u. a. m. Alles das musste zur richtigen Zeit fertig und richtig dimensioniert sein, wobei dieses ganze komplizierte Geflecht ohne EDV-Unterstützung, ohne rechnergestütztes Planspiel geschaffen, sondern ingenieurmäßig konzeptionell praktisch »per Hand« erarbeitet und umgesetzt wurde – und es klappte.

Für den Werkbetrieb waren außerdem die notwendigen Maschinen für Drucklufteinrichtungen, ein Sandstrahlgebläse für Reinigungsarbeiten sowie transportable Apparate für autogene

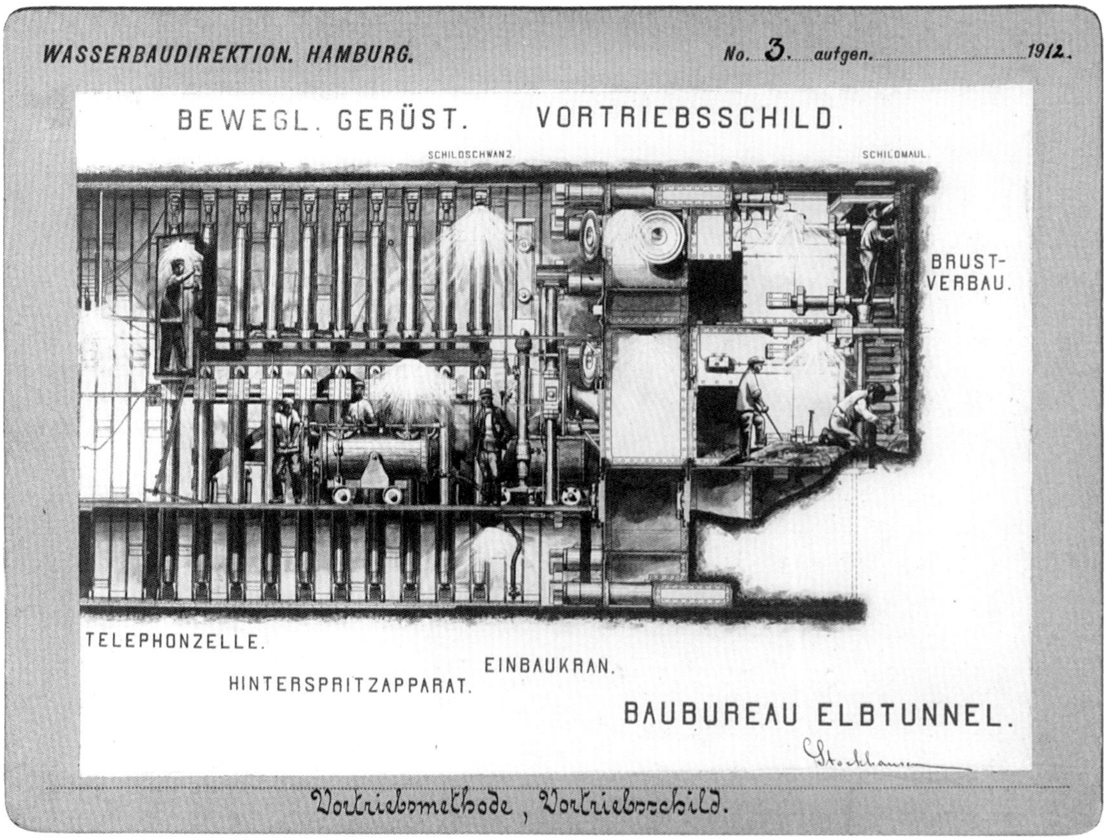

Eine detaillierte Darstellung des Vortriebsschildes durch das »Baubureau Elbtunnel«, mit der Unterschrift des Ingenieurs Stockhausen

Eisenbearbeitung geschaffen worden. Für die Arbeiter waren die verschiedenen sanitären Anlagen eingerichtet. Für den Materialtransport zwischen den verschiedenen Lagerplätzen und der Baustelle stand eine Feldbahn zur Verfügung, und in einem unter der Leitung eines Arztes an der Baustelle eingerichteten Lazarett kümmerte man sich vor allem um die Druckluftkranken.

Bei dieser Gelegenheit noch ein Blick auf einige Sicherheitseinrichtungen bzw. den »Arbeiterschutz«. Der Sicherheit der in der Schildbrust eingesetzten Arbeiter bei einem Luftausbruch dienten zunächst die im Schild selbst angeordneten Kammern, die aber wohl ihren Zweck in dieser Hinsicht nicht ganz erfüllten. Das wichtigste Sicherheitsmittel war deshalb ein hoch liegender Notsteg, der, vom Schleppgerüst und der Tunnelstrecke aus erreichbar, geradewegs zur Personenschleuse führte. Eine sich vom Schildfirst bis nahe zur Tunnelwand erstreckende Querwand (Schürze) mit leicht verschließbarer Tür machte den hinter ihr liegenden Raum bei einem Wassereinbruch zur Taucherglocke, so dass die Arbeiter sich dahin zurückziehen konnten.

Ebenso ernst zu nehmen wie die Wassereinbrüche waren die Gefahren, die durch Feuer entstanden, vor allem wegen der durch die Schleusen gegebenen erschwerten Rückzugsmöglichkeiten.

Wie gefährlich Feuer unter der Erde werden konnte, haben viele Vorgänge beispielsweise in Bergwerken bewiesen. Hier unter der Elbe kam noch erschwerend die Druckluft hinzu. Um das zu verstehen, muss man sich vor Augen halten, dass die Luft in der abgeriegelten Tunnelstrecke auf gut zwei Atmosphären Überdruck, im Ganzen also auf drei Atmosphären zusammengepresst war. Ein solcher Zustand hat zur Folge, dass in einem Kubikmeter dreimal so viel Sauerstoff wie in gewöhnlicher Luft enthalten ist, was wiederum ganz schlicht bedeutet, dass alles dreimal so gut brennt wie unter normalen Umständen. So genügt unter solchen Bedingungen das kleine Stück eines gerade noch glimmenden Dochtes einer ausgeblasenen Kerze, um diese von selbst wieder entflammen zu lassen, und Zigaretten brennen dreimal so rasch ab wie draußen.

Um es vorweg zu nehmen: Zwei Brände in Druckluft brachten unten befindliche Arbeiter in Lebensgefahr. Es gelang jedoch beide Male, alle Leute ohne ernstere Unfälle herauszubekommen. Löscheinrichtungen im ganzen Tunnel, eine rauchsichere Ummantelung der Treppe, Frischluftleitungen zu den Schachtrohren und Schleusen waren neben Drägerschen Apparaten weitere wichtige Sicherheitsmittel. Über Maßnahmen, die im Hinblick auf die Druckluftkrankheit getroffen wurden, ist bereits berichtet worden.

Geradezu akribisch musste vorgegangen werden, um den Verlauf des Tunnels abzustecken, d. h., die Richtung festzulegen, in der er verlaufen sollte, denn schließlich sollte er auf der St.-Pauli-Seite ja genau »auf den Punkt« stoßen, wobei der Punkt sich dort in Form des schon grob fertigen Einfahrtschachtes stellte. Die Crux lag hier im Schildvortrieb begründet. Ohne Schild ließ sich der Verlauf immer noch einmal korrigieren, mit Schild war dagegen eine Berichtigung nur in engen Grenzen möglich. Wie der Schild lief, so lag der Verlauf des Tunnels mehr oder weniger fest.

Aus diesem Grund musste stets aufs Neue bei jedem Vortrieb größter Wert auf die genaue Lage und Ausrichtung des Schildes gelegt werden. Lediglich geringe Steuerungsmöglichkeiten, mit denen beispielsweise auch auf Bodenverhältnisse reagiert werden konnte, boten sich durch das Abschalten einzelner Pressen. Und da nur ganz kleine Korrekturen möglich waren, bestand die Aufgabe der dafür zuständigen Experten darin, die geringsten Abweichungen der Schildlage sofort zu erkennen. Bei jedem Vortrieb wurden deshalb die vier Elemente Höhenlage, Höhenneigung, Seitenlage und Seitenneigung genau festgestellt und in ein Protokoll eingetragen.

Ständig wurden Präzisionsmessungen durchgeführt. Zwei genaue Festpunkte an beiden Ufern gaben Anhaltspunkte. Messschieber und Mikrometerschraube waren unerlässliche Hilfsmittel. Trotz allem waren die Beteiligten natürlich während des Vortriebs ständig in einer gewissen Spannung, welche Abweichungen man am anderen Ufer tatsächlich feststellen würde.

Aber einfallsreich, wie manche der damit konfrontierten Leute nun einmal waren, schließlich hatten sie bereits etliches Unvorhergesehenes einfach mit gut durchdachter Improvisation erledigt, hatten sie sich auch für dieses Problem etwas ausgedacht, um eine gewisse Zwischenkontrolle vornehmen zu können. In der Nähe der Landungsbrücken, am Ponton, wurden in der Achse, in der der Tunnel verlaufen sollte, von oben her ein Loch in das Flussbett gebohrt und in einer ganz komplizierten Aktion ein genau einvisiertes Lot sowie ein Ersatzlot aufgehängt. Das Ergebnis zeigte sich später, die Idee erwies sich als perfekt.

Druckluftverluste begleiteten den Tunnelvortrieb und zeigten jeweils ungefähr den Stand der Arbeiten unter der Elbe an.

Die Druckluft schafft Probleme

Kehren wir aber zurück nach Steinwärder, wo der Vortrieb Ende Januar 1909 begonnen hatte. Zunächst ging es nur langsam voran, da noch jegliche Erfahrung und Routine fehlten. So wurden im Februar insgesamt vier Kubikmeter, im März dann schon 20 Kubikmeter und im April schließlich 32 Kubikmeter Erdreich ausgehoben. Dadurch steigerten sich die Tagesleistungen im Tunnelvortrieb immerhin von anfänglich ca. 80 Zentimeter auf dann doch schon durchschnittlich 1,00 bis 1,50 Meter.

Es ließ sich zu Anfang aber auch wirklich nicht gerade einfach an, da die Erdschichten, auf die man zuerst stieß, ziemlich luftdurchlässig waren und die Druckluft in großen Mengen entwich und noch dazu auf Umwegen. Sie strich horizontal von der Arbeitsstelle 28 Meter unter einer höher liegenden, undurchlässigen Tonschicht entlang und trat dann im Gebiet der Steinwärder Männerbadeanstalt aus. In dieser Erholungsstätte, die, wie erinnerlich, schon einmal durch Druckluft stark in Mitleidenschaft gezogen war, trat die Luft erneut in Form großer und mächtiger Strudel zutage. In der ersten Zeit verflüchtigten sich auf diesem Wege stündlich über 10 000 Kubikmeter Luft. Für die Druckluftpumpen bedeutete dies, dass sie mehr Leistung erbringen mussten, um den Verlust auszugleichen und den Druck unten in der Röhre konstant zu halten. Erst als die Tunnelbauer die Kiesformation durchbrochen hatten und die Arbeiten eine Gegend mit dichterem Schwemmsand erreichten, verringerten sich die Luftverluste wieder. Sie betrugen Mitte Mai 1909 aber immer noch etwa 7000 Kubikmeter pro Stunde. Aufgrund von Bodenuntersuchungen ging die Bauleitung davon aus, dass der Boden nach und nach immer fester werden würde, je mehr sich der Vortrieb der Stadt näherte. Die Durchlässigkeit der dort zu erwartenden Tonschicht war mit Null anzusetzen.

Große Verwüstungen waren inzwischen schon wieder am Strand der Steinwärder Männerbadeanstalt eingetreten. Um die Badenden nicht zu gefährden, musste aufs Neue ein Teil der Erholungsanlage abgesperrt werden. Dort ließ sich wieder ziemlich genau beobachten, wo die Arbeiten in der Tiefe gerade vor sich gingen. Die Wasserfläche brodelte und kochte beständig, und zeitweilig war der Druck so stark, dass sich wieder kleine Geysire bildeten, die eine Menge Sand mit sich rissen. An einer Stelle sind die Ausströmungen so stark gewesen, dass sie sogar einen Teil der Kaimauer unterspülten. Ihr Einsturz

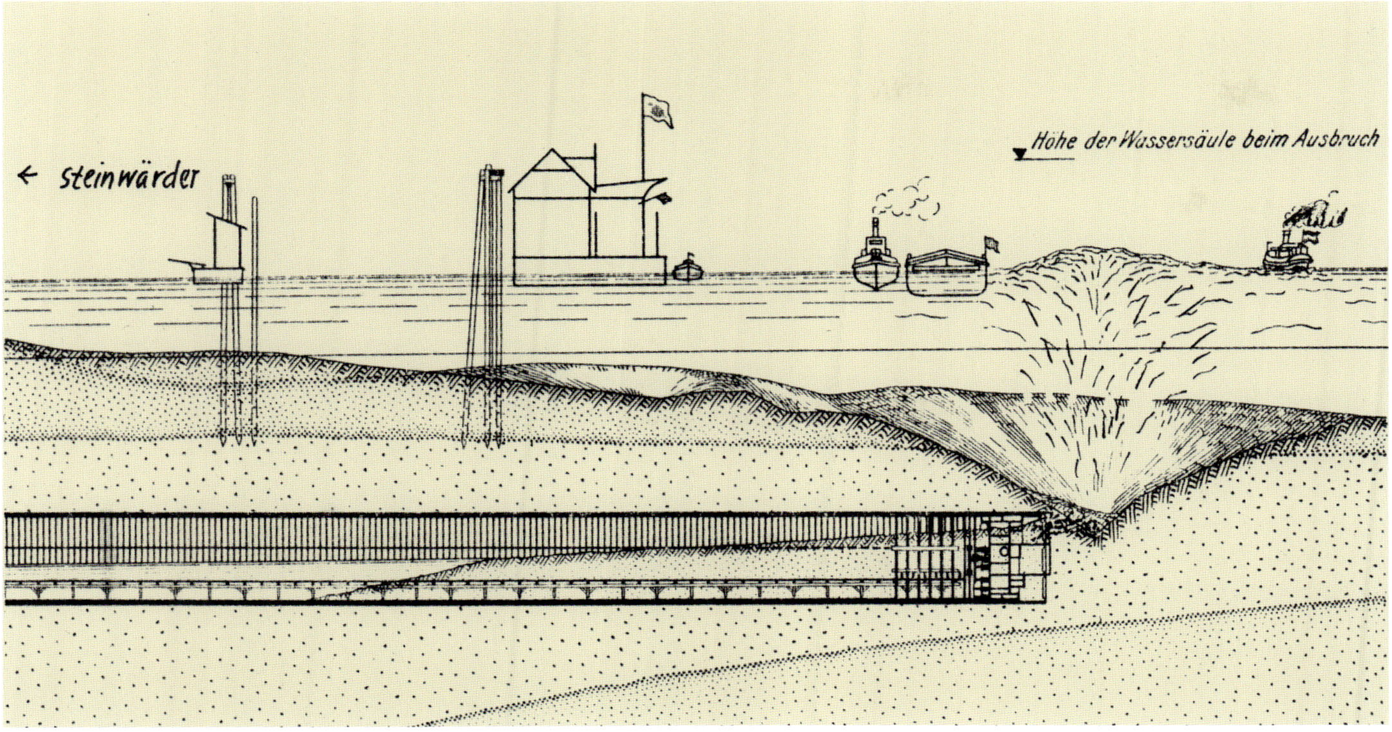

Luftdurchbruch am 24. 6. 1909: Dort, wo seit geraumer Zeit die beim Tunnelvortrieb verwendete Druckluft in Form von großen Blasen an die Wasseroberfläche gedrungen war, schoss plötzlich eine mächtige Wassersäule empor.

konnte nur durch rasch angebrachte Verankerungen verhindert werden.

Die Bauleitung war durch die unerwartet starken Druckluftausbrüche inzwischen doch so sehr beunruhigt, dass sie Mitte Mai 1909 noch einmal nachträglich Bodenuntersuchungen des Elbgrundes vornehmen ließ. Es wurde klar, dass die sich durch den Druckluftaustritt bildenden Verkolkungen auf dem Grunde des Stromes an bestimmten Stellen die über dem Tunnel liegende Erddecke stark schwächten. Damit vergrößerte sich die Gefahr von Durchbrüchen im Tunnelstollen.

Es waren zwar vor Beginn des Tunnelbaus Informationen darüber beschafft worden, wie der Untergrund aussah, durch den die Stollen voranzutreiben waren, die Bedeutung der darüber liegenden Schichten war dabei jedoch wohl nicht richtig eingeschätzt worden. Das wurde nun mit Hilfe einer Taucherglocke nachgeholt. Bei diesen Untersuchungen ergab sich tatsächlich, dass es an einigen Stellen, vor allem etwa in der Strommitte, wo es ohnehin »dünn« wurde, gefährlich werden konnte. Immerhin ließen sich aber, ausgestattet mit dem Wissen um die Dinge, leichter angemessene Gegenmaßnahmen treffen.

Trotz aller Vorsichtsmaßnahmen passierte aber, was insgeheim immer befürchtet worden war, dann doch. Durch ein unglückliches Zusammentreffen verschiedener Umstände kam es am 24. Juni 1909 zu einem Luftausbruch und in dessen Folge zu einem Bodendurchbruch im Bereich des Vortriebsschildes. Am Vormittag, etwa um 10.30 Uhr, sahen Passanten der St.-Pauli-Landungsbrücken eine außergewöhnliche Erscheinung auf der Elbe vor der Mitte des Steinwärder Zollpontons. Dort, wo seit geraumer Zeit die beim Tunnelvortrieb verwendete Druckluft in Form von großen Blasen an die Wasseroberfläche gedrungen war, schoss plötzlich eine mächtige Wassersäule empor, die, schneeweiß in der Färbung, nach Angaben eines Berichterstatters der »Hamburger Nachrichten« eine Höhe von annähernd 2,50 Meter erreichte. Kaum war sie wieder in sich zusammengefallen, folgte eine noch mächtigere und höhere, deren Farbe sich in tiefgrau bis gelblich geändert hatte, da das Wasser große Mengen Sand und Schlick mit sich führte.

Von dunklen Ahnungen getrieben, sammelten sich auf der St.-Pauli-Seite die überraschten Bürger und starrten wie gebannt auf die bösen Anzeichen. »Der Tunnel ist eingestürzt!« ging es bald wie ein Lauffeuer von Mund zu Mund. Mit Bangen und Neugier warteten die Leute auf das, was wohl noch kommen würde. Erst als ihnen bewusst wurde, dass die Druckluftversorgung im Tunnel immer noch funktionierte, wich die größte Spannung. Die Sensation war

Es waren zwar vor Beginn des Tunnelbaus Informationen darüber beschafft worden, wie der Untergrund aussah, durch den die Stollen voranzutreiben waren, die Bedeutung der darüber liegenden Schichten war dabei jedoch wohl nicht richtig eingeschätzt worden. Das wurde nun mit Hilfe einer Taucherglocke nachgeholt. Bei diesen Untersuchungen ergab sich tatsächlich, dass es an einigen Stellen, vor allem etwa in der Strommitte, wo es ohnehin »dünn« wurde, gefährlich werden konnte. Immerhin ließen sich aber, ausgestattet mit besserem Wissen um die Dinge, leichter angemessene Gegenmaßnahmen vorbereiten.

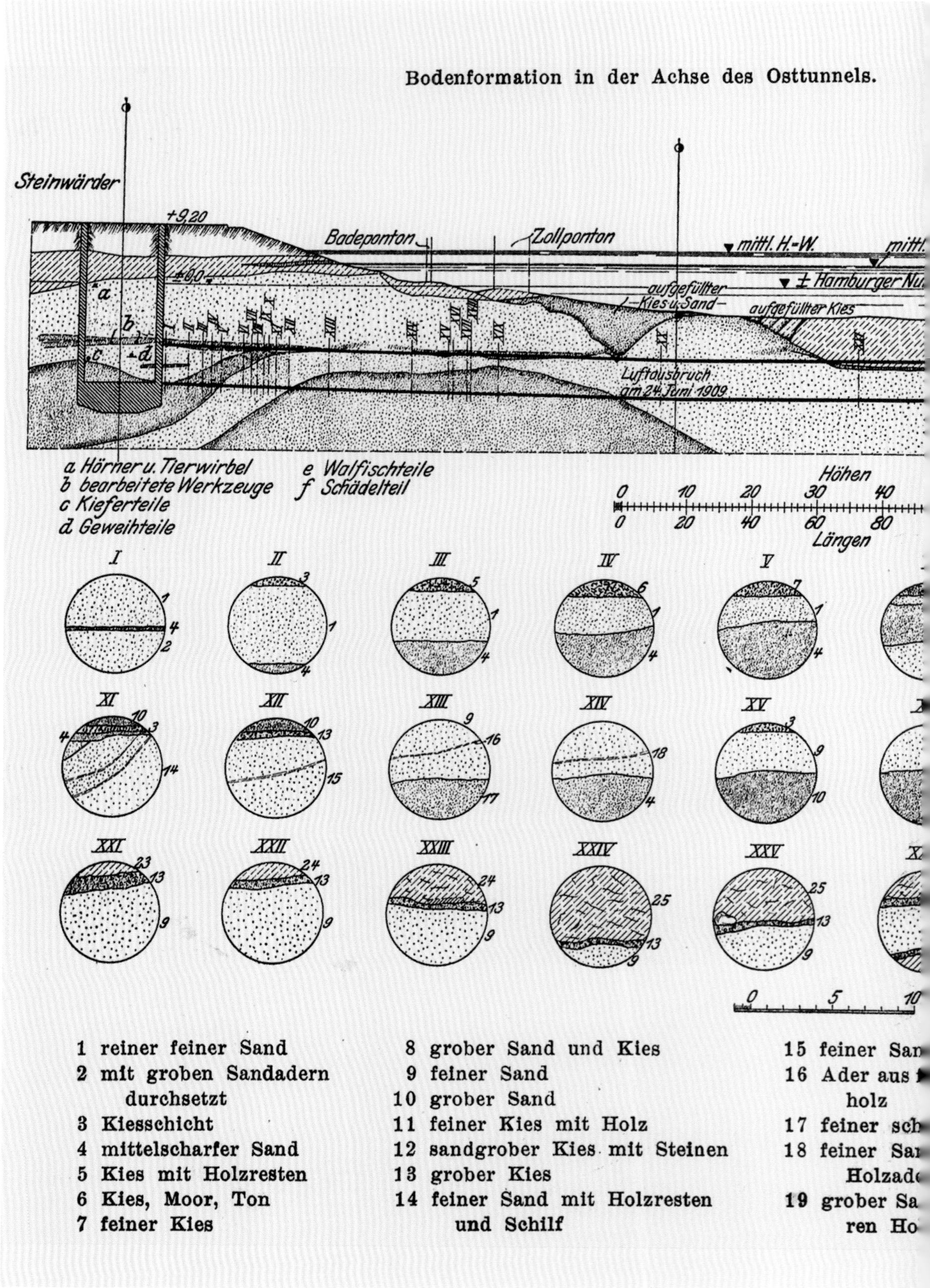

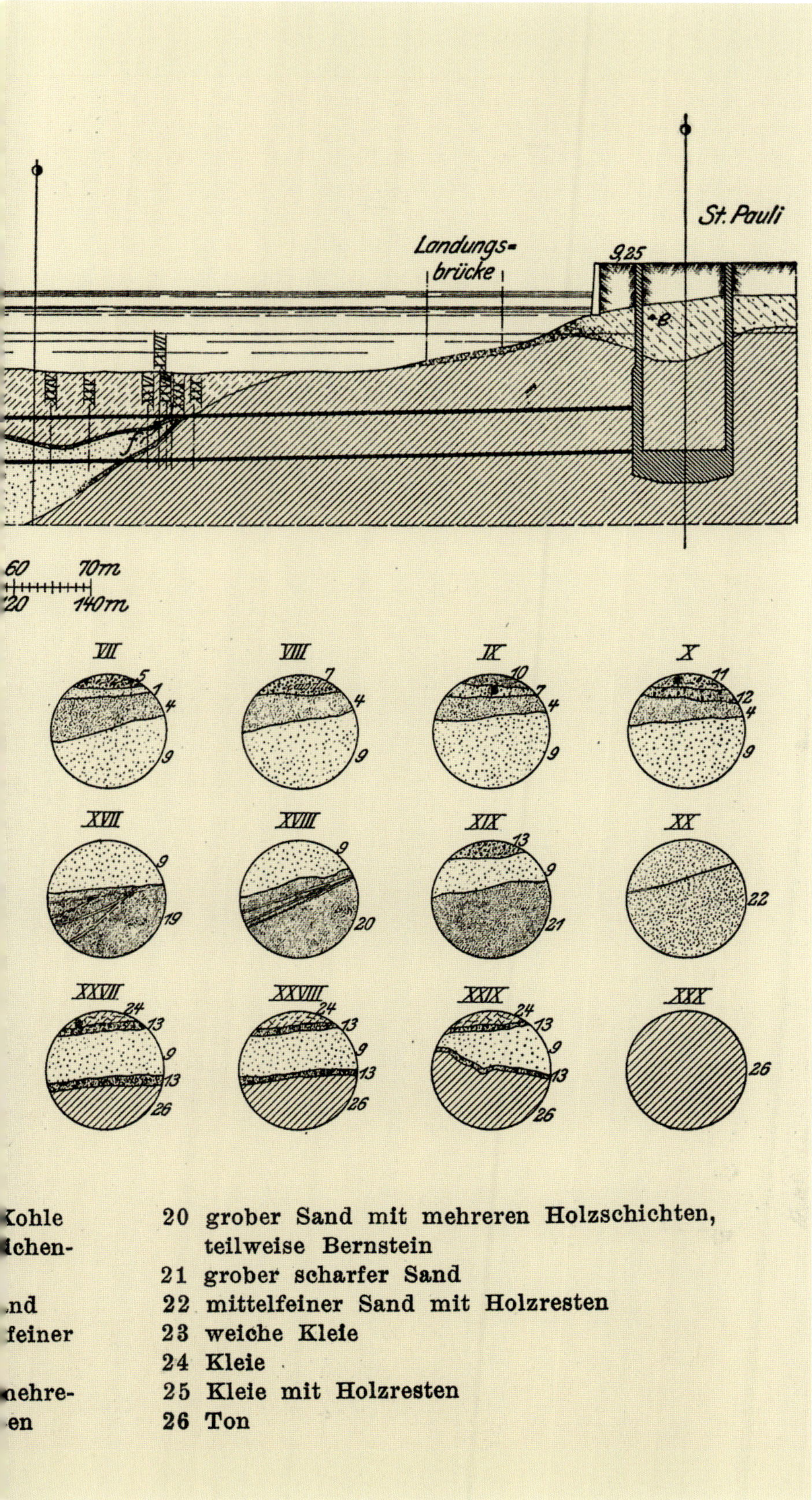

vorüber, wenn natürlich die Sache an sich auch noch nach wie vor interessant blieb.

Was aber war tatsächlich geschehen? Im Tunnel war urplötzlich reißend die Luft an der Vortriebsbrust entwichen, hatte den Brustvorbau nach außen gerissen und eine hohe Wassersäule aufgeworfen. Baumeister Stockhausen sprach in seinem Bericht von sechs bis acht Metern Höhe. Nach etwa zehn Sekunden war der Luftdruck im Tunnel so weit gesunken, dass das Wasser das Übergewicht erhielt und durch den Schild in den Tunnel strömte, ungefähr 600 Kubikmeter Erde mit sich reißend. Zum Glück konnten sich alle Arbeiter, etwa 50 bis 60 an der Zahl, in Sicherheit bringen. Immerhin war aber in den ersten Sekunden der Schreck vor allem für die direkt im Schild Beschäftigten doch sehr groß gewesen. Sie drohten, mit ausgeblasen zu werden, und als sie sich geistesgegenwärtig an irgendwelchen erreichbaren Gegenständen festklammerten, wurden sie wie Fahnen waagerecht geweht.

Jahre später erinnerte sich einer der Männer, die zum Zeitpunkt des Luftausbruches am Schild arbeiteten, an die Vorgänge. Oberinspektor Meyer erzählte: »Es war am 24. Juni 1909. Ein Arbeitstag wie alle anderen, ununterbrochen dröhnte das Geräusch der Bohrer und Maschinen durch den Tunnel. Um 10 Uhr war Schichtwechsel gewesen, es wurde miniert, bei einem Druck von 2,6 Atmosphären Pressluft. Nichts deutete zunächst auf eine Katastrophe hin. Eines der oberen Messer, die zum Schutz des Schildes angebracht worden waren, war verbogen worden und musste ausgewechselt werden, sausend und unablässig entwich die Pressluft durch den oberen Teil des Schildes und klang monoton mit hinein in das Gelärm der Arbeit. 10.35 Uhr war es geworden, eben sollte wieder eine Bohle entfernt werden, da gab es einen lauten Krach. Eine unheimliche Kraft riss an meinem Körper, irgendwo fand ich noch einen Halt, an den ich mich klammern konnte. Die Pressluft hatte sich im Strombett mit ungeheurer Gewalt einen Ausweg gesucht und ihn gefunden. Was folgte, weiß ich nicht mehr klar zu sagen. Wir klammerten uns an Pfeiler und Streben und rasender Druck, die Pressluft des 150 Meter langen Tunnels wollte uns mit ungeheurer Gewalt empor an die Erdoberfläche reißen, unsere Beine standen waagerecht ab; aber die Fäuste hielten, was sie gepackt hatten. Ewigkeitsminuten vergingen so. Krachen und Prasseln erfüllten die Luft. Balken, Streben wurden durch den Druck herausgerissen, brachen knirschend und prasselnd und wurden mit ungeheurer Gewalt durch die Öffnung in die Elbe gerissen. Endlich, nach langen, bangen Minuten war der Druckunterschied zwischen Luft und Wasser ausgeglichen. Da brach das Wasser durch das Loch im Flussbett herein! Diesen Augenblick des Druckausgleichs nutzten wir zu unserer Rettung. Mit Hast kletterten wir durch die Öffnungen im Vortriebsschild in das Innere des fertigminierten Tunnels, rannten um unser Leben dem Ausgang zu. Nachdem wir etwa 20 Meter gelaufen waren und zurückblickten, konnten wir feststellen, dass der Einbruch des Wassers nicht so gewaltig war, wie es zuerst den Anschein hatte. Wir kehrten zurück und versuchten die Öffnungen des Schildes zu schließen. Trotzdem konnten wir nicht verhindern, dass das Wasser in den Tunnel drang und eine Weiterarbeit für den Augenblick unmöglich machte. Mit knapper Not waren wir bei dem Luftausbruch mit dem Leben davongekommen, aber sofort ging es wieder an die Aufräumungsarbeiten.«

Soweit der Oberinspektor. Übrigens bekamen die Arbeiter während der folgenden Tage doppelten Lohn – wenn sie nass wurden. Da der Luftdruck durch die Maschinen wenigstens noch in annähernd genügender Höhe gehalten werden konnte, war das Wasser im Tunnel und im Schacht letztlich doch nur etwa 1,20 bis 1,50 Meter hoch gestiegen. Nach dem Einbruch hatte der Luftdruck zunächst verringert werden müssen. Dann konnten Arbeiter mit Flößen bis vor Ort gelangen und den Schild mit Bohlen abdichten. Die Türen waren nicht mehr gangbar.

Das eingedrungene Wasser wurde zunächst mit Hilfe der Druckluft durch den Schacht und später mit der fortschreitenden Abdichtung durch den noch offenen Teil des Schildes herausgepresst. Gleichzeitig gingen Staatsbagger daran, das im Flussbett entstandene Loch wieder mit Sand und Kies aufzufüllen.

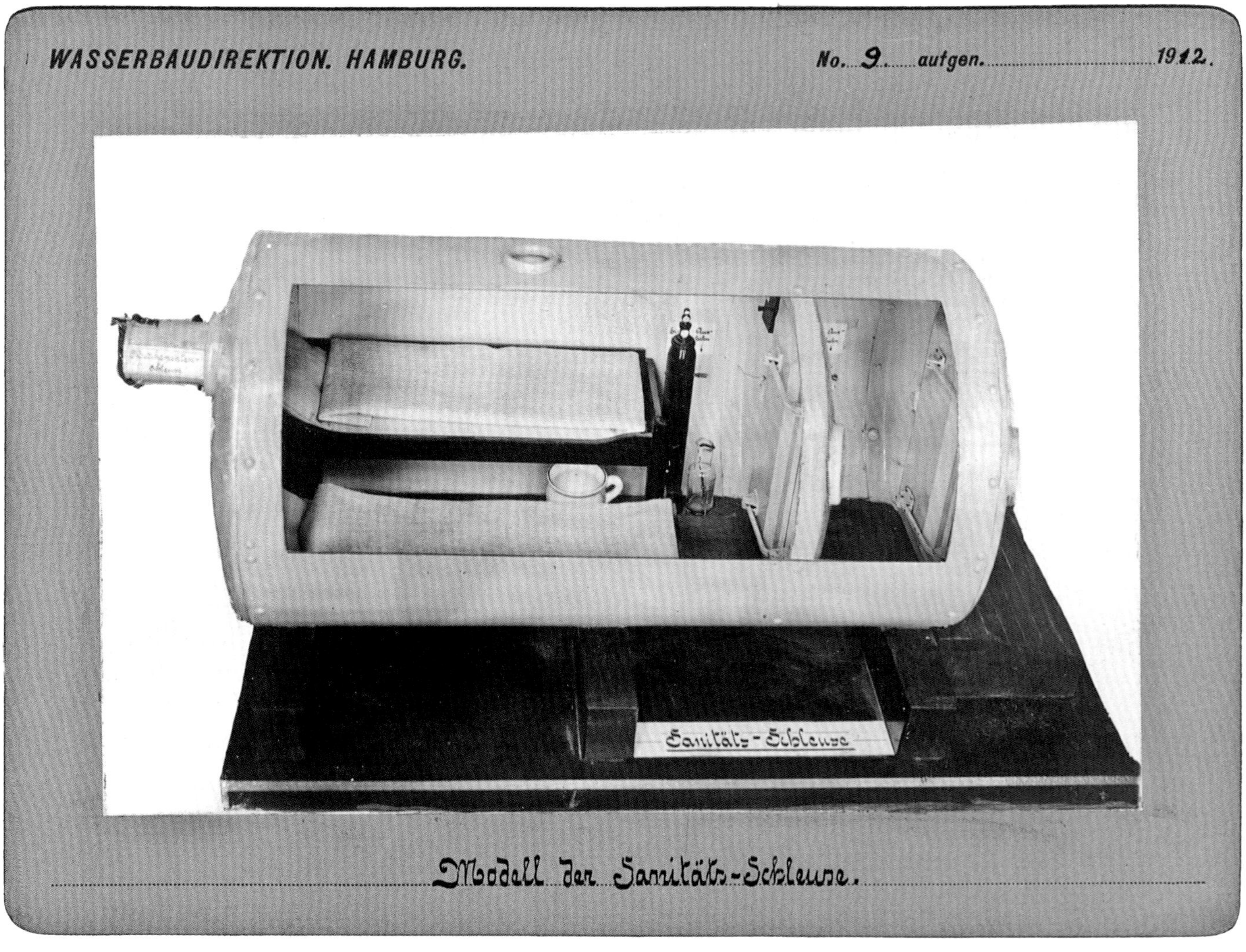

Die Sanitätsschleuse zur Beandlung von Druckluft-Erkrankten.

Erst nachdem dies alles geschehen war, konnte daran gedacht werden, den Schild selbst wieder klarzumachen.

Vorsichtig wurde zunächst die Abdichtung hinter dem Schild entfernt und damit begonnen, die davorliegenden Sandmassen zu beseitigen. Als sehr zeitraubend erwies sich die Säuberung des Schildes. Sehr viele Montageteile und Installationen mussten gänzlich auseinandergenommen und sorgfältig gereinigt werden. Der feine Sand war zusammen mit dem Wasser überall hineingedrungen.

Die Bretterverschalungen mussten wieder in Ordnung gebracht und besonders die zum Vortrieb des Schildes wichtigen hydraulischen Pressen instandgesetzt werden. Das alles nahm rund vier Wochen Zeit in Anspruch.

Als schließlich alles Notwendige getan war, ging es mit der Abendschicht wieder an die eigentliche Arbeit. Mit gespannter Aufmerksamkeit wurden die ersten Handgriffe vorgenommen und Bohle um Bohle entfernt. Aber dann brach doch tatsächlich wieder ein dicker Wasserstrahl herein. Minuten der höchsten Anspannung folgten. Würde der Tunnel wieder absaufen? Alles war in höchster Alarmbereitschaft, bereit, notfalls wieder die Öffnung zu verschließen. Aber der Strahl versiegte bald wieder. Es war glücklicherweise nur Restwasser gewesen, das durch die Schildöffnungen in das Innere gedrückt worden war.

Mit aller Vorsicht musste nun weiter vorgegangen bzw. gegraben werden. Vorsicht war vor allem vonnöten bei der Unterquerung der Durchbruchstelle. Der dort eingebrachte Boden war selbstverständlich nicht so fest wie die natürlich abgelagerte Sand- und Kiesschicht. Der Vortrieb, der bis zum Tage des Durchbruches etwa 135 Meter vorangeschritten war, ging zunächst also langsamer voran, als inzwischen gewohnt, und er wurde erst wieder schneller, als die Unglücksstelle in sicherer Entfernung hinter dem Schild lag.

Immerhin war nun das erste Drittel der Tunnelstrecke beinahe geschafft. In den nächsten Tagen, am 26. Juli 1909, sollte mit dem Vortrieb des Westtunnels begonnen werden. Die Vorarbeiten dazu waren bereits erledigt. Nur noch einige weitere Ausmeißelungen der Schachtwand auf Steinwärder galt es vorzunehmen und dann konnte es mit dem zweiten Bohrschild losgehen. »In wenigen Tagen werden sich dann in der Steinwärder Badeanstalt die bekannten kochenden Bewegungen im Wasser wieder bemerkbar machen«, hieß es ahnungsvoll in einem Zeitungsbericht.

Die Bauleitung setzte nun natürlich alles daran, um eine Wiederholung des gefährlichen Luftausbruches zu vermeiden. So ließ sie beispielsweise als eine der Maßnahmen auf gefährdeten Strecken in den Mittelzellen des Schildmaules jedes Mal nach dem Vordrücken eine zweite Wand in 20 Zentimeter Entfernung hinter den Brustbohlen einbauen und den Zwischenraum mit Ton vollstopfen. Damit war es möglich, während des Vorbaues der oberen Brust, was immer der gefährlichste Teil des Vorminierens war, den Luftdruck zu verringern und damit die Gefahr des Entweichens von Luft an der Brust und so wiederum die Gefahr eines Ausbruches wesentlich herabzusetzen. Gleichzeitig ließ die Bauleitung die Auskolkungen im Flussbett noch sorgfältiger beobachten. Größere sich zeigende Löcher wurden sofort wieder verfüllt, und an den Stellen, wo die Erdschicht über dem Tunnelgang besonders dünn war, wurde

Personenschleuse: Beim Ausschleusen erhielten die Arbeiter warme Decken

eine Extraschicht von grobem Kies in etwa einem Meter Stärke darübergeschüttet, um die Belastung zu verstärken. Dank dieser Vorsichtsmaßnahmen gelang es, die Tunnelröhren ohne weitere Zwischenfälle bis in den festen Ton voranzutreiben.

Heikel wurde es noch einmal in der Strommitte. Dort entstanden unter der Spitze der plastischen Tonschicht tiefe Kolke, weil die Druckluft nur am Rand dieser Tonschicht in einem geschlossenen Strom austreten konnte. Dadurch bröckelte die Tonschicht, die selbst ja keine Luft durchließ, stetig ab, so dass die entweichende Luft eine mehrere Meter tiefe Rinne in das Strombett hineinfraß. Für die Tunnelbauer, die die Vorgänge da unten auf dem trüben Flussgrund nicht aus den Augen verloren, bedeutete dies Wochen eines spannenden und nicht ganz ungefährlichen Wettlaufes zwischen dem voranzutreibenden Schild und dem stets etwas dahinterliegenden Kolk, wobei die Abstände schwankten. Das erhöhte die Spannung natürlich beträchtlich. Erst als die Stärke der festen Tonschicht immer mehr zunahm und es keinen Durchbruch gegeben hatte, war der Schild endgültig als Sieger anzusehen.

Wie aber das so ist im Leben – ein Unglück kommt selten allein. Ende Juli 1909 gab es noch einen weiteren Todesfall. Der Ingenieur Fritz Bertram, ein Angestellter der Firma Holzmann, verstarb am 28. Juli an einer Drucklufterkrankung. Der 32-jährige Bertram, der noch nicht lange beim Tunnelbau beschäftigt war, hatte schon eine Woche zuvor unter der Druckluftkrankheit gelitten, sich aber dann rasch erholt, so dass die Ärzte ihn wieder pressluftauglich schrieben. Auch eine vorherige vierstündige probeweise Einschleusung in Druckluft hatte er ohne warnende Anzeichen überstanden. Trotzdem wurde er, als er nach beendeter

Druckluft-Kompressoren sorgen für den notwendigen Überdruck in Tunnel.

sechsstündiger Schicht ins Baubüro kam, dort bewusstlos. So heimtückisch konnte die Druckluft sein. Obwohl der Kranke sofort in der Sanitätsschleuse mehrmals wieder unter Druckluft gebracht wurde und die Ärzte alle verfügbaren Mittel, wie zum Beispiel Sauerstoffbeatmung, anwandten, starb er in der Nacht um 1 Uhr infolge eines Blutergusses im Gehirn. Außer Bertram erlagen im Laufe der Bauzeit die Arbeiter Carl Otto und Joh. Gancezcez den Folgen der Druckluftkrankheit.

Das alles war natürlich dazu angetan, die Gerüchteküche zum Brodeln zu bringen. Es war in Volkes Meinung da unten wohl doch gefährlicher, als man zunächst angenommen hatte, und wer weiß, was noch alles passieren würde, so summte es im »kleinen Küstenklatsch«. Auch hörte und las man von immer neuen Auskolkungen auf dem Grund der Elbe, und das konnte ja schlimme Auswirkungen haben, wie man inzwischen gesehen hatte.

So war es denn auch nicht verwunderlich, wenn übereifrige Reporter geradezu darauf lauerten, dass etwas passierte und dann auch mal, vielleicht unter dem Druck des Redaktionsschlusses, aus einer Mücke gleich einen Elefanten machten. Am frühen Morgen des 18. August 1909, als ein Druckluftrohr platzte und eine Abendzeitung meldete: »Der Luftdruck wurde dadurch plötzlich auf die halbe Kraft herabgemindert, infolgedessen das nur gut 4 Meter über der Arbeitsstätte stehende Erdreich nachgab, der Bohrschild herausgeschleudert wurde und vertrieb, während Wasser eindrang. Die Arbeiter hatten rechtzeitig flüchten können, so daß keiner von ihnen verletzt wurde. Bereits nach einer Stunde war nach Einsetzung eines neuen Rohres das eingedrungene Wasser wieder entfernt und die Arbeiten konnten fortgesetzt werden.«

Die »Hamburger Nachrichten«, die diese Zeilen genüsslich und sicher etwas schadenfroh nachgedruckt hatten, brachten dann auch gleich anschließend den richtigen Sachverhalt: »Wie wir aus eigener Kenntnis dazu mitteilen können, ist zwar heute morgen ein Zuleitungsrohr der Druckluft geplatzt, wodurch auch der Druck im Tunnel etwas nachließ. Der Bohrschild vertrieb aber nicht, auch wurde er nicht herausgeschleudert, ebenso gab das Erdreich nicht nach. Die Schleusenklappen schlossen sich ganz natürlich selbständig und die geringen Wassermengen, die ganz natürlich durch den nachlassenden Druck Eingang zum Bohrschild fanden, konnten innerhalb einer Viertelstunde wieder entfernt werden. Die Aufmachung der Meldung zeigt eine völlige Unkenntnis des Tunnelbetriebes.«

Einer Meldung vom 11. August 1909 war zu entnehmen gewesen, dass der Vortrieb des Osttunnels inzwischen schon 165 Meter vorangetrieben sei und auch der Vortrieb des Westtunnels merkliche Fortschritte mache. Er habe bereits die ersten fünf Meter außerhalb der Steinwärder-Schachtwandung geschafft. Am 22. August waren es schon 175 bzw. 15 Meter.

Aber kommen wir noch einmal auf die drohenden Ausbrüche zurück bzw. auf die Maßnahmen, mit denen sie verhindert werden sollten. Die Vortriebsarbeiten gingen, wie schon erwähnt, unter größter Vorsicht weiter. Dazu gehörte in erster Linie, dass stets dafür gesorgt wurde, dass die Deckschicht über dem Tunnel möglichst immer eine Stärke von mindestens sechs Metern behielt. Ganze Ladungen Baggersandes dienten dazu. Auch die beobachteten Auskolkungen wurden so unverzüglich wieder aufgefüllt.

Frühestmöglich nahm man sich der besonders tiefen Auskolkungen am Rande der ebenfalls schon erwähnten, zunächst noch sehr dünnen Tonschicht an. Sie wurden, bevor der Vortriebsschild sie erreichte, ab Ende August 1909 mit schwerem Kies zugeschüttet. Schwerer Kies deshalb, weil befürchtet wurde, dass der durch Ebbe und Flut immer hin- und herpendelnde Strom den eingesetzten Sand gleich wieder herausgewaschen würde.

Um die den Kies transportierenden Klappschuten gleich an die richtige Stelle über der Tunnelstrecke zu bringen, über der sie ihre Ladung verklappen sollten, wurden Richtungsmarkierungen eingerichtet, deren Kreuzungen genau die betreffenden Punkte anzeigten. Die Längsrichtung des Tunnelvortriebs, deren Bedeutung für die Schifffahrt allgemein wichtig war, da dort nicht geankert werden durfte, denn selbst dadurch befürchtete man eine Schwächung der Sanddecke, war bereits vier Monate vorher durch aufgestellte Baken gekennzeichnet worden. Für die Schuten reichte indes diese Markierung nicht aus, da sie ja nur eine Richtung anzeigte. Die entsprechenden Schnittpunkte über den Auskolkungen wurden durch Baken verdeutlicht, die man auf die elbaufwärts vom Elbtunnel am Jonas entlang stehenden Duckdalben setzte. Sie erhielten verschiedenfarbige Anstriche und laufende Nummern. Jede dieser Baken in Linie mit dem großen Schornstein der Gasanstalt auf dem Großen Grasbrook gebracht, ergab eine Richtungslinie, deren Schnittpunkt mit der Peilung der Tunnelrichtung genau die Stelle bezeichnete, über die der Kies ausgeschüttet werden musste.

Teilstrecke des Tunnels im Bau – hier musste unter Druckluft gearbeitet werden. Sehr gut sind auch die Tunnelringe zu erkennen.

Ein gutes Teil der Strecke ist geschafft

Am 14. September 1909 konnte stolz die Meldung verbreitet werden, dass von dem östlichen Tunnel die erste Hälfte geschafft worden war. Von der insgesamt 428 Meter messenden Strecke waren 214 Meter durchbrochen. Der Westtunnel war zu diesem Zeitpunkt 46 Meter weit vorgetrieben.

Vieles war inzwischen für die direkt am Bau Beteiligten zur Routine geworden, und auch die interessierte Öffentlichkeit hatte sich mehr oder weniger an die Baustelle gewöhnt. Von ihr war ja ohnehin nur der geringste Teil zu sehen, und die eigentliche Spannung, gewissermaßen das Geheimnisvolle, ging doch von den für die meisten unsichtbaren und unerreichbar bleibenden Tunneln unter dem Strombett aus. Da geschahen die Dinge, in die »fachsimpelnd« die interessantesten Dinge hineininterpretiert werden konnten. Aber auch dafür ging selbst den einfallsreichsten Biertischstrategen irgendwann einmal der Stoff aus. Ganz merklich begann man nun, nachdem Druckluftkrankheiten, Luftausbrüche und Wassereinbrüche als Gesprächsthemen nicht mehr viel hergaben, sich auf das nächste große Ziel zu konzentrieren, auf den Durchbruch der Tunnelröhren im Schachtbau St. Pauli.

Auch in den Gazetten wurden die Meldungen spärlicher. Zu glatt ging es nun für die Berichterstatter voran. Sie brauchten ja immer irgendeinen Anlass für eine Geschichte. Für die »Hamburger Nachrichten« war es am 18. Oktober 1909 sogar eine Meldung wert, dass »nun genau 46 1/2 Prozent der gesamten Bohrungen als bewältigt angesehen werden können«. Die Bauleitung gab sich, so die Zeitung, »der Hoffnung hin, den östlichen Tunnel, der heute 283 Meter vorangeschritten ist, bis Mitte Januar 1910 bis auf die Betonierarbeiten fertiggestellt zu haben, der Westtunnel, der bereits eine Länge von 113 Meter erreicht hat, wird voraussichtlich drei Monate später den Einsteigschacht an den St. Pauli-Landungsbrücken erreichen.«

Rund 500 Arbeiter waren zu dieser Zeit mit dem Tunnelbau beschäftigt. Die auf Steinwärder stehenden Kompressoren verdichteten nach wie vor pro Stunde 12 000 Kubikmeter Luft, um das Eindringen des Wassers in die Tunnelröhren zu verhindern. Die Temperatur in den Röhren betrug rund 21 Grad

und die Luftfeuchtigkeit war nach offiziellen Angaben so, dass sie die Gesundheit der Arbeiter nicht beeinträchtigte.

Die Besatzung des Osttunnels hatte den wasserdurchlässigen Sandboden hinter sich gelassen, arbeitete nun im Kleiboden und stand kurz vor dem Erreichen der schon mehrfach erwähnten festen Tonschicht, die sich bis nach St. Pauli hinein erstreckte. Nach 320 Meter zurückgelegter Strecke war Anfang November der Schild vollständig dort eingedrungen. Im Westtunnel wurde dagegen ganz, ganz vorsichtig gearbeitet. Er steckte nämlich gerade in der tückischen Sandstrecke, in der vordem die Kollegen in der anderen Röhre mit latent drohenden Aus- bzw. Einbrüchen zu kämpfen hatten. Anfang November war die Höhe der seinerzeitigen Durchbruchsstelle des Osttunnels erreicht. Auf der St.-Pauli-Seite stand in dieser Zeit die Ausbetonierung des Einfahrtschachtes kurz vor dem Abschluss. Anschließend sollte in 29 Metern Tiefe mit der Herstellung der vier Meter starken Schachtsohle begonnen werden.

Kurzzeitig trug sich die Bauleitung wieder mit dem Gedanken, doch noch auch von der Stadtseite her die Unterminierung der Elbe in Angriff zu nehmen und der von Steinwärder kommenden, inzwischen 294 Meter langen Oströhre einen Tunnel entgegenzutreiben. Eigentlich ist es richtiger, nicht von einem Tunnel zu sprechen, sondern mehr von einem Stollen, der, zwei Meter hoch und einen Meter breit, zunächst hauptsächlich weitere Erkenntnisse über die Bodenbeschaffenheit bringen sollte. Bei günstigen Verhältnissen wurde aber nicht ausgeschlossen, den Schacht auf volle Tunnelweite zu bringen. Dieses Vorhaben blieb jedoch nur Gedankenspiel.

Am 4. Dezember 1909 war die Länge des Osttunnels auf inzwischen 350 Meter angewachsen und bis auf nur noch wenig mehr als 30 Meter an die St.-Pauli-Landungsbrücken herangekommen. Trotz der harten Tonschicht fand auch jetzt die Druckluft immer wieder kleinste Kanäle und haarfeine Risse, durch die sie entgegen ursprünglicher Erwartungen austreten konnte, so dass auch auf dieser Uferseite der Stand des Vortriebs von außerhalb recht genau beobachtet werden konnte. Der westliche Tunnel hatte 197 Meter Strecke überwunden.

Der Einfahrtschacht bei den St.-Pauli-Landungsbrücken war im Rohbau fertig. Die für Telefon-, Telegraph-, Licht- und Wasserleitung erforderlichen Behältnisse waren in die Betonsohle eingelassen worden. Nach vollständiger Erhärtung der Sohle sollte umgehend mit der Installation der eisernen Treppen und Fahrstühle begonnen werden. Auf der anderen Seite, auf Steinwärder, sollte dies nach Entfernung der dortigen Montageeinbauten und überflüssig gewordenen Hilfsmaterialien etwa im März 1910 geschehen. Ebenfalls zu diesem Zeitpunkt würde sich über dem Einfahrtschacht die massive Einfahrthalle zu wölben beginnen.

Zunächst war man aber noch damit beschäftigt, den Anschluss der eisernen Tunnelrohre an die Betonwand des Fahrschachtes herzustellen – eine äußerst wichtige Aufgabe, die Mitte Dezember beendet sein sollte. Auch an das teilweise Ablassen der Druckluft zu einem späteren Zeitpunkt wurde vorsorglich schon gedacht. Die dafür notwendigen, den Tunnelvortrieb abschließenden Schleusen waren bereits fertig gestellt. Nach erreichtem Abschluss würde man jedoch trotzdem noch einige Wochen verstreichen lassen müssen, um die Zementierung völlig austrocknen zu lassen.

Am 23. Dezember 1909 war der Punkt erreicht, an dem im Tunnelvortrieb die schon vorher erwähnten, von oben eingebrachten Lote angefahren wurden und die mit Spannung erwartete Zwischenmessung vorgenommen werden konnte, um zu beweisen, dass die »Richtung stimmt«. In der Nähe des Bohrloches wurde zunächst ein kleiner Stollen durch das Erdreich vorangetrieben, mit großer Vorsicht die Lote freigelegt und dann mit Hilfe eines Theodoliten die Lage des einen Lots anvisiert. Das Ergebnis war frappierend. Die Richtung stimmte tatsächlich, und sie stimmte zur großen Freude und sicherlich stolzen Genugtuung der Tunnelbauer überraschend genau. Ganze zwölf Millimeter war man in östlicher Richtung vom »Kurs« abgekommen – ein marginaler Fehler, der nicht korrigiert werden musste und über den nicht weiter geredet zu werden brauchte. Die Bauleitung hatte sich eigentlich von vornherein einen Fehlerspielraum von 15 Zentimetern gestattet.

So durch die eigene Leistung bestärkt, ließ sich der Rest der Tunnelstrecke mit einem ganz anderen Gefühl angehen. Zum Jahreswechsel 1909/10 konnten die Tunnelbauer wohl guten Mutes darauf anstoßen, dass auch die noch vor ihnen liegenden restlichen Strecken mit der gleichen Perfektion bewältigt würden.

Mitte Januar des neuen Jahres 1910, genauer gesagt am 17. Januar, lagen noch 32 Meter zwischen dem Osttunnelschild und dem St.-Pauli-Schacht. Bei einer mittleren Tagesleistung von 1,5 Metern müsste rein rechnerisch die Schachtwand in drei Wochen erreicht sein. Aber so einfach ging es dann doch nicht. Obwohl die Gefahr eines Luftausbruches hier in der Nähe der Landungsbrücken kaum noch bestand, gestaltete sich das Fortkommen nun auf eine andere Weise recht schwierig. Diesmal machte der harte Boden den Arbeitern im Vortriebsschild gehörig zu schaffen, und wo die menschliche Kraft, mit anderen Worten die Spitzhacke, nicht ausreichte, da musste mit dem Sprengstoff Astralit nachgeholfen werden. Davon wurde nicht wenig verbraucht. Tag und Nacht war an den Landungsbrücken aus dem Untergrund das dumpfe Getöse wahrzunehmen. Die Zahl der zu dieser Zeit im Tunnel beschäftigten Personen wurde mit 800 angegeben.

Auch der Westtunnel hatte die Strommitte bereits hinter sich gelassen. Es konnte damit gerechnet werden, im April die Stadtseite zu erreichen.

Auf St. Pauli hatte inzwischen mit großem Einsatz der Ausbau im Inneren des Schachtes begonnen. Der Schacht, durch eine meterhohe Einzäunung den Blicken der Passanten entzogen, war übrigens so tief, dass er das in der Nähe stehende Bismarck-Denkmal bis zu dessen Schultern hätte aufnehmen können. In ihm waren bereits einige der nur 1,40 Meter breiten Treppenanlagen, die 141 Stufen erhalten sollten, zu sehen und es war ebenfalls schon mit der Montage der eisernen Säulen für die Führung der vorgesehenen Fahrstühle begonnnen worden.

Ein Beobachter schrieb dazu: »Schritthaltend mit der inneren Ausstattung bewegt sich die Außenarbeit an dem Einfahrtschacht. Die aus Basaltlava gehauenen Fundamentblöcke der Einfahrthalle liegen mit der notwendigen Hintermauerung an Ort und Stelle, und für den Fall, dass nicht strenger Frost den Mauerleuten die Kelle aus der Hand zwingt, wird in kurzer Zeit die mit Kupfer einzudeckende Halle, die sich im Steinmaterial und in der architektonischen Ausgestaltung an die Gebäude der ihrer Vollendung entgegengehenden St. Pauli-Landungsbrücken anlehnen soll, in ihrer vollen Formenschönheit sich der Öffentlichkeit zeigen.«

Ein anderer Journalist hatte in dieser Zeit Gelegenheit, in den Tunnel selbst hinabzusteigen. Er beschrieb am 15. Januar 1910 seine Eindrücke, die im Folgenden auszugsweise wiedergegeben werden: »Ganz unvorbereitet erhalte ich die Einladung zu einer Besichtigung des Elbtunnels. Fünf Herren außer mir befinden sich im Baubureau des Elbtunnels auf Steinwärder und bereiten sich auf die Einfahrt in den Tunnel vor. Zuerst heißt es, einen Schein zu unterschreiben, zu welchem Zwecke, weiß ich nicht. Da der Schein aber wenig einem

Ein Größenvergleich – das Bismark-Denkmal, das in natura von einem Hügel herab auf die Landungsbrücken blickt, versetzt in den Einfahrschacht St. Pauli.

Wechselformular ähnelt, setzt jeder unbedenklich seinen Namen darunter. Dann geht es unter der liebenswürdigen Führung des Ingenieurs Specht, der auch nachher im Inferno des Tunnelbetriebes unser freundlicher Cicerone ist, über einen mit allerlei Baumaterial besäten Platz zum Arzt. Vor dem Sprechzimmer des Arztes liegt ein gestreckter Raum, der den Arbeitern zum Aufenthalt dient. Das Sprechzimmer, in das wir gelangen, läßt an Anspruchslosigkeit nichts zu wünschen übrig, aber es ist durchweht von jenem Geist strenger Einfachheit, der Unnötiges von sich weist, um das Notwendige um so eher zur Hand zu haben. In einem kleinen Hinterraum ist eine hermetisch abschließbare Zelle oder Schleuse, in die die von der Caisson-Krankheit Befallenen zur ersten Behandlung gesteckt werden. Von dieser Krankheit sind von den Betriebsleitern an bis zu den Betonarbeitern wenige verschont geblieben. Um unsere Widerstandsfähigkeit gegen diese Krankheit zu prüfen, stehen wir jetzt vor dem Arzt, der uns den Oberkörper entkleiden heißt. ›Keiner von ihnen ist ja über dreißig Jahre,‹ meint unser Führer. ›I wo,‹ antwortet einer, der im kommenden Juni sein Halbjahrhundert zu vollenden gedenkt.

Endlich sind wir sechs behorcht, beklopft und für tauglich befunden und nun gehts ins Baubureau zurück, um die letzten Vorbereitungen zu treffen. Dann steigen wir in die schnell herbeigeschafften braunen Drillichanzüge, setzen irgendeine Mütze auf, und die vor einigen Augenblicken noch so eleganten Herren sehen aus, dass man ihnen kaum im Dunkeln oder an entlegenen Stellen begegnen möchte. Besonders die mit ein wenig Embonpoint gesegneten sehen aus wie die Karrikaturen auf ihr vorheriges Ich. Dann geht es wieder hinaus. Ehrlich gesagt, all diese Umständlichkeiten hatten mich ein wenig nervös gemacht, aber die Fröhlichkeit der anderen scheuchte das unangenehme Gefühl, das nicht der Angst, sondern der Aufregung vor etwas ganz neuem entsprang, leicht hinweg. ›Fassen Sie sich an die Nase, meine Herren, und stoßen Sie die Luft kurz hinein, wenn sich der Druck beim

Auf Steinwärder-Seite hat die Caissondecke ihre Aufgabe erfüllt und wird entfernt, damit mit dem Bau von Fahrschacht und Einfahrtsgebäude begonnen werden kann, März 1910.

Einschleusen kurz bemerkbar macht‹, sagt noch unser Führer und dann kriechen wir durch eine kleine Pforte gebückt in einen Raum, den ein Zylinder, in dem sich die Treppe befindet, sehr einengt. Nun sind wir von dem hellen Januartag da draußen abgeschlossen. ›Jetzt gehts los.‹ ›Was denn?‹ Da aber fährt schon einer nach der Nase und bläst sie auf. Ich spüre noch nichts, nur ist es mir, als ob die Stimmen der anderen schwächer werden, sie wie aus weiter Ferne kämen, als fielen die Worte langsam und zögernd und widerwillig von den Lippen. Da spüre ich auch den Druck, der Schweiß dringt aus allen Poren; der Luftdruck ist auf eine viertel Atmosphäre gestiegen. Da klagt der eine über Stechen in den Schläfen. Langsam wird abgeschleust und dann langsam wieder angesetzt. Ohne weitere Beschwerden passen wir uns dann dem Druck der zwei Atmosphären langsam an, der Körper ist wie durch Wasser gezogen, so heiß ist er. Nun geht es die Treppe hinab. Hundertvierundzwanzig Stufen, immer herum; ginge es noch eine Zeitlang tiefer, könnte man die Drehkrankheit bekommen. Eine heiße feuchte Luft schlägt uns entgegen, die sich auf dem Eisen der Treppe niederschlägt und in nassen Tropfen herunterrinnt. Ein Durcheinander von Lauten dröhnt schwach an unsere Ohren. Dann stehen wir unten, umfangen von einem gespenstisch fahlblauen Licht. Alle Konturen sind verschwommen in dem Nebel, der hier unten zu herrschen scheint, es ist wie der Eingang zu einer furchtbaren Welt, in die wir nun zagenden Schrittes schreiten. ›Pfeifen Sie mal,‹ sagt unser Führer. Jeder versuchts, aber keiner vollbringts und wenn er sonst auch noch wie ein Star pfeift. Die Luft drückt den Ton in die Kehle zurück, sie legt sich wie ein Sammetpolster auf die gespitzten Lippen. Nur unser Führer pfeift uns was vor; er pfeift in des Wortes wahrster Bedeutung auf den Luftdruck infolge der Gewöhnung. Deutlicher vernimmt das Ohr nun auch das Durcheinandertönen. Zuerst gehts in den Westtunnel hinein. Eilend geht es vorwärts, denn es heißt, genau die Zeit einhalten. Die beiden Tunnelrohre haben einen äußeren Durchmesser von sechs Metern; Ring schließt sich an Ring. Um diese Eisenhülle schließt sich eine andere, nicht minder feste, die Betonumkleidung, die felsenhart jedem Druck widersteht. Es ist ein interessantes und nur von einem Fachmann zu schilderndes Verfahren, wie Segment an Segment gefügt wird, bis endlich sich Ring an Ring schließt. Auch die Arbeit des Vortriebsschildes ist so kompliziert, daß ich, als Laie, nicht versuchen möchte, auch nur ein ungefähres Bild davon zu geben.

Im Westtunnel sind wir in eine Kammer des Vortriebsschildes gekrochen. Eine heiße, stickige Luft, durchströmt von dem Odem des fetten schwärzlichen Tones, der auf der St.-Pauli-Seite das Bett der Elbe bildet, umfängt uns. Nun gehts zurück über schwankende Bohlen, vorbei an kleinen Feuerstellen, stolpernd über die Schienen, auf denen knatternd die erdgefüllten Wagen, Hunde genannt, fahren. Die Arbeiter tragen in der heißen Luft nur das notwendigste auf dem Leibe, der Schweiß klebt ihr Haar in Strähnen auf ihre Stirn. Ihre Arbeit bedeutet hier Anspannung aller physischen Kräfte, sie sind wie Verdammte, die um ihre

Oberirdisch ist noch einiges zu tun: Aber die Fundamente der Einfahrthalle St. Pauli sind im September 1909 bereits gelegt.

Erlösung ein schweres Werk vollbringen müssen. Der Osttunnel, hundertundzwanzig Meter schon länger als der Westtunnel, macht schon mehr den Eindruck des sich der Vollendung nähernden Werkes. Aber auch in ihm herrscht jene eigenartige Stimmung der Luft, die alles unirdisch und schemenhaft zu machen scheint. Um sich miteinander zu verständigen, muss man die Stimme kräftig erheben, die Druckluft stellt dem Körper ganz andere Bedingungen, denen er sich, so gut es gehen will, anzupassen sucht. Das Licht der Glühlampen gelöst durch den Nebel mit der Armseligkeit eines

Modell der Einfahrthalle St. Pauli, dargestellt ist die Vorderansicht

Talglichtes, sie dienen auch kaum zur Beleuchtung, sondern nur zur Orientierung. Auch im Osttunnel dringen wir bis vor Ort, auf allen vieren kriechen wir bis an die Tonwand heran, in die sich das Tunnelrohr immer weiter hineinfrisst. Dann gehts zurück, höchste Zeit, wenn wir nicht riskieren wollen, ein peinliches Andenken an unseren Besuch im Tunnel mitzunehmen.

Klack-klack, klack, klack; schwerfällig steigen wir die endlos lange Treppe hinauf. Aber Gott sei Dank, es ist wie ein Schreiten den Läuterungsberg hinauf. Das Inferno hatten wir hinter uns; schweißüberflossen sitzen wir wieder in der Schleuse, um uns des Druckes der zwei Atmosphären zu entwöhnen. Meinem Nachbar zur Linken läuft vom Kinn ein feiner Wasserstrahl, wie man es bei einem schlecht geschlossenen Wasserhahn sieht ...«

Ende Januar war es dann so weit, dass auf Teilstrecken die Druckluft abgelassen werden konnte. Durch die in beiden Tunnelröhren fest eingebauten Schleusen dazu in die Lage versetzt, wurde im Osttunnel auf 150 Meter und im Westtunnel auf 50 Meter Strecke die Druckluft abgeblasen. Die von der Druckluft befreiten Röhrenteile erwiesen sich als vollkommen dicht, was eine weitere Ermutigung bedeutete und natürlich auch die Befreiung von einer gewissen Sorge. Nun konnte sich voll und ganz auf die letzten Meter zunächst im Osttunnel konzentriert werden.

Am 28. Januar 1910 war der Schild bis auf zehn Meter an den Schacht St. Pauli heran, am 4. Februar fehlten nur noch 2,5 Meter. Zu diesem Zeitpunkt ließ die Bauleitung die Vortriebsarbeiten zunächst einstellen, um die notwendigen Dichtungsarbeiten zu Ende führen zu können. Diese Arbeiten dauerten bis Anfang März. Dann konnte der restliche Tonboden ausgehoben werden, so dass der Osttunnel nun in seiner ganzen Länge von rund 426 Metern fertig dalag. Bei verringertem Luftdruck wurden die Dichtungsarbeiten durchgeführt.

Inzwischen beschäftigten sich aber ganz phantasiebegabte Geister, der Zeit und den Baumaßnahmen vorauseilend, bereits mit dem fertigen Tunnel. So etwa führte ein Autor der renommierten »Leipziger Illustrierten Zeitung« im Frühjahr 1910 seinen Lesern schon einmal gedanklich den Tunnel vor, so wie er ihn sich vorstellte. Es hieß: »Nach zwei Jahren wird sich neben den jetzt fertiggestellten, breit hingelagerten Landungshallen St. Pauli ein den Einfahrtschacht überwölbender Kuppelbau erheben. An seiner Front öffnen sich vier Einfahrtstore für die Wagen, an den Seiten kleinere Eingänge für die Fußgänger. Da uns der Kutscher versichert, daß wir gefahrlos in der Droschke sitzenbleiben können, folgen wir ihm und fahren durch eins der Tore in den mächtigen, 10 m langen und 3 m breiten Aufzug hinein. Ein Wärter schließt eine schwere eiserne Tür hinter uns, legt einen Hebel um, und wir gleiten hinab in die Unterwelt. Das Licht des Tages verschwindet, elektrische Lampen flammen auf, nach einer halben Minute ein gelinder Ruck und der Aufzug ist selbsttätig zum Stillstand gelangt. Es öffnet sich eine Tür vor uns, und wir fahren hinein über den Boden des Schachtes in das Innere des Tunnels. Rückwärtsblickend sehen wir die sechs Aufzüge in phantastischem Spiel sich heben und senken, über uns in 40 m Höhe die Kuppel der Einfahrtshalle, durch deren hohe Fenster das Tageslicht herunterdringt, an den Wänden gewundene Treppen, nach oben führend. Alle Mauerflächen sind mit Platten hell verblendet; vor uns leuchtet die doppelte Lichterreihe der Tunnelröhre, in die wir jetzt hineinbiegen. Darin sind rechts und links der Fahrbahn erhöhte Fußsteige angeordnet, die Wände wieder mit Porzellanplatten bekleidet, von Zeit zu Zeit durch Vorsprünge und Beleuchtungskörper unterbrochen; über uns wölbt sich im Halbkreis die Decke. Die Röhre senkt sich ein wenig in der Mitte des Elbstromes, steigt dann wieder an, bis wir, nach 450 m Entfernung, im jenseitigen Schacht halten, dessen Inneres dem ersten nahezu gleicht. Da kommt auch schon ein Aufzug herunter; wir fahren hinein und steigen zum Tageslicht wieder empor. Zwei langgestreckte Zollabfertigungsgebäude rechts und links belehren uns, dass wir inzwischen 20 m tief unter dem Spiegel der Elbe, die Zollgrenze des Deutschen Reiches passiert haben, so daß wir uns jetzt im Zollauslande befinden und bei Rückkehr nach Hamburg uns der Revision der Zollbeamten unterwerfen müssen.«

Der Westtunnel war inzwischen 360 Meter weit gediehen. Rund 60 Meter Tonboden trennten noch den Vortriebsschild vom Einfahrtschacht auf der Stadtseite. Diese Reststrecke war vor Einbrüchen aus schon mehrfach genannten Gründen relativ sicher. Wieder, und nun zum letzten Mal, konnte an den St.-Pauli-Landungsbrücken an Hand aufsteigender Luftblasen beobachtet werden, wie weit die Arbeiten fortgeschritten waren.

Um die Achse des Westtunnels festzustellen, wurden vom Osttunnel aus ein Loch zur anderen Seite hin gebohrt und mit Hilfe einer durchgesteckten Eisenstange die erforderlichen Messungen vorgenommen. Im Steinwärder-Einstiegsschacht entfernten Arbeiter zu diesem Zeitpunkt die Caissondecke. Emsig waren sie damit beschäftigt, weitere Montage-Einbauten zu beseitigen sowie Treppen und Fahrstühle an Ort und Stelle zu bringen. Zur Sicherung des Fundamentes der Einfahrthalle hatten einige Simplexpfähle zusätzlich gerammt werden müssen. Die Einfahrthalle auf der anderen Seite, die, angepasst an die Landungsbrücken-Architektur, aus Odenwald-Muschelkalk und rheinischer Basaltlava ausgeführt wurde, war mit den Futtermauern bereits einige Meter hochgezogen worden. Die Arbeiten an den Treppen und Aufzugsanlagen waren so gut wie abgeschlossen.

Nach dem Abblasen der Druckluft aus dem gesamten Osttunnel rechnete die Bauleitung gut 14 Tage für den Durchbruch durch die Mauer des Einfahrtschachtes. Die Wand wurde zunächst so weit durchgestemmt, bis schließlich nur noch eine ganz dünne Schicht stand, die leicht zu beseitigen war. Dieser Durchbruch sollte »offiziell« als Höhepunkt der Feierlichkeiten erfolgen, die für den endgültigen Tunneldurchbruch für Dienstag, den 29. März 1910, 12.00 Uhr festgesetzt worden waren.

Senat und Bürgerschaft sowie die Spitzen der Hamburger Behörden sollten zu der Festlichkeit geladen werden, als deren Abschluss ein Gang durch den Tunnel und ein Festessen in dem neu eröffneten Wernerschen Restaurant im Empfangsgebäude der St.-Pauli-Landungsbrücken auf dem Programm stand.

Ursprünglich war der Abschluss der Tunnelröhren an den Schacht St. Pauli so geplant, dass die Vortriebsschilde in den Schacht hineingetrieben und dann zerlegt werden sollten. Letzten Endes entschloss sich aber die Bauleitung, die Schilde bis an die Wand heranzutreiben, die ganze Installation und die Wände herauszunehmen, den Schildmantel aber stehen zu lassen und den Tunnel hindurchzubrechen. Der derart unten gebliebene Mantel bedeutete an der Anschlussstelle dann gleich eine Verstärkung der Tunnelverkleidung.

Im Osttunnel begannen, als die Festaktspläne Mitte März bekannt wurden, unter Einsatz von Sprengmaterial die Beseitigung der zweiten Luftabsperrschleuse und die Vorbereitungen für den inneren Ausbau, der unverzüglich in Angriff genommen werden sollte. Der Vortrieb des Westtunnels stand rund 30 Meter vor seinem Abschluss. Sein Durchbruch durch die Schachtwandung war für Mitte Mai ins Auge gefasst.

Insgesamt waren die Tunnelarbeiten der ursprünglichen Planung um einiges voraus, dank des energischen Einsatzes der bauausführenden Firma Ph. Holzmann, wie es in zeitgenössischen Berichten hieß. Ursprünglich hatte der Durchbruch des ersten Tunnels am 1. Mai 1910 stattfinden sollen, der des zweiten am 1. August.

Wenige Tage vor der großen Feier fand am 26. März auf Veranlassung der Baudeputation, Sektion für Strom- und Hafenbau, eine Vorbesichtigung der Elbtunnelanlage statt. Dazu wurden auch einige Vertreter der Presse eingeladen, damit sie sich einen Überblick über die »dort tief unter der Elbe sich vollziehende Zyklopenarbeit« verschaffen konnten.

Es darf gefeiert werden

AM 29. MÄRZ 1910 WAR ES DANN SO WEIT. ALS ERSTER Teil des am 22. Juli 1907 auf Steinwärder begonnenen Zwillingstunnels wurde zwei Jahre, acht Monate und sieben Tage nach dem ersten Spatenstich programmgemäß der Osttunnel mit dem Durchschlag auf St. Pauli vollendet. Lassen wir dazu den »Hamburger Correspondent« zu Wort kommen, der in seiner Abendausgabe die Leser brandaktuell informierte. Es hieß: »Ungehindert flutet das Tageslicht in die bisher nur von Glühbirnen beleuchtet gewesene gewaltige Eisenröhre, und trockenen Fußes kann man tief unter dem Kiel der aufkommenden und seegehenden Schiffe von einem Ufer der Elbe zum anderen schreiten.

Der bedeutungsvolle Akt des Durchbruchs, zu dem der Präses der zweiten Sektion der Baudeputation zahlreiche Einladungen hatte ergehen lassen, wurde durch eine würdige Baufeier verherrlicht, die auf der Baustelle des St.-Pauli-Einfahrtschachtes neben den St.-Pauli-Landungsbrücken ihren Anfang nahm. Unter den geladenen Gästen, die sich um 11 1/2 Uhr auf dem festlich geschmückten Terrain eingefunden hatten, bemerkten wir außer den Bürgermeistern Dr. Predöhl und Dr. Burchard, die Senatoren Refardt, Holthusen, Westphal, Dr. Schaefer, Heidmann, Dr. Schröder, Dr. Sthamer, Michahelles und Stark, die Herren Syndici Dr. Zellmann und Dr. Buehl, sowie die Staatssekretäre Dr. Hagedorn und Ludwig. Von der Bürgerschaft waren zugegen Präsident Engel, die Vizepräsidenten Blinckmann und Dr. Bagge, die Schriftführer und deren Vertreter sowie der Sekretär; ferner als Angehörige des einstigen Tunnelausschusses die Herren Rambatz, Wilkens und Ulfert. Die 1. und 2. Sektion der Baudeputation hatten 8 Herren zur Teilnahme entsandt, von Beamten der Baudeputation waren vertreten die Herren Wasserbaudirektor Bubendey, Oberingenieur Sperber, Baudirektor Schumacher, die Bauräte Wendemuth, Löwer, Schröder, Bensberg, Voß, Witt und Merckel sowie Rat Behr. Als Vertreter der Zollbehörde fungierte Oberregierungsrat Dr. Romeiß; die Marineverwaltung hatte den Marineinspektor Kapt. Fokkes zur Repräsentation abgeordnet. Außerdem waren geladen 31 Herren der Bauleitung, einschließlich der Preßluft-Ärzte und die beim Bau beschäftigten Baumeister, Ingenieure und Techniker. Baumeister Otto Stockhausen, vom Wasserbaudirektor Bubendey mit der Einzelprojektierung und der Durchführung des Baues betraut, sowie Oberingenieur Beck als

Etappen des Druchbruchs …

Horchkontakt und gespanntes Warten.

Die ersten Löcher.

Es ist geschafft.

bauausführender Bevollmächtigter der Firma Philipp Holzmann & Cie, GmbH, Frankfurt a. M., waren in ihrer Eigenschaft als Bauleiter auf dem Platze. Die genannte Frankfurter Firma hatte zur Teilnahme an der Feier die Direktoren Ritter, Riese und Behrends, G. Franke, den Regierungsbaumeister H. Holzmann, die Oberingenieure Rheindorff und Beck und den Direktor Dr. Ing. W. Lauter entsandt.

Als die Herrschaften sich auf der St.-Pauli-Baustelle eingefunden hatten, hielt Wasserbaudirektor Bubendey einen Vortrag über den gegenwärtigen Stand des Tunnelbaus. Dann umringten die Gäste den Einfahrtschacht, um ›dem feierlichen Akt der Sprengung der letzten Trennungsmauer beizuwohnen‹. Erwartungsvoll blickten sie in die Tiefe. Präzise um 12 Uhr fiel der Schuss, gezündet von der dreizehnjährigen Tochter Anna des Baurats Wendemuth. Er schuf zunächst nur eine kleine Öffnung in der Mauer. Dann folgten noch drei weitere Detonationen in geringen Abständen. Nur mit der letzten, der fünften Dynamitpatrone, klappte es nicht. Sie versagte, da die Zündschnur ins Wasser gefallen war. Nach der vorgeschriebenen Pause von zehn Minuten folgte dann aber noch ein ersatzweiser Schuss, der eine tüchtige Bresche in die Mauer riss.

Inzwischen hatten sich die Teilnehmer über die Treppe zur Schachtsohle begeben, um die vom jenseitigen Ufer der Elbe durch den Tunnel gekommenen Herren der Bauleitung zu begrüßen. Oberingenieur Beck hielt eine kurze Ansprache und dann vergrößerten die Arbeiter mit wuchtigen Schlägen die Öffnung. In diesen eigenartigen Rahmen trat dann Töchterchen Anna, das zur Erinnerung an die Mitwirkung an diesen denkwürdigen Augenblick einen großen Strauß Rosen erhielt, und als besondere Ehrung durfte sie später – in fortgeschrittenem Alter – 1974 als Ehrengast an der Eröffnung des neuen Elbtunnels teilnehmen.

In dieser Stunde aber unterquerten zum ersten Mal ungehindert Menschen trockenen Fußes die Elbe, Töchterchen Anna darf wohl als der erste angesehen werden, wenn auch andere Berichte den Bauleiter der Firma Holzmann, Franz Xaver Beck, nennen, der als Erster nach den Sprengschüssen in Gehrock und Zylinder durch die Bresche geklettert sei. Offiziell jedenfalls war es jedoch die kleine Dame Anna, und vielleicht sollte man es dabei belassen, ohne nun etwa Geschichte verfälschen zu wollen. Da es aber weder für die eine noch für die andere Version eine klare Bestätigung gibt, sollte doch der kleinen Anna der Platz überlassen bleiben. Ist doch auch irgendwie hübscher.

Als nächster Punkt der Tagesordnung folgte auch für die anderen Teilnehmer der Feierlichkeiten eine Wanderung durch den Tunnel zum anderen Ufer. Vorher fand aber noch unter allgemeiner Heiterkeit durch den Oberregierungsrat Dr. Romeiß noch die zollbehördliche Übernahme des Tunnels statt. Vier zünftige mit Zylinder und Schurzfell gekleidete Zimmerleute richteten ein Schild auf, dessen Aufschrift lautete: ›Das Durchbringen zollpflichtiger Waren durch den Tunnel ist verboten.‹ Im Tunnel ließ die Bauleitung einen in der Wandung angebrachten, bisher streng verschlossen gewesenen Hahn öffnen, um den kolossalen Wasserdruck zu zeigen, der auf der Tunnelwandung lastet. Mit ungeheurer Kraft ergoss sich ein Strahl Elbwasser drei Meter weit in das Eisengewölbe des Baues. Nach erfolgter Besichtigung fuhren die Gäste mit dem Staatsdampfer ›Johannes Dalmann‹ zur Stadt zurück, um im Restaurant ›St. Pauli Landungsbrücken‹ ein Frühstück einzunehmen, bei dem Senator Westphal eine Dankesrede hielt, so wie es bei solchen Anlässen schon immer üblich war.«

Der Bericht hört hier auf, vermutlich weil für die Abendausgabe des Blattes Redaktionsschluss war. In der nächsten Morgenausgabe ging es dann tatsächlich weiter, sowohl was die Berichterstattung betraf, als auch die Feier selbst. Es muss noch ganz lustig geworden sein. Der »Hamburger Correspondent« schreibt dazu: »Die Baufeier am Elbtunnel erreichte nachmittags gegen 4 Uhr im Restaurant ›St. Pauli Landungsbrücken‹ ihren Abschluß. Etwa 60 Herren begaben sich um 4 Uhr an Bord des an den St.-Pauli-Landungsbrücken bereit liegenden Staatsdampfers ›Johannes Dalmann‹ zu einer Fahrt nach Blankenese, wo bei Sagebiel im Fährhaus der offiziellen Feier eine inoffizielle folgte. An Trinksprüchen war kein Mangel. Der Herren Wasserbaudirektor Bubendey, Baurat Wendemuth, Baumeister Stockhausen und Oberingenieur Beck (Philipp Holzmann & Co.) wurde von verschiedenen Seiten gedacht. Lobend hervorgehoben wurden alle diejenigen, die im Dienst der Baudeputation und bei der Firma Philipp Holzmann & Co. bisher beim Bau des Elbtunnels tätig gewesen sind; ein besonderes Hoch galt den Tunnelärzten Dres. Bornstein und Merck, die bei sämtlichen Druckluft-Erkrankungen helfend eingegriffen haben. Herr Wasserbaudirektor Bubendey widmete der Bürgerschaft sein Glas, Herr Paridom Möller (M. d. B.) gedachte der Hamburger Beamtenschaft, Herr Baurat Wendemuth dankte

Eine illustre Gesellschaft präsentiert sich dem dokumentierenden Fotografen.

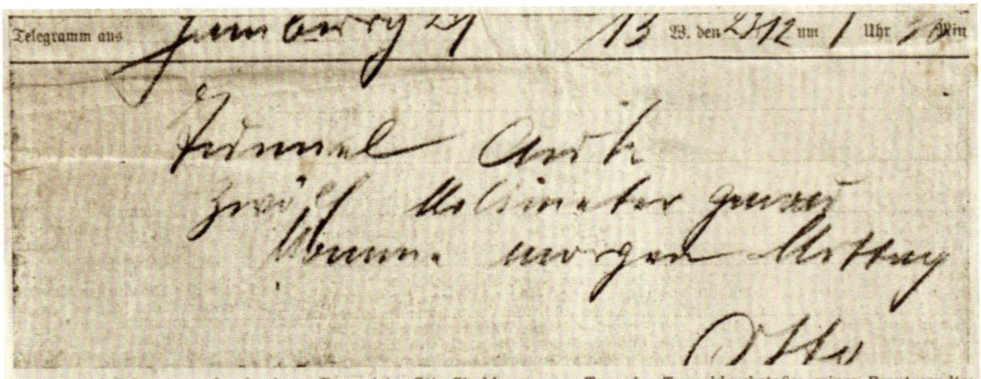

Das Original-Telegramm, das der junge Baumeister Otto Stockhausen am Tage des Tunneldurchstoßes seiner Braut sandte: „Tunnel durch / 12 Millimeter genau / komme morgen mittag." Er ging in die Flitterwochen.

Stockhausens Telegramm ist in die Tunnelgeschichte eingegangen.

Herrn Architekten Wöhlecke (in Firma Raabe & Wöhlecke) für seine künstlerische Mitarbeit an dem Bau des Elbtunnels und an dem verwandten Werk, dem Bau der St.-Pauli-Landungsbrücken. Herr Oberingenieur Beck trank auf das Wohl der beim Bau des Tunnels beschäftigten Beamten sämtlicher Kategorien und auf deren Leiter, die ihre ganze Kraft zum Gelingen des außerordentlich schwierigen Werkes eingesetzt haben. Nachdem noch verschiedene andere Anwesende durch Trinksprüche geehrt worden waren, wurde um 7 1/4 die gastliche Stätte verlassen, worauf um 8 Uhr die Feier an der Abfahrtstelle ihren Abschluß fand.«

Die Wirkung war, wie man so sagt, offensichtlich eine ungeheure, denn wenn es in etwa sechs Wochen mit der zweiten Röhre, dem Westtunnel, so weit war, dann sollte auch »dieser würdige Moment durch eine allgemeine Feier seine Würdigung finden«. So war es beschlossen.

Sehr rasch kehrte nun aber zunächst auf der Baustelle wieder der normale Arbeitsalltag ein. Es gab ja auch noch genug zu tun.

Hier lohnt es sich, bzw. es ist einfach ganz natürlich angebracht, eine kleine Geschichte einzufügen, die ganz besonders vor der im Vordergrund stehenden Technik eine gewisse Romantik nicht entbehrt. Wie ganz vorn bereits einmal kurz erwähnt, hatte Baumeister Otto Stockhausen, als ihm 1907 die Leitung der Bauarbeiten für den Elbtunnel übertragen wurde, sich so derart auf seine Aufgabe konzentriert, dass er nicht nur eine Wohnung direkt an der Tunnelbaustelle mietete, um jederzeit »greifbar« zu sein, sondern sogar seine bereits geplante Hochzeit bis nach Fertigstellung des Tunnels bzw. nach Beendigung der gefährlichen Pressluftarbeiten verschob. Mit Einverständnis der Braut selbstverständlich.

Als mit dem Durchbruch der Oströhre das Meiste geschafft war, telegrafierte er seiner Verlobten, der Pfarrerstochter Elisabeth Bahnsen aus Othmarschen: »Tunnel durch. 12 Millimeter genau. Komme morgen Mittag.« Gleich konnte er ja nicht, denn zunächst mussten ja die offiziellen Feiern durchgestanden werden, und die hatten es ja in sich (siehe oben). Die Hochzeitsreise nach Ägypten konnte das Paar allerdings erst ein Jahr später starten, nachdem das großartige Bauwerk endgültig fertiggestellt und unter großer Anteilnahme der Bevölkerung seiner Bestimmung übergeben worden war. Den noch jungen Stockhausen zierten inzwischen fast gänzlich ergraute Haare.

Aber noch etwas ganz Besonderes hatte man sich für das Paar ausgedacht: Eine der im Tunnel angebrachten Schmuckkacheln erinnert bis heute an die »Leidenszeit« der beiden Liebenden, die immerhin ja gut vier Jahre gedauert hatte. Sie symbolisiert den Tunneldurchbruch, wobei der auf der linken Seite hockende Baumeister seiner auf der rechten Seite befindlichen Braut die Hand reicht. Geht es noch romantischer?

Es könnte alles so schön sein und auch so bleiben, wenn nicht, wie im Falle der ersten Tunneldurchschreitung – Anna oder Xaver Beck – von ganz unromantisch peniblen Zeitgenossen Zweifel angemeldet würden: Danach soll das bewusste Telegramm, dessen Existenz ja dabei gar nicht angezweifelt wird, erst nach Durchbruch des Westtunnels aufgegeben worden sein. Nach Recherchen der Post sogar erst am 23. oder 25. Dezember. Aber, was ändert das an der liebenswerten Geschichte?

So begannen nach all dem Trubel die Arbeiter in dem gerade durchbrochenen Osttunnel unverzüglich mit dem Innenausbau. Sie entrosteten und reinigten Ringe, verkleideten sie mit einer groben sowie einer feinen Zementmischung und nahmen die Verlegung der Fahrbahn in Angriff. Sie wurde, ebenso wie die Gehwege auf beiden Seiten, aus Beton hergestellt und zur zusätzlichen Beschwerung mit Roheisen aufgefüllt – 1000 kg auf den laufenden Meter. Sichtlichen Fortschritt zeigte auch der Steinwärder Einfahrtschacht. Dort waren die Handwerker und Arbeiter bereits damit beschäftigt, die eisernen Gerüste der Aufzüge zu montieren. Das Gleiche passierte im Schacht auf der anderen Seite. Den Auftrag zur Lieferung der Aufzugsmaschinerie hatte die New

Yorker Spezialfirma Otis Co. erhalten. Teile davon waren bereits angeliefert und lagerten in der Nähe der Baustelle in dem ehemaligen Hammelschuppen auf dem Jonas, dessen Existenz damit wohl letztmalig eine gewisse Berechtigung erhielt.

Als an einem Sonntag Mitte April rund 1250 Mitglieder des Journalisten- und Schriftstellervereins, des Hamburger Gewerbevereins und des Gewerbevereins vor dem Holstentor die Anlage besichtigten, war auch schon der Westtunnel bis auf zwei Meter an den St.-Pauli-Schacht herangetrieben. Die Vortriebsarbeiten waren aber zunächst eingestellt worden, da auch hier vor dem endgültigen Durchbruch erst die notwendigen umfangreichen Dichtungsarbeiten durchgeführt werden mussten. Am 14. Mai wurde auch im Westtunnel die Druckluft bis auf etwa 0,7 Atmosphären heruntergefahren.

Der Durchbruch des Westtunnels konnte dann am 1. Juni 1910 erfolgen. Bewegende Feierlichkeiten mit großen Worten von und an hochgestellte Persönlichkeiten waren nun entgegen der ursprünglichen Absicht doch nicht mehr angesagt. Aber es gab eine würdige Feier für alle diejenigen, die den Elbtunnel meistens Tag für Tag im echten Sinne des Worts wahrhaft hautnah miterlebt hatten, für die beteiligte Arbeiterschaft und für die Angestellten. Ihnen wurde damit wenigstens ein kleiner Dank zuteil, eine Anerkennung, die sie sicher mehr als verdient hatten.

Hören wir, was damals darüber berichtet wurde: »Das Verhältnis zwischen Arbeitgeber und Arbeitnehmer kam gestern Abend gelegentlich einer Feier aus Anlaß des Durchschlages des Westtunnels des Elbtunnels zu schönem Ausdruck. Die Firma Philipp Holzmann & Cie. hatte ihre Beamten und Arbeiter, die das bedeutsame Werk soweit vollendet haben, zu einer Feier im Landungsbrücken-Restaurant geladen, an der auch Herr Wasserbaudirektor Geh. Rat Bubendey, die bauleitenden Ingenieure sowie die der Druckluftkommission angehörenden Ärzte teilnahmen. Im ganzen mochten es etwa 200 Personen gewesen sein, die sich zu der Richtfeier vereinigt hatten. Während der Tafel erhob sich der erste Beamte der Firma Holzmann & Cie., Oberingenieur Beck. Er hieß die Anwesenden herzlich willkommen und wies auf den Zweck der festlichen Veranstaltung hin, die bei dem Durchschlag des Osttunnels am 29. März aus besonderen Rücksichten unterbleiben mußte. Er freute sich, dass es ihm vergönnt sei, nach so langer Zeit des Kampfes mit den Elementen einige fröhliche Stunden mit allen am Bau Beteiligten verleben zu dürfen. Mit warmen Worten dankte er allen, vom Ingenieur herab bis zum Arbeiter, die mutig der

Auch Feierlichkeiten können ganz schön anstrengend sein. Ein nahrhafter Abschluss hilft dann darüber hinweg.

gefährlichen Druckluft getrotzt hätten; er dankte den Ärzten von der Druckluftkommission, deren Bemühungen es zuzuschreiben wäre, dass der Tunnelbau nicht noch mehr Opfer gefordert habe und forderte die Anwesenden auf, das Andenken der Toten durch Erheben von den Sitzen zu ehren. Weiter sprach der Oberingenieur Beck Herrn Geh. Rat Bubendey, den Beamten der Baudeputation und des Baubureaus für ihr Erscheinen seinen Dank aus. Dass die hamburgische Baubehörde mit den inzwischen geschaffenen Leistungen zufrieden gewesen sei, sollte der Firma Holzmann & Cie. den Mut geben, den Elbtunnel bald fertigzustellen. Sein Hoch galt der Bauverwaltung.

Wasserbaudirektor Geh. Rat Bubendey wies in seiner Ansprache auf die Richtfeier hin. Das zu richtende Bauwerk unterscheide sich vom Hochbau dadurch, dass es unter der Erde liege. Es werde erst dem großen Publikum sichtbar, wenn die Maschinen eingebaut sind und der Verkehr eröffnet ist. Das bedeutsame Werk, das nicht viele Brüder auf der Welt hat, ist von tüchtigen Männern entworfen und ausgeführt. Von großem Werte war es, daß die Firma Ph. Holzmann & Cie. der Bauverwaltung zur Seite stand und an dem Entwurf mitarbeitete. Er beglückwünschte die Firma nicht nur für das bisher Geschaffene, sondern seine Glückwünsche begleiteten auch alle zukünftigen Arbeiten der Firma.

Im weiteren Verlauf des Mahles gedachte Baumeister Stockhausen mit allem Respekt der tüchtigen Arbeiter und trank auf ihr Wohl. In humoristischer, gewandter Weise dankte ein Arbeiter im Namen seiner Kollegen. Sie alle wären mit Freuden bereit, einen dritten Tunnel zu bauen. In zwangloser Weise blieben die an der Feier Beteiligten noch lange zusammen.«

Aber um noch einmal auf »hochgestellte Persönlichkeiten« zurückzukommen. Es muss festgehalten werden, dass der Fortgang des großen Bauwerkes unter der Elbe von Anfang an sogar selbst die »allerhöchste« Aufmerksamkeit erregt hatte. Der Kaiser selbst, Wilhelm II., hatte die Arbeiten, technikbegeistert, wie er nun einmal war, stets wohlwollend verfolgt, und nun machte er sich anheischig, höchstderoselbst das noch erst im Rohbau fertige Werk in Augenschein zu nehmen. Technikbegeistert war der Monarch ja, wie eben erwähnt, und sein über das übliche Maß hinausgehende Technikverständnis müssen selbst seine Kritiker ihm bescheinigen.

In den »Hamburger Nachrichten« vom 7. Juni 1910 hieß es: »Der Kaiser, der bekanntlich am Sonnabend, 18. d. M., von Hannover in seinem Automobil hier eintrifft und an Bord seiner bei den St.-Pauli-Landungsbrücken liegenden Jacht ›Hohenzollern‹ Wohnung nimmt, wird voraussichtlich während seiner Anwesenheit in Hamburg den im Bau befindlichen Elbtunnel besichtigen. Bei dieser Gelegenheit ist, wie wir erfahren, eine Feier größeren Stils in Aussicht genommen. Wasserbaudirektor Bubendey wird hierbei dem Kaiser in einem Lichtbildervortrag den Werdegang der imposanten Anlage vorführen.«

Am 16. Juni 1910 wusste der »Hamburgische Correspondent« in seiner Morgenausgabe sogar schon Einzelheiten zu berichten. Danach war der Besuch des Kaisers im Elbtunnel auf Montag vormittag festgesetzt. Wie es hieß, wollte sich der Monarch von der am Ostende der St.-Pauli-Landungsbrücken liegenden »Hohenzollern« kommend mit dem Staatsdampfer »Johannes Dalmann« nach dem jenseitigen Ufer begeben, dort die im Werden befindliche

Selbst der Kaiser zeigte »Allerhöchstes Interesse« an dem Bauwerk in der Hansestadt, links neben ihm Hamburgs Bürgermeister Burchard. Außerdem gehörten u. a. zu seiner Begleitung der 2. Bürgermeister Predöhl, Major Graf Zeppelin, Prinz Heinrich von Preußen, Baurat Wendemuth und Otto Stockhausen.

Der Besuch des Kaisers ist beendet.

Eingangshalle in Augenschein nehmen und dann in den Einfahrtschacht hinabsteigen. »Auf der Sohle angekommen«, fuhr der Berichterstatter fort, »wird der Kaiser seine Blicke über den gegenwärtig nicht passierbaren Westtunnel schweifen lassen und sich dann dem kürzlich durchgebrochenen Osttunnel zuwenden, der unter sachverständiger Führung langsam durchschritten werden soll.«

Genau in der Mitte des Tunnels sollten der Kaiser und sein großes Gefolge auf einem bequemen Podium Platz nehmen. »In dem Tunnel selbst wird bis auf Plattformhöhe eine Projektionswand eingefügt, auf die unter fast gänzlicher Ausschaltung der elektrischen Beleuchtung die den Bau des Tunnels in seinen verschiedenen Phasen wiedergebenden Lichtbilder, die den Vortrag des Wasserbaudirektors Geheimrat Prof. Bubendey illustrieren, dargestellt werden sollen. Nach dem in knapper Form gehaltenen Vortrag flammt das Licht wieder auf, die Leinwand wird aufgerollt und der Kaiser durchschreitet den Rest des Tunnels, um sich durch den Einfahrtschacht St. Pauli an die Oberfläche zu begeben. Am Eingang der diesseitigen Eingangshalle sollen eine Anzahl Pläne, Zeichnungen und Profile vom Tunnelbau angebracht werden, daß der Kaiser, wenn es ihm beliebt, sich hier noch einmal über die gewaltige Anlage informieren kann. Im Tunnel selbst werden keine Ausschmückungen vorgenommen, die Bauleitung wird sich lediglich auf die Herstellung einer durchaus sicheren, an beiden Seiten mit Geländern versehenen Wandelbahn beschränken, die ein angenehmes Passieren des tief unter dem Spiegel des Elbstromes liegenden Weges zuläßt. Für beide Einfahrthallen ist Flaggen- und Girlandendekoration vorgesehen. Nach dem Verlassen des Tunnels begibt sich der Kaiser auf seine Jacht zurück.«

So geschah es dann auch tatsächlich am 18. Juni 1910. Man mag zu solchen Worten und zu der Aufmerksamkeit, der sich derartige Besuche erfreuten, stehen wie man will, damals war es jedenfalls so, dass ein solcher Besuch und das damit bekundete »allerhöchste« Interesse durchaus als Auszeichnung gewertet wurde, auch in der alten Hansestadt Hamburg, die sich bei vielen Gelegenheiten ja stets ganz besonders ihrer republikanischen Gesinnung rühmte – und, nicht zu vergessen, immer noch rühmt. Viel war davon bei den Kaiserbesuchen und anderer Gelegenheiten nicht zu bemerken. Aber die Zeiten waren eben mal so und mal so.

Einfahrthalle St. Pauli
im Bau – Mai 1911.

Der Vollendung entgegen

Senat und Bürgerschaft hatten sich zwar unter anderem mit derartig spektakulären Besuchsplänen zu befassen, in der Regel aber mit wesentlich realistischeren Dingen – natürlich auch, was den Elbtunnel betraf. So war beispielsweise Mitte 1910 die Frage zu debattieren bzw. zu entscheiden, ob die Elektrizität in der ursprünglich vorgesehenen Form, nämlich durch die städtischen Elektrizitätswerke, erfolgen sollte oder ob eine eigene Kraftstation doch zweckmäßiger wäre.

Durch den zwischenzeitlich vollendeten Neubau der St.-Pauli-Landungsbrücken sowie durch die Angliederung der für Zollabfertigungszwecke bestimmten ausgedehnten Baulichkeiten beim Tunnelschacht auf Steinwärder war ein Konsumgebiet von so hohem Energiebedarf entstanden, dass dafür die Installation einer eigenen Kraftzentrale wirtschaftlich gerechtfertigt erschien. Hinzu kam, dass sich mit einer solchen Kraftstation außer den erwähnten Bauwerken auch noch die in der Nähe gelegene Staatswerft und der Staatszimmerplatz, dessen kleine Zentrale ohnedies bald ersetzt werden musste, mit elektrischer Energie versorgen ließen. Außerdem könnte im Bedarfsfall das umliegende Gebiet auf Steinwärder angeschlossen und damit ein häufig geäußerter Wunsch der dortigen Pächter nach elektrischem Strom erfüllt werden. Über die wirtschaftlichen Überlegungen hinaus gab es wichtige technische Gründe für eine eigene Versorgungsstation. So wurde argumentiert, dass von einer in unmittelbarer Nähe der Verbrauchsstellen liegenden Kraftstation aus die Netzspannung sehr gleichmäßig gehalten und dadurch nicht nur ein exaktes Arbeiten der elektrischen Apparate, sondern auch ein auf den Punkt genaues Anhalten der Aufzüge und eine zuverlässigere Abstufung ihrer Fahrgeschwindigkeit zu erzielen war.

Eile war bei der Entscheidungsfindung geboten, da die ins Auge gefasste Kraftstation ja mindestens gleichzeitig mit dem Tunnel fertig sein musste. So sollte es dann auch sein. Im Januar 1911 wurde das Fundament ganz in der Nähe des Steinwärder-Einfahrtschachtes gelegt. Und doch klappte es allerdings, um es gleich vorab zu sagen, nicht ganz. In der ersten Zeit nach der Eröffnung des Tunnels musste dessen Versorgung mit elektrischer Energie nämlich zunächst behelfsmäßig über eine auf dem Kraftwerksgelände aufgestellte Dampflokomotive erfolgen. Sie sicherte den Übergang so lange, bis das Kraftwerk in Betrieb gehen konnte.

Am Tunnelbauwerk selbst ging es Schritt für Schritt voran. In der ersten Septemberhälfte 1910 hatte die Firma H. C. E. Eggers & Co., Hamburg, an der Einfahrtshalle St. Pauli zur Vorbereitung der Montage der Kuppelkonstruktion mit der Aufrichtung eines hölzernen Gerüstes begonnen. Es trug auf der obersten Plattform einen Auslegerkran, mit dem die Konstruktionsteile der etwa 22 Meter im Durchmesser betragenden Kuppel innerhalb einer Woche montiert wurden. Sehr rasch ging auch das anschließende Ausbetonieren der Konstruktion vonstatten.

Gut einen Monat danach war die aus Tuffstein ausgeführte St.-Pauli-Eingangshalle in ihrer äußeren Gestalt fast fertig gestellt. Selbst die für die Fahrstühle bestimmten sechs Windenmaschinen hatten schon ihren Platz gefunden. Ein Beobachter bezeichnete den Eindruck, den die Gesamtausführung der Halle hervorrief, als überaus günstig. Dasselbe ließ sich aber seiner Meinung nach von dem Steinwärder-Einfahrtschacht nebst Halle nicht gerade behaupten, da sie aus Rotstein erbaut werde, was an sich schon eine düstere Stimmung hervorriefe. Etwas Leben in dieses eigenartige Bild würde aber vielleicht später noch, so ließ er wenigstens hoffen, der aus Granitsäulen getragene Eingang bringen.

Einen guten Überblick über den Stand der Bauarbeiten gegen Ende des Jahres 1910 gab ein Besucher, der zu dieser Zeit Gelegenheit erhielt, den im Rohbau mehr oder weniger fertigen Tunnel zu besichtigen. 133 Stufen führten ihn auf Steinwärder bis zur Sohle des Schachtes hinab, begann sein Bericht: »Die riesigen Eisengerüste, die die Fahrstühle tragen sollten, waren fast fertig montiert. Über der Erde erhob sich die aus Ziegelsteinen erbaute Einfahrtshalle mit den nach Süden offenen Toren schon fast in ihrer ganzen Höhe. Im Schacht selbst waren noch immer die die Wände bildenden kahlen Betonmassen zu sehen, allerdings waren an den Seiten, den Fahrstuhlgerüsten gegenüber, bereits die Treppen eingelassen worden. Den Boden des Schachtes bildete ein Betonklotz, der die gleiche Höhe hatte wie die Fahrstraßen in den Tunneln. Zwischen dem Fahrstuhlgerüst aber lag sein Niveau tiefer, damit die Fahrstühle genügend tief abgesenkt werden konnten. An der Nordwand, an der sich die beiden Tunnelöffnungen befinden, war man damit beschäftigt, die früher rechtwinklig aneinanderschließende Wandung des Schachtes und die Decke des Tunnels mit einer leicht gewölbten Rundung zu versehen, um damit einen harmonischen Übergang aus der senkrechten in die waagerechte Linie zu schaffen.

An der Mündung des Osttunnels in den Schacht waren noch einige der eisernen Kreissegmente sichtbar, die zuerst eingebaut worden waren und die während des Vortriebs das eindringende Wasser abhielten. Wenige Schritte in den Tunnel hinein begann aber bereits die Betonverkleidung. Die Decke zeigte sich gewölbt, während die Seiten senkrecht geworden waren. Der früher sechs Meter betragende Durchmesser war dort infolge Anbringung von Telefonleitungen in eine dicke Betonschicht auf 4,7 Meter vermindert worden. Der waagerecht liegende Boden war ebenfalls künstlich erhöht worden. Durch die geschilderten Veränderungen war von der ursprünglich kreisrunden Form nichts mehr zu merken, dagegen hatte der Besucher das Gefühl, als sei der Querschnitt des Tunnels anscheinend oval, natürlich abgesehen von den geraden Seiten und Bodenlinien. Bis etwa zur Mitte des Tunnels war die gewölbte Decke bereits mit weißen Verblendsteinen belegt. An einer Stelle war auch die Seitenwandung versuchsweise mit hellgrauen Kacheln bekleidet. Die beiden Farben vermittelten dem Betrachter einen angenehmen Kontrast und ließen den dem Tageslicht nicht zugänglichen Tunnel in sehr freundlichem Licht erscheinen.

Je weiter man, den Osttunnel durchquerend, zur St.-Pauli-Seite kam, desto weniger weit war die Bekleidung des Tunnels fortgeschritten. Zuerst verschwanden die Verblendsteine an der Decke, dann sah man noch offene Stellen an den Seiten, in die noch die Telephonröhren eingelegt wurden, und schließlich, gerade wie am anderen Ende, konnte man noch einmal das mächtige Eisengerippe des Tunnels erblicken, das gerade mit Beton ausgefüllt wurde.

Die Straße war in ihrer ganzen Länge fast fertiggestellt. Der aufgehöhten Betonsohle fehlte nur noch die Pflasterung. Ebenso standen die Kantsteine des Trottoirs bereit und es bedurfte nur noch des Einsetzens der Monierplatten. Das konnte jedoch erst erfolgen, nachdem die Wasser- und Kanalisationsrohre eingelassen waren.

Dem späteren Baubeginn entsprechend war der Westtunnel in seinem Ausbau gegenüber der anderen Röhre weiter zurück. Größtenteils war in ihm die Betonierung beendet. An manchen Stellen wurde aber auch daran noch gearbeitet.«

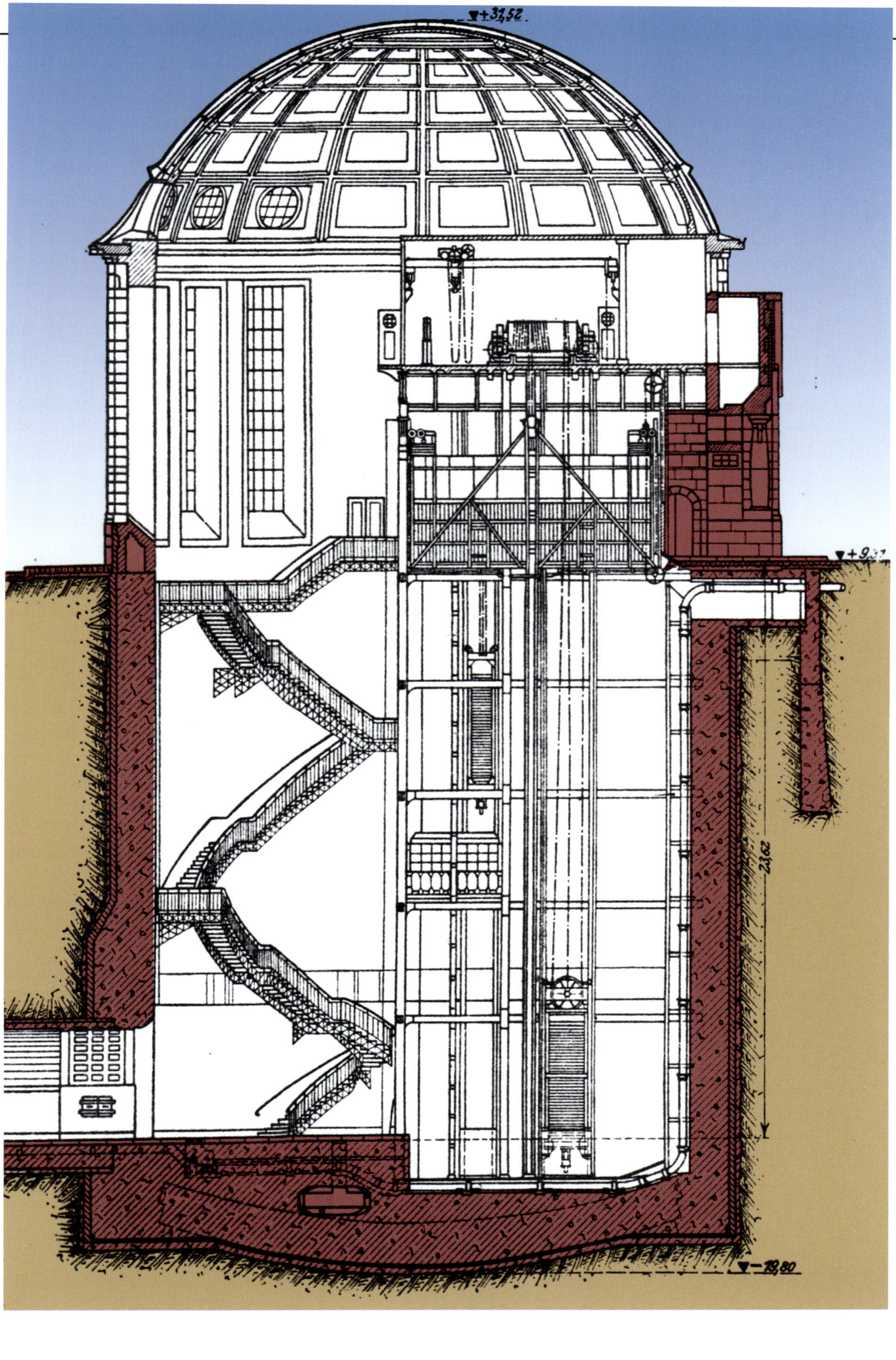

Schnitt durch die Einfahrthalle St. Pauli mit Treppe und Aufzügen.

Montage der Fahrgerüste und Aufzüge (Mai 1911).

Abschließend führt der Besucher aus: »Ganz unbewußt wandert man so unter der Elbe hindurch ans andere Ufer und ist geradezu erstaunt, wenn man, schneller als gedacht, den jenseitigen Schacht erreicht. In ihm ist das gleiche Bild wie auf Steinwärder. Nur wenige Handschläge sind noch an den Fahrstuhlgerüsten nötig. Die Tunnel werden in gebogener Linie mit der Schachtwandung verbunden, und in steile Höhe hinaus ragt der massive Schacht, umgeben von der elegant in Tuffstein ausgeführten Eingangshalle, der bald die riesige eiserne Kuppel mit Kupferabdeckung aufgesetzt werden wird. Beim Durchwandern des Tunnels beschleicht den Besucher nur das Gefühl des Staunens. Nicht einen Augenblick kommt der Gedanke einer etwa lauernden Gefahr. Die Temperatur ist wenig höher als in der freien Luft, und die Luft selbst ist gut ventiliert und nur verunreinigt durch die Kohlengase der Feldschmieden, die dort noch arbeiten, später aber ja nicht mehr in Betracht kommen. So geht der Bau langsam aber sicher seiner baldigen Vollendung entgegen.«

Dringend erforderlich war es, rechtzeitig bevor der Tunnel dem Verkehr übergeben wurde, die direkte Straßenverbindung über den Grevendamm nach den Häfen Kuhwärder, Roß und Neuhof so auszubauen, dass sie imstande waren, den zu erwartenden lebhaften Fuhrwerks- und Personenverkehr in ausreichender Weise zu bewältigen. Nachdem die Aufteilung und Gestaltung des Geländes zwischen dem Kuhwärderhafen und dem Norderloch endgültig festgelegt war, legte die Sektion für Strom- und Hafenbau den Entwurf einer neuen Straßenverbindung vor, deren Linienführung so gewählt war, dass die vorhandenen Straßenzüge des Reiherdamms und Grevendamms nach Möglichkeit geschont wurden. Die Kosten für diese Straßenbauten waren mit 360 000 Mark veranschlagt.

Anfang 1911, es sollte das Jahr der Eröffnung werden, waren die Außenbauten, die Einfahrtschächte, so weit gediehen, dass Nichteingeweihte davon ausgingen, dass die Übergabe an den Verkehr in wenigen Wochen erfolgen würde. An dem St.-Pauli-Bau war die Beplattung der Kuppel fast vollendet und auch die Steinmetze waren schon bei der Arbeit, um das Gestein mit Figuren und Ornamenten zu verschönern. Bei aller Liebe zum Detail und zur Schönheit, denn so war sie ja auch gedacht und weitgehend anerkannt, kam später doch vereinzelt Kritik auf, dass man unter anderem zwar die Köpfe und Namen aller jener Herren verewigt hatte – von Baumeister Stockhausen und Braut soll nicht die Rede sein –, die in herausragender Position für das Gesamtbauwerk Verantwortung getragen haben, dabei doch nicht nur vergessen hatte, an die so eminent wichtigen Tunnelärzte zu erinnern, sondern auch an die Männer, die Opfer der seinerzeitigen besonderen Arbeitsbedingungen geworden sind.

Auf der Steinwärder-Seite waren die Zimmerleute zwar erst bei der Verschalung des Daches der Einfahrthalle, und mit dem Auslegen der Kupferplatten war noch nicht begonnen worden, aber die gesamte Umgebung hatte inzwischen ein ganz anderes Gesicht bekommen. Dicht an der Eingangshalle waren Bauarbeiter dabei, zwei Zollgebäude zu errichten, von denen eines bereits mit Dach vollständig fertig war. Daneben waren Handwerker beschäftigt, das Fundament für die neue Kraftstation, die bereits weiter vorn schon erwähnt worden ist, zu schaffen und die alte Polizeiwache Ecke Grevendamm und Neuhoferstraße sollte in den nächsten Tagen abgebrochen werden. Damit wäre dann das letzte Erinnerungsstück an vergangene Zeiten verschwunden. Sieben alte Häuser hatten schon vorher dem Bau weichen müssen. Obwohl nun alles so schien, als müsse nur noch letzte Hand angelegt werden, gab es dennoch viel zu tun. Das galt vor allem für die Ausbauarbeiten unter der Erde bzw. Elbe und nicht zuletzt würden auch umfangreiche Tests, die für den Betrieb der Fahrstühle – sollten sie erst einmal installiert sein – geplant waren, noch Zeit in Anspruch nehmen. Also mit dem Startsignal für den Verkehr war es zunächst noch nichts.

Über mangelndes Interesse hatten sich die Hamburger Tunnelbauer eigentlich nie zu beklagen brauchen. Man betrieb auch damals schon bewusst Öffentlichkeitsarbeit, nicht zuletzt musste der Senat das Millionending ja den Hamburger Steuerzahlern »verkaufen« – obwohl er aber gerade hier wohl offene Türen einrannte. Nun, da die Leute meinten, dass der Tunnel fast fertig sei, nahmen die Anfragen für Besichtigungstermine von örtlichen und auswärtigen Vereinen, Schulklassen und Einzelpersonen derart überhand, dass sich die Wasserbaudirektion genötigt sah, die Presse zu bitten, der Öffentlichkeit mitzuteilen, dass grundsätzlich keine Besichtigungsgenehmigung mehr erteilt würde. Gerade der gegenwärtige Bauzustand, der gekennzeichnet war durch Verlegen von Leitungen aller Art, Pflastern der Fahrbahn, Bekleiden der Wände mit Platten, das Einbauen der Aufzüge und Malen von Holz- und Eisenteilen, barg schon genug Durcheinander in sich, das die Bauleitung nicht noch durch dazwischen umhertapsende Besucher vergrößern wollte.

Ja, und dann, wohl ergriffen von einem allgemeinen Eröffnungsfieber, das vielerlei Zirkel mit allerlei Spekulationen beschäftigte, kam schon wieder der Kaiser ins Gerede – positiv natürlich. Wilhelm II. sollte, so berichteten es die Gazetten, die es wie immer ganz genau wussten, die Absicht haben, mit eigener Hand am 17. Juni den Elbtunnel zu eröffnen. Nach einer Besichtigung des Königs-Ulanen-Regiments wollte der Kaiser, so wurde berichtet, mit eigenem Automobil von Hannover kommend, das am 18. Juni stattfindende Horner Rennen, das Deutsche Derby, besuchen und praktisch auf dem Wege, in einem Zuge, tags zuvor, da man ja schon mal in Hamburg war, die neue Elbunterquerung ihrer Bestimmung übergeben. Nach der Tunneleröffnung und dem Derby sollte es dann gleich weitergehen nach Brunsbüttel, wo tags darauf der Startschuss für die Segelregatta des Norddeutschen Regatta-Vereins fallen sollte. Es ging bei dieser Gelegenheit auch das Gerücht um, dass bei dieser sich ja durchaus anbietenden Gelegenheit der Tunnel auf den Namen des Kaisers getauft werden sollte. Warum aber eigentlich auch nicht, wo so viele Bauwerke überall in der Welt auch heute noch den Namen irgendeines Mitglieds der herrschenden Familie oder eines Präsidenten o. Ä. tragen und der Globus dadurch noch lange nicht aus den Fugen geraten ist. Eine Bestätigung aus irgendeiner Quelle für dieses Gerücht ist allerdings nirgendwo zu finden. Lassen wir es also bei dem berühmten »Küstenklatsch«. Auch die Senatskanzlei dementierte alle diese Meldungen bzw. Gerüchte umgehend. Alles das, was sowohl den Kaiser betraf als auch den genannten Eröffnungstermin, entbehre jeglicher Grundlage, hieß es.

Bis zur Eröffnung ist noch viel zu bewegen: der Bauzustand des Elbtunnels auf Steinwärder am 1. Mai 1911.

Blick auf den Komplex Steinwärder. Das Foto zeigt den Bauzustand am 7. September 1911 unmittelbar vor der Öffnung für den Fußgängerverkehr.

Tunnelwärter in ihren »schmucken graugrünen Uniformen«.

Mitte April sprachen die »Hamburger Nachrichten« davon, dass die »Zyklopenarbeit am Bau des Tunnels« jetzt in Riesenschritten ihrem Abschluss entgegengehe und im »Hamburger Fremdenblatt« vom 11. Juli 1911 gab es noch einmal einen anschaulichen Situationsbericht:

»Am Eingang zum Tunnel sind zwei Wärter in der schmucken graugrünen Uniform der Aufsichtsbeamten des Elbtunnels aufgestellt, die in strammer Haltung den Besuch (Mitglieder der Bürgerschaft mit ihren Damen) begrüßen. Einhundertdreiunddreißig Stufen geht es dann auf schön geschwungenen Treppen in die Tiefe. Eine herrliche Kühle umfängt uns. Die Menschen, die dort unten auf dem Grunde der Halle ihrer Arbeit nachgehen, erscheinen ordentlich klein, und erst wenn wir zu ihnen hinabgestiegen sind, wachsen sie zu ihrer natürlichen Größe auf. Unten in der Tiefe imponieren die gewaltigen Dimensionen dieses Einsteigschachtes; indessen oben der helle Sonnenschein zu den Fenstern hineinflutet, dient unten, fast 20 Meter unter Hochwasser der Elbe, elektrische Beleuchtung zur Erhellung des gewaltigen Raumes. Und während die Aufzüge vor den Augen der Zuschauer auf- und niedersteigen, erfaßt sie eine tiefe Ehrfurcht vor den Wundern der Technik, vor der Gewalt des Menschen, der hier im Kampfe mit den Elementen der Sieger geblieben ist. Dann wendet man sich den beiden Tunnelschächten zu. Man glaubt, in eine endlose Tiefe hinabzuschauen, die von elektrischen Glühlampen, die sich wie Perlen aneinanderreihen und deren Licht von den spiegelglatten Kachelwänden reflektiert wird, erleuchtet ist. Der Tritt des Menschen verhallt hier in der ungeheuren Weite, und nur die staunenden Ausrufe der Bewunderung schallen von den Wänden zurück, während man unter der Elbe hindurch durch den Schacht hindurchschreitet. Ganz sicher fühlt man sich, als ob nicht ungeheure Massen von Wasser und Erde sich über einem auftürmen und als Elemente das Gebilde von Menschenhand jeden Augenblick zu zerstören bemüht wären. Und doch spürt man ihre Gewalt! Baumeister Stockhausen öffnet einen Hahn, und sofort springt ein mächtiger Strom Grundwasser hervor, wie um zu zeigen, dass die Mächte, die hier dicht nebenan und über uns in dem Erdboden schlummern, nur gebändigt, nicht überwunden sind. Im Tunnel an der St.-Pauli-Seite werden nicht wieder die Treppen erstiegen; das würde manchen wohl doch recht schwer geworden sein. Diesmal führt uns einer der mächtigen Aufzüge nach der Oberwelt zurück, und wie wir aus der Halle heraustreten, umfängt uns wieder die Mittagsglut; indessen es unten still war und nur hin und wieder verloren das Geräusch eines Hammerschlages oder eines schrillen Kommandopfiffes durch den Schacht drang, umbraust uns hier gleich wieder der lebhafte Verkehr des Tages und gibt uns eine Vorstellung davon, welch ein gewaltiges Hin- und Herströmen von Menschen im Tunnel herrschen wird, wenn er erst eröffnet ist, und um den frühen Beginn der Arbeitszeit, zur Mittagsstunde und am Abend der Schritt der Arbeiterkolonnen diese mächtigen Hallen durchdröhnen wird. Wenn wir uns auf Steinwärder dem Tunnel nähern, finden wir wesentliche Umgestaltungen. Eine Reihe von alten Wohnhäusern, darunter auch die Polizeiwache, ist verschwunden, der Grevendamm führt als bequeme Fahrstraße nach den Kuhwärder Häfen und um die interessante Einfahrthalle des Elbtunnels sind mehrere Reihen neuer Gebäude entstanden. Rechts ein langgestrecktes Gebäude für den Verkehr nach dem Zollinlande, links ein zweites, etwas kleineres, für die Ausgangsabfertigung. Hinter diesem die Gebäudegruppe des elektrischen Kraftwerks Steinwärder, dessen Akkumulatoren bereits in Betrieb sind. Innerhalb des durch die Zollgebäude und Tunnelschacht gebildeten, von einem Zollgitter umschlossenen Vorhofes erheben sich zwei zierliche Wiege- und Kassenhäuschen. Dahinter öffnen sich die vier Ein- und Ausfahrttore der Einfahrtshalle. Das Hamburger Wappen im Giebel deutet an, dass ein neues eigenartiges Tor zur inneren Stadt Hamburg geschaffen wurde. Wir biegen um das Schachtgebäude herum zu den Eingängen für die Treppen und befinden uns auf einem Podest im Innern des vierzig Meter hohen Schachtes. Zur Rechten haben wir das Fahrstuhlgerüst mit den Kabinen der sechs darin untergebrachten Fahrstühle, zur Linken hohe Fenster, die das Tageslicht bis auf die Sohle des Schachtes fallen lassen, so daß eine künstliche Beleuchtung in den Schächten tagsüber entbehrlich ist. Unter den Fenstern stellt eine Reihe von Terrakotta-Figuren Typen der im Elbtunnel beschäftigt gewesenen Arbeiter dar: Erdarbeiter, Zimmermann, Eisenarbeiter, Meßgehilfen, Maurer und Elektriker.

Wir steigen in mehreren Windungen die kühn ausgetragene Treppe hinunter und befinden uns auf der Sohle des Schachtes. In sechs Meter Höhe über dem Fußboden zieht sich ein Terrakotta-Fries, den Triumph des Menschen über die vier Ur-Elemente darstellend. Die Erde wird mit einem Trockenbagger überwunden, das Feuer in der Bessemer Birne in den Dienst des Menschen gestellt, das Wasser von einem Unterseeboot durchfurcht, in der Luft tummeln sich Flugzeug und ein lenkbares Luftschiff.

Vor uns öffnen sich die beiden Tunnelrohre, durch elektrische Lampen hell erleuchtet. Deutlich zeigt die scharfe Linie der Lampen, daß der Tunnel sich nach der Mitte zu um 1,5 Meter senkt, um dann 100 Meter waagerecht zu gehen und dann nach dem Schacht St. Pauli zu wieder aufzusteigen. Die Knickpunkte des Gefälles sind durch in der Wölbung des Tunnels angeordnete Lampen klar bezeichnet, und auch in der Architektur klar hervorgehoben. Die Fahrbahn unten enthält Granitspurplatten für die Wagenräder, dazwischen Asphaltbelag, rechts und links Fußwege, die für zwei Personen Platz bieten. Wir gehen durch den Tunnel hindurch. Damit wir nicht vergessen, daß wir unter dem Wasser uns befinden, finden wir rechts und links Darstellungen aller möglichen Wassertiere, sogar Ratten, die sich einen alten Stiefel zum Spielplatz erkoren haben. Türen in den Seitenwänden führen in großen Abständen zu den rechts und links verlegten elektrischen Leitungskabeln, kleinere Türen verdecken Wasserzapfhähne und deuten durch ihre bildlichen Darstellungen in humoristischer Weise ihre Bestimmung an. So werden wir bis nach St. Pauli hindurchgeführt, indem wir in der Mitte 21 Meter unter dem Spiegel der Elbe uns befanden.

Der Schacht St. Pauli bietet denselben imposanten Eindruck wie der in Steinwärder. Über den Tunnelröhren hin zieht sich ein Terrakottafries, der nach den Entwürfen des Bildhauers Perl die Baugeschichte des Tunnels darstellt. Auf dem ersten Bild sehen wir die Figur der Stadt Hamburg, ihren Ingenieuren den Auftrag erteilend, den Tunnel zu bauen und dem Unternehmer einen Beutel Geld zureichend. Das zweite Bild zeigt uns die Arbeiter beim Bauen, in der Mitte den erwartungsvoll horchenden Berggeist. Das dritte Bild stellt den Durchstich dar, das vierte die Eröffnung. Oben in der Höhe unter den Fenstern zeigt in ähnlicher Weise wie in Steinwärder ein Kranz von Terrakotta-Figuren die geistigen Mitarbeiter, deren Zusammenwirken zum Gelingen des Baues notwendig war: den Urheber des Projektes, den Veranschlager der Kosten, den Tunnelkonstrukteur, den Konstrukteur des Vortriebsschildes, den Maschinen-Ingenieur und den Architekten.

Wir treten hinein in einen der Aufzüge, die bis zu 130 Personen auf einmal fassen können, und werden in 35 Sekunden bis zur Erdoberfläche emporgehoben, wo wir durch das Portal auf die Straße hinaustreten können. Die Einfahrtshalle in St. Pauli ist reicher gehalten als die in Steinwärder. Eine in Stein gehauene Darstellung an ihrem Giebel zeigt, wie unter der Elbe und ihrem Dampferverkehr hindurch

Der Terrakottafries im St.-Pauli-Schacht thematisiert die Baugeschichte des Tunnels in vier Stadien:

Auftrag

Bau

Durchstich

Eröffnung

Gebührentarif für die Benutzung der Aufzüge

Personen . . . . frei

Handgepäck, eigenes Werkzeug. . . . . frei

Sperrgut, größere Körbe und Kannen, Fässer, Koffer, Kisten, Säcke, Fahrräder, Kinderwagen . . . . . M 0,05

Hunde (sonstige Tiere dürfen nur im Wagen durch den Tunnel befördert werden) . . . . M 0,10

Karren, Handwagen, Motorräder . . . . M 0,25

Droschken, Personenautos, leere Lastwagen, Pferde und Esel, geführt (siehe die Bemerkung für die Beförderung von Hunden) . . M 0,50

Beladene Lastwagen und Gesellschaftswagen bis 4000 kg Gesamtgewicht . . . . M 1.00

Wie vor bis **6000 kg** Gesamtgewicht. . . . . M 2.00

Wie vor bis **10000 kg** Gesamtgewicht . . . . M 4.00

das arbeitende Steinwärder und das lustige St. Pauli sich die Hände reichen. Über den Eingängen zu den Personenfahrstühlen finden wir Darstellungen des abschiednehmenden und heimkehrenden Arbeiters. Noch verlassen wir die Stelle nicht, ohne die Treppen der Einfahrtshalle zu dem die ganze Vorderseite einnehmenden Maschinenraum hinaufgestiegen zu sein. Da stehen später, dem großen Publikum verborgen, die sechs mächtigen elektrischen Winden, die größeren von ihnen mit zwei Elektromotoren, neben ihnen die Steuerapparate. Um den Raum umher lagern sich Aufenthalts-, Wasch- und Vorratsräume für das Betriebspersonal.«

Zum ersten Mal konnte jetzt auch ein Gebührentarif für die Benutzung der Aufzüge veröffentlicht werden. Die Gebühren für die Aufzüge geben Gelegenheit, auf die Aufzüge selbst, unzweifelhaft die wichtigsten Teilstücke des Elbtunnels auf beiden Seiten, überzuleiten. Sie waren von der Firma Otis geliefert und inzwischen montiert, um eingehenden Erprobungen unterzogen zu werden. Pannen sollte es so wenig wie möglich geben. Unglücksfälle hoffentlich gar nicht.

Die Firma Otis beschreibt in einer aus Anlass der Elbtunneleröffnung herausgegebenen Firmenschrift die Anlage folgendermaßen. Zu weit gehende technische Details sind hier weggelassen, jedoch sind die Ausführungen durch einige Angaben des Baumeisters Stockhausen ergänzt: »An beiden Seiten des Tunnels befinden sich die Fahrschächte mit einem lichten Durchmesser von 22 Metern. In jedem von ihnen laufen sechs Aufzüge verschiedener Größen symmetrisch zur Mitte angeordnet. Die beiden mittleren von je 10 t Tragkraft sind für schwere Fuhrwerke bestimmt, die beiden nächstfolgenden Aufzüge mit je 6 t Tragkraft für mittlere und kleinere Fuhrwerke und die beiden äußeren mit je 2,4 t Tragkraft für den Personenverkehr.

Zu Zeiten des täglichen großen Haupt-Arbeiter-Verkehrs, abends und morgens, und bei sonstigem großen Personenandrang, bei Festlichkeiten, Stapellauf usw. sollen auch die Wagenaufzüge zu der Personen-Beförderung hinzugezogen werden. Dann fassen die großen Aufzüge je 130 Personen, die mittleren je 80 Personen und die kleinen je 26 Personen. Unter der Annahme, daß jede volle Fahrt etwa 2 – 3 Minuten dauert, können bei ununterbrochenem Betrieb zu Zeiten großen Personenverkehrs zirka 6 – 7000 Personen in 30 Minuten durch den Tunnel befördert werden. Während dieser Massenbeförderung wird der Wagenverkehr ganz oder teilweise eingestellt. Die Leistung der Aufzüge kommt ungefähr derjenigen der elektrischen Stadt- und Vorortbahn Blankenese – Ohlsdorf gleich. Letztere befördert bei äußerster Ausnutzung, also 3-Minuten-Betrieb und mit Zügen aus vier Einheiten bestehend, in einer halben Stunde zirka 5000 Personen.

Die Fahrtiefe bzw. Fahrhöhe der Aufzüge ist gleich der Schachttiefe von der Einfahrts- bis zur Ausfahrtshöhe und beträgt 23,5 m. Der Fahrkorb der großen Lastenaufzüge legt diesen Weg mit Belastung in zirka 35 Sekunden, der Fahrkorb für kleinere Lastenaufzüge in zirka 30 Sekunden und der Fahrkorb der Personenaufzüge in zirka 25 Sekunden zurück, einschließlich der Beschleunigungs-Verzögerungs-Perioden.

Zur Reserve und für den Notfall sind in jedem Schacht doppelte Nottreppen in leichter Eisenkonstruktion eingebaut, die dem Publikum offen stehen. Weil sie aber 145 Stufen zählen, werden sie im regelmäßigen Betrieb sehr wenig benutzt. Für einen Massenverkehr sind sie ohnehin wegen ihrer auf 1,40 m festgesetzten Breite nicht geeignet.

Das Heben und Senken der Fahrkörbe erfolgt durch elektrisch angetriebene Winden, die, wie schon vorher angeführt, mit all ihren Hilfsmaschinen und Steuerapparaten im ersten Stock der Einfahrtshalle aufgestellt sind. Behufs ruhigeren Ganges der Aufzüge sind die Winden auf Korkunterlagen montiert. Die Winden der Lastenaufzüge werden von zwei Motoren und die der Personenaufzüge mit einem Motor durch Schnecken und Schneckenräder angetrieben. Die elektrische Ausrüstung eines Aufzuges besteht außer den Motoren des Windenwerkes, aus einer selbsttätigen Anlassschaltvorrichtung mit einer Anzahl Steuermagneten, sog. Schützen, die die Kontakte herstellen, und drei Fahrschaltern, je einen an den Zugängen zum Fahrkorbe selbst; ferner sind verschiedene Streckenkontakte am Ende der Hubbahn des Fahrkorbes und Kontakte an den Türen vorgesehen.

Der Betriebs- und Schaltvorgang eines Aufzuges ist dann folgender: Der Fahrkorb des Aufzuges steht z.B. eben und soll nach unten gefahren werden. Der Wärter steckt, nachdem er sämtliche Türen geschlossen hat, eine abnehmbare Kurbel auf den Fahrschalter und schließt durch Drehen die Kontakte desselben, dadurch wird der Umschalter des Kontrolleurs auf Niedergang gestellt und die Steuerapparate und Motore erhalten Strom. Der Fahrkorb setzt sich langsam in Bewegung. Der Beschleunigungsmagnet, der direkt mit den

Das Heben und Senken der Fahrkörbe erfolgt durch elektrisch angetriebene Winden, die im ersten Stock der Einfahrthalle Steinwärder aufgestellt sind.

Klemmen des Motorankers verbunden ist, wird mit zunehmender Geschwindigkeit des Motors immer mehr erregt und schaltet der Reihe nach die vorgeschalteten Widerstände des Hauptstromfeldes aus, bis der Fahrkorb auf normale Geschwindigkeit beschleunigt worden ist. Jetzt wird auch das Hauptstromfeld unterbrochen und nur das Nebenschlußfeld erhält noch Strom. Der Motor arbeitet nur als Nebenschlußmotor und erteilt dem Fahrkorb seine normale und immer gleich bleibende Fahrgeschwindigkeit. Ungefähr 3,6 m vom unteren Podest entfernt, öffnet der Fahrkorb, der mit einem Kurvenstück versehen ist, den ersten Streckenkontakt, und dessen zugehöriger Magnet oder Schütze schaltet einen Ankerwiderstand und das Extrafeld mit vorgeschaltetem Widerstand ein. Dadurch wird die Tourenzahl des Motors verringert und die Geschwindigkeit des Fahrkorbes verzögert. Der zweite Streckenkontakt wird ca. 1,8 m vom unteren Podest durch die Kurve des Fahrkorbes geöffnet und dessen Schütze schließt den Kontakt des Belastungsmagneten, der an den Klemmen des Motorankers liegt. Je nach der Belastung des Fahrkorbes schaltet der Belastungsmagnet mehr oder weniger von dem vorgeschalteten Widerstand des Extrafeldes aus, und die Verzögerung fällt dadurch größer oder kleiner aus. Bei voller Last wird also die Verzögerung größer als bei kleiner Last, und der Fahrkorb kann hierdurch bei jeder Belastung automatisch an derselben Stelle anhalten.«

Drei Dieselgeneratoren von je 135 kW Leistung liefern die Energie für den Betrieb der Fahrkörbe, aus Sicherheitsgründen gepuffert durch zwei Batterien, eine für den Betrieb, die andere für die Beleuchtung.

Abschließend noch ein Blick auf das Kraftwerk, das vor allem ja dem Betrieb der Fahrkörbe diente. Von ihm wurden 480 V Gleichspannung durch drei Dieselgeneratoren von je 135 kW Leistung bei 195 U/min erzeugt und in einer Pufferbatterie von 532 Ah und einer Lichtbatterie von 216 Ah gespeichert. Zum Versorgen des umliegenden Gebietes mit hochgespanntem Drehstrom waren darüber hinaus zwei Motorengeneratoren von je 100 kVA Leistung vorhanden. Und um dies gleich vorwegzunehmen, von 1919 an sind die Dieselgeneratoren nur noch zur Spitzendeckung und bei Notfällen eingesetzt worden. Die Energie wurde von da an über die beiden Motorgeneratoren von den Hamburgischen Elektricitätswerken bezogen. Dieser Zustand bestand bis zum Beginn des Zweiten Weltkrieges.

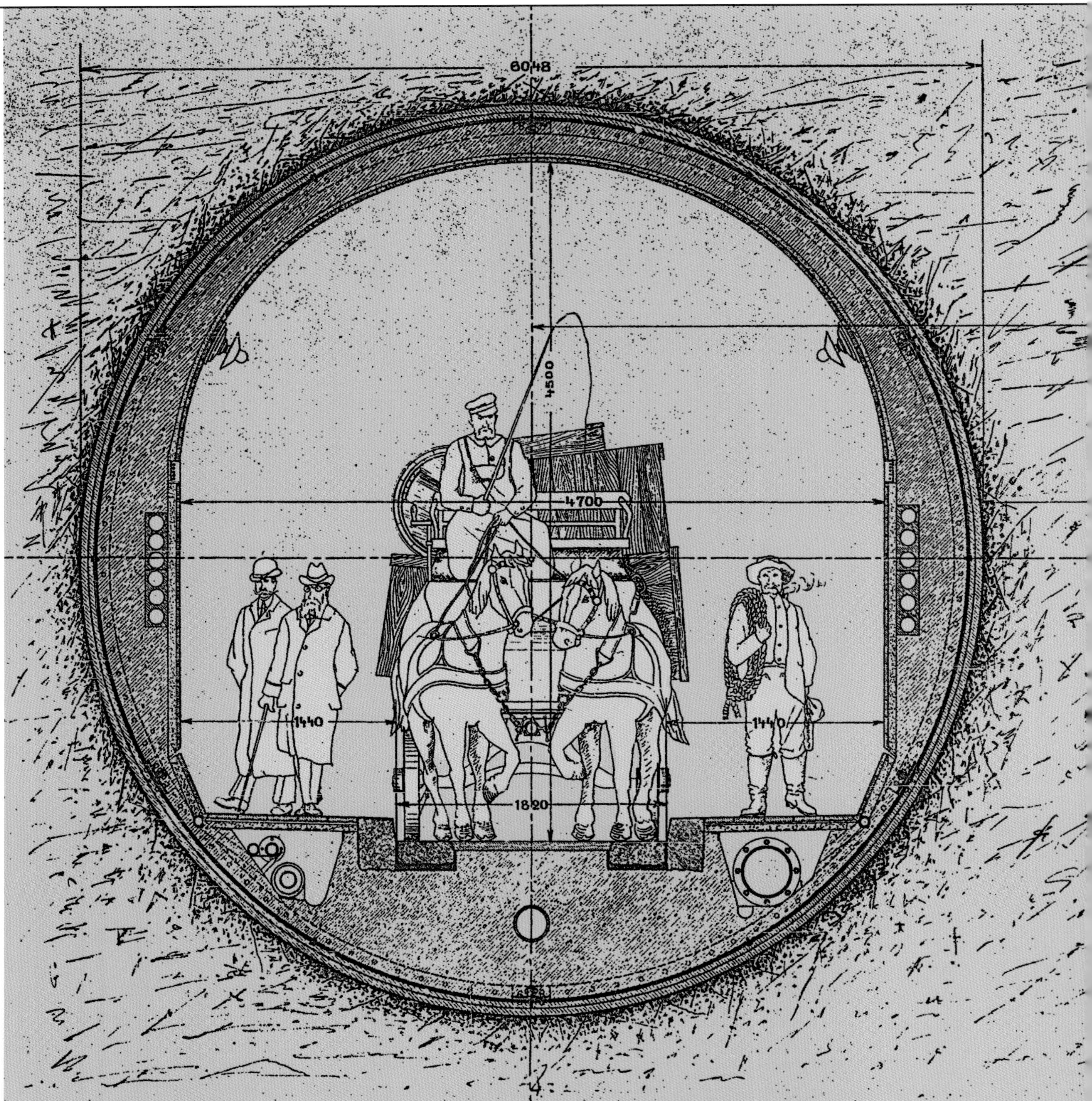

Der »eigenartige Verkehrsweg« wird eröffnet

Am Donnerstag, den 7. September 1911, war der große Tag für das gesamte Projekt gekommen. Der »eigenartige, in volkswirtschaftlicher Hinsicht so überaus bedeutsame Verkehrsweg«, wie der »Hamburgische Correspondent« den Elbtunnel nannte, sollte dem freien Verkehr übergeben werden. Ganz Hamburg schien sich versammelt zu haben. Tausende

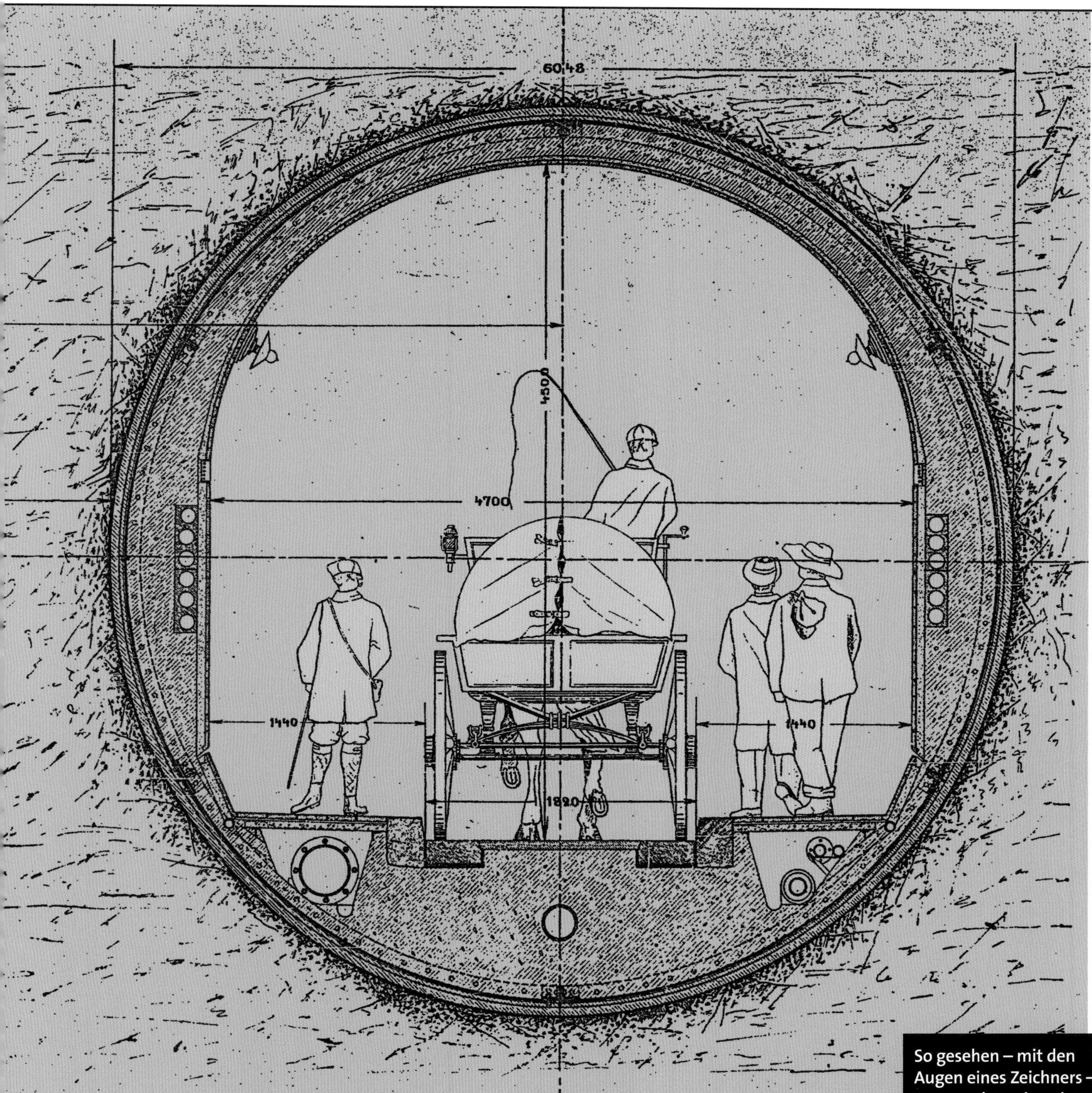

So gesehen – mit den Augen eines Zeichners – war es schon ein »eigenartiger Verkehrsweg«, der da am 7. September 1911 in Hamburg eröffnet wurde.

Neugierige hatten sich vor den Fahrstühlen versammelt, um anlässlich der Freigabe, die allerdings zunächst nur für den Personenverkehr erfolgte, einen Blick unter die Elbe zu riskieren. Um exakt 9 Uhr und 1 Minute bezog ein Polizist in der Tunnelmitte Posten und gab per Trillerpfeife das auf beiden Seiten zu hörende Startsignal. Bewegende Festakte, markige Reden oder gar schmetternde Fanfaren waren dafür allerdings nicht mehr angesagt. Das hatte man ja auch schon alles gehabt, beim Durchstich des Osttunnels, während der Westtunnel-Feier und bei der Kaiservisite. Konnte es da noch Steigerungen geben?

So fuhr die Hansestadt Hamburg das an sich doch sehr bedeutsame Ereignis in »kleiner Besetzung«.

Natürlich waren z. B. mit Wendemuth, Bubendey und Stockhausen die für den Bau maßgeblichen Leute zugegen. Hinzu kamen etliche »handverlesene« Vertreter des öffentlichen Lebens. Ein Teil von ihnen fuhr in Steinwärder ein, der andere auf der St. Pauli-Seite und unten wollte man sich begrüßen, aber insgesamt gesehen war es ein Tag des Volkes, ein Tag der zukünftigen Nutzer. Es war für sie kein Volksfest vorgesehen, aber die Hamburger waren einfach da. Die Eröffnung an sich war für sie Feier genug. Sie wollten nur gucken, wollten nur ihre Neugier befriedigen und, wenn möglich, das Bauwerk mit einem Erstdurchgang für sich in Besitz nehmen. Lassen wir aber wieder einmal zwei Reporter »von damals« zu Wort kommen:

Die »Neue Hamburger Zeitung« berichtete unter der Überschrift »21 Meter unterm Elbspiegel – Erster allgemeiner Spaziergang im Elbtunnel« am 7. September 1911 Folgendes: »Nach dem ›Zug der Zehntausend‹, wie man die mit Karten ausgerüsteten Vorbesucher, Vereine usw., die in den letzten Tagen den Elbtunnel besichtigten, wohl nennen kann, begann heute der allgemeine Verkehr. Vor 8 Uhr war erst ein Häuflein Neugieriger am St.-Pauli-Eingang versammelt, das in Zaungast-Position dem Probieren der Fahrstühle zusah. Gegen 9 Uhr schwoll der Strom zu vielen Hunderten an. Auch ›seriöse Interessenten‹, nicht nur Neugierige, waren darunter; solche, denen man ansah, dass sie geschäftlich drüben zu tun hatten, oder solche, bei denen das Badelaken den Zweck des Ausfluges nach Steinwärder verriet. Und soviel auch schon über den Tunnel, seinen Betrieb, seine Vorbesichtigungen usw. bekannt geworden war – es lag doch merklich eine starke Spannung über der andrängenden Menge, die Spannung der Erwartung des Moments, wo dies große, einzigartige Bauwerk nun wirklich der ganzen Öffentlichkeit übergeben werden sollte ...

Zu der Spannung stand das Gedränge im rechten Verhältnis. Jeder wollte bei der Elbtunnel-Premiere natürlich der Allererste sein. Einer nur entwich seinem Begleiter und blieb in respektabler Entfernung zurück. ›Hein, büst du bang?‹ klang es ihm nach. Und faktisch: Hein, der vorher besorgte Zweifel geäußert hatte, ob der Tunnel nun auch ›halten‹ werde, kam nicht wieder ... 9 Uhr 1 Minute gab die Polizei, die die Drängler sehr höflich mit ›Meine Herrschaften‹ angeredet hatte, die Sperrung frei und ließ die ersten Tunnelfahrer in den mittleren der großen Fahrkörbe, die für den Wagenverkehr bestimmt sind, eintreten. Im Nu waren ca. 100 (135 darf der Fahrkorb befördern) drin – mit fröhlichem Halloh, wobei einer sang: ›Muß i denn, muß i denn zum Städtele hinaus‹. Ein anderer murmelte sehr pessimistisch: ›Adieu Welt!‹ und just als ein Dritter viel weniger tragisch ›Adieu St. Pauli!‹ rief, sackte der Fahrstuhl auch schon weg. Dieses war der erste Fall. Ein 25-Sekunden-Fall auf den Grund der Elbe.

Drunten, als das schwere hölzerne Abschlußtor des Fahrkorbes, das mit hydraulischem Antrieb bewegt wird, sich wieder öffnete, war's wie beim Vorhangaufgehen im Theater: ein bewunderndes Ah! Und in dem unübersehbaren langen, wie in geheimnisvoller Ferne sich verlierenden Tunnelgang, der mit dem reichen Glanz seiner Glühlichter, dem strahlenden, glitzernden Weiß der Glasursteinwände ein wunderschönes Bild eröffnet, strömt die Menge ein. Auf den gepflasterten Fahrdamm oder auf die Fußwege zu beiden Seiten, auf denen je zwei Personen

nebeneinander gehen können ... Merkwürdiger Spaziergang: 21 Meter unter dem Spiegel der Elbe, droben wirbelt, brandet und braust der gewaltige Verkehr und hier wäre feierliche, lautlose Ruhe, wenn das Plaudern der vorwärts drängenden Menge, das Trappeln der Füße nicht wäre. Über 426 Meter soll man durchlaufen, und die Reihen der blinkenden, glitzernden Lichter in diesem märchenhaft anmutenden Stollengang unter Wasser und Erde scheinen sich noch endlos zu dehnen. Aber da sagt einer hinter uns zum Scherz: Station Steinwärder. Wieder einsteigen. Und richtig: Man steht schon im Tunnelschacht jenseits, sieht nach der Uhr: waren das wirklich nur 6 oder 7 Minuten, oder sogar 8? ... Dampfertuten, das oben in das Tunnelhaus hinein und in die Tiefe klingt, stellt die Wirklichkeit vollends wieder her. Nun geht's, um auch die Steinwärder-Seite zu »probieren«, im Fahrkorbe hinauf und alsbald mit dem ersten Rücktransport – auf Steinwärder-Seite hatten sich natürlich noch nicht so viele Tunnel-Premierenbesucher wie auf St. Pauli eingefunden – wieder hinab, dann im zweiten Tunnel nach St. Pauli zurück. ›Angenehm kühler Aufenthalt‹, denkt man wieder, wie beim ersten Eintritt, im Tunnelgang (der sich für künftige Hitzeperioden empfohlen hält); kein Unbehagen, kein Gefühl der Unsicherheit regt sich auf der Wanderung durch diesen vorzüglich ventilierten Raum und bequemen Weg. Wir sehen auf dem Rückweg auf der Tunnelwand noch verzeichnet, dass der 426,5 Meter lange Gang sich nach der Mitte zu um 1,5 Meter senkt, dann 100 m waagerecht geht und danach bis zum Tunnelschacht St. Pauli wieder aufsteigt. Und drüben, zum Aufstieg, ignorieren wir diesmal sehr stolz den bequemen Fahrkorb, um doch auch noch der Treppe im Tunnelschacht die Ehre anzutun. 135 Stufen – welche Kleinigkeit! – hinauf,

Gesamtansicht von Tunnel und Landungsbrücken auf St. Pauli.

und das rosige Licht St. Paulis hat die ersten Tunnelfahrer wieder. Prächtig schließt den Eindruck des ganzes Werkes, das in seiner Vollendung alle, die daran schufen, rühmt und ehrt, die Halle des Tunnelschachtes mit ihrem reichen und eigenartigen Schmuck ab.

Zu Hunderten drangen die Folgenden schon unaufhörlich hinein, als die ersten Tunnelfahrer die Halle verlassen und rettungslos in der Kette der Ansichtskartenverkäufer verstrickt werden. In Elbtunnelsnamen denn: auch der Ansichtskartenkauf sei mit zur lokalpatriotischen Pflicht gerechnet! Drei für 25 Pfennige.

Festakt mit Reden hat es bei der Tunneleröffnung nicht gegeben. Als die Menge vor 9 Uhr der Eröffnung harrte, hielt einer ein Klingelzeichen in der Tunnelhalle als ein Zeichen für den Anfang einer Rede und als man jemand sprechen hörte, meinte ein Festakt-Begehrlicher: ›Jetzt hält er (wer?) eine Ansprache!‹ Aber es war nur ein – Telephongespräch! O. Sch.«

Unter der Rubrik »Tagesbericht« brachte das »Hamburger Fremdenblatt« seine Geschichte über die »Eröffnung des Elbtunnels«. Dort hieß es: »Ein bedeutsamer Tag für das Verkehrswesen am Hamburger Hafen: Heute, Donnerstag, um 9 Uhr morgens, wurde der Elbtunnel für den Personenverkehr freigegeben. Selbstverständlich mußte man dabei gewesen sein. Durchwandert hatten den Tunnel ja schon viele, offizielle Besichtigungen für in- und ausländische Gäste hatten stattgefunden, die Presse beschäftigte sich seit dem ersten Spatenstich eingehend mit dem Riesenbauwerk, und noch während der letzten drei Tage wurde er von mehr als 10 000 Personen besucht. Aber das waren doch immer nur ›die anderen‹ gewesen, und was sind ihre Schilderungen im Vergleich zu einem einzigen Blick aus persönlicher Anschauung ... selbst zu sehen, und selbst urteilen zu können: die Gründlichkeit des Hamburgers verlangt das! Und mit Recht!

Natürlich waren heute morgen um die achte Stunde schon Leute da, die noch früher aufgestanden waren, so daß sich nur mehr ein Stehparkettplatz in der zweiten Reihe vor dem Elbtunnelgebäude an den Landungsbrücken erwischen ließ. Im Laufe der nächsten Stunde sammelte sich viel Publikum auf dem Pflaster und Fußwegen an. Es war die gleiche Erwartung wie vor dem Sensationsschauspiel im Theater. Unten, direkt vor dem

Blick in die fertigen Tunnelröhren.

Gebäude eine vielköpfige Menge, oben im Rang der Hafenstraße alle Plätze besetzt, und noch höher, auf dem Plateau der Navigationsschule, die Zuschauer auf der Galerie. »Kiek, da boben stoht all' de Ängstlichen‹, meint ein Arbeiter und stopft sich seine kurze Pfeife. Er gehört zu den Beherzten, die ganz vorn stehen und immerfort mit Spannung auf den schweren Holzvorhang des großen Fahrstuhls sehen, der sich zuerst in Bewegung setzen soll. Plötzlich hebt sich, auf einen Druck des graugrün-uniformierten Elbtunnel-Liftbeamten, dieser geheimnisvolle Vorhang, einer der Ingenieure, die mit Baumeister Stockhausen und einigen höheren Polizeibeamten im Portal plaudern, betritt den mit Holz gepflasterten Fahrstuhl und versinkt in die Tiefe. Große Bewegung unter der Menge.

›Die üben noch!‹ ›Funkschoniert woll noch nich.‹ Die Seile vibrieren im Sonnenlicht. ›Nu geiht he dahl!‹ Die Gegengewichte werden sichtbar. ›Mensch, nu is he ünnen.‹ Es kommen immer mehr Schaulustige, aber das Auge des Gesetzes sorgt dafür, dass kein Gedränge entsteht. ›Na, Fräulein, woll'n Sie auch mit? So tollkühn?‹ ›Darf heute jeder?‹ ›Dja, und kostet nix.‹ ›Auch nich der Fahrstuhl?‹ ›Nee, alles für umsonst.‹

Endlich ist es so weit! Die schwere graue Eisenkette prasselt zu Boden und mit 130 Menschen füllt sich der für den späteren Wagenverkehr bestimmte Fahrstuhl in Blitzesgeschwindigkeit. Der Vorhang fällt wieder, ein Druck am Hebel und sanft gleitet die lebendige Fracht in die Tiefe. Das Tageslicht verschwindet nicht. Es füllt den ganzen, mit zierlichen grünen Treppen ausgestatteten Bau und fällt bis auf die untere Plattform. Hier entleert sich der Fahrstuhl und gleitet zurück, um neue Passanten zu holen.

Geblendet steht der Fahrgast. Goldene Lichtströme umstrahlen ihn von oben und scheinen mit dem Glanz von etwa tausend elektrischen Flammen zusammenzufließen. Rechts ein Schild: ›Nach Steinwärder‹. Zwei Lichtlinien laufen im Westtunnel wie Goldperlenschnüre nebeneinander hin. Und zur Linken die gleiche funkelnde Lichtallee im Osttunnel. Nur dass diese nicht mehr leer ist wie jene, sondern erfüllt mit emsig daherschreitenden Menschen, Männlein, Weiblein und Kinder, die als erste Fußgänger vom gegenüberliegenden Elbufer kommen und von denen einige gar ernsthaft auf die Uhr schauen, während andere die hell ausgekachelten Wände prüfen und deren figürlichen Schmuck bewundern. Bald flutet auch durch den Westtunnel die Schar der

Hamburg, „Elbtunnel". Die mittleren Aufzüge, welche je 10000 kg befördern können.

Zeitgenössische Postkarte, eine Fotomontage mit nachträglich eingesetzten Fahrzeugen.

Schaulustigen, und drüben angelangt, geht's wieder mit einem der Fahrstühle (hier waren bereits frühmorgens drei in Benutzung) an die Erdoberfläche. Lebhafte Stimmung beherrscht das Publikum. ›Ein sanfter Aufstieg!‹ ›Denkst, du bist im Zeppelin.‹ ›Wie prachtvoll glatt geht die Landung vor sich!‹ Oben schaut man sich die in Backstein errichteten Zoll- und Wägehäuser zum besonderen Vergnügen der Steinwärder Schulkinder, die vor Aufregung samt Lehrer und Schreibheften bis zum Gartenzaun vorgedrungen sind und eigentlich doch nichts weiter erblicken können, wie ein paar neugierige Alltagsmenschen. Und dann geht's wieder in die Stadt zurück. Fünf Minuten braucht man zu dem Gang durch den Tunnel, also etwa sieben Minuten mit der Fahrstuhlbeförderung. Beim zweiten Mal ist es schon gar kein Erlebnis mehr. Der Arbeiter schlendert gemächlich mit seiner Kaffeeflasche, der Lehrling pfeift sich ein Liedel, und auf dem Arm der Säugling kräht aus Langeweile. Der ganze Verkehr wickelt sich glatt, ohne jede Störung ab und gar bald werden, wie einer der Angestellten heute morgen meinte, die Passanten sich »eingelaufen« haben, so daß bis zu 8 000 Personen in der Stunde befördert werden können. Laut Bekanntmachung der Baudeputation muß der Elbtunnel bis auf weiteres sonntags für den Verkehr geschlossen bleiben.«

Eine Ergänzung, wenn auch mit deutlich ironischem Unterton, gab das »Hamburger Echo« vom 8. September 1911, das ansonsten mit ganzen 15 Zeilen die Elbtunnelangelegenheit abtat. Dort hieß es nach einer kurzen Einleitung: »Der Andrang war bis Mittag ziemlich stark, dann aber änderte sich das Bild, denn es kamen von der Steinwärder-Seite die Arbeiter, die in der Nähe des Hafens wohnen und mit ihren Angehörigen das Mittagsmahl einnehmen können. Wenn der Weg durch den Tunnel mit dem Auf- und Absteigen auch etwas beschwerlicher und zeitraubender ist als mit einem Fährdampfer, so wird aber doch wohl mancher Nickel dadurch erspart. Nachmittags, als die Arbeiter bereits wieder zur Arbeit waren und die ehrsamen Bürger ihr Mittagsschläfchen gehalten hatten, kamen auch sie mit ihren Frauen angewandelt, um sich den Rummel auch mal anzusehen. Und so ging es bis abends hin.«

Immerhin war es, schenkt man anderen Berichten Glauben, so einfach dann doch nicht. Alles in allem sollen nach offizieller Schätzung der Bauleitung am ersten Tag 60 000 Personen den Tunnel durchwandert haben. Glücklicherweise gab es bei dieser Massenwanderung keine ernsteren Unfälle. Lediglich eine provisorische Tür hielt dem Ansturm nicht stand und wurde eingedrückt. Später, Ende Oktober, kam es jedoch zu einem bedauerlichen

Für viele Hamburger war der Tunnel auch ein beliebtes Ausflugsziel.

Verkehrsordnung für den Elbtunnel

Auf Grund des § 9 des revidierten Gesetzes über die Organisation der Verwaltung vom 2. November 1896 wird für den Verkehr im Elbtunnel verordnet, was folgt.

§ 1.

Die Bestimmungen der Straßenordnung vom 7. Juli 1902 finden auf den Elbtunnel Anwendung.

§ 2.

Verboten ist

I. der unnötige Aufenthalt im Tunnel, an den Ein- und Ausgängen, vor den Aufzügen und auf den Treppen, sowie jede mißbräuchliche Inanspruchnahme der Tunnelanlagen,

II. das Betreten und Verlassen der Fahrkörbe während des Öffnens und Schließens der Türen,

III. die Berührung oder Beschädigung der Betriebseinrichtungen,

IV. die Erregung falschen Alarms, die Nachahmung von Signalen oder die Vornahme anderer betriebsstörender Handlungen,

V. das Beschmutzen der Tunnelanlagen und das Ausspucken im Tunnelgebäude, in den Aufzügen und auf den Treppen,

VI. das Verteilen von Drucksachen jeder Art (Flugblättern, Zeitungen, Geschäftsanzeigen und dergleichen), sowie die Ausübung eines Gewerbebetriebes innerhalb der Anlagen des Tunnels und vor seinen Zugängen,

VII. die Beförderung von Gegenständen, deren Transport mit Gefahr für den Verkehr verbunden ist, insbesondere geladenen Schußwaffen, explosiven, leicht entzündlichen oder ätzenden Stoffen und dergleichen. Personen, die in Ausübung des öffentlichen Dienstes eine Schußwaffe führen, sowie Jäger und Schützen dürfen Handmunition mitnehmen. Jäger und Schützen dürfen die Schußwaffen nur in ungeladenem Zustande mit Überzug bei sich führen. Die Tunnelwärter sind berechtigt, sich von der Beschaffenheit und dem ordnungsgemäßen Zustande der in den Aufzügen mitgenommenen Gegenstände zu überzeugen.

§ 3.

I. Fuhrwerke aller Art haben den Tunnel im Schrittempo zu durchfahren.

II. Fuhrwerke mit schlecht gepackter Ladung, sowie überladene und schadhafte Fuhrwerke können von der Beförderung ausgeschlossen werden.

III. Die Abmessungen eines Fuhrwerks, einschließlich der Ladung, dürfen eine Breite von 2,50 m, eine Länge von 9,50 m und, von der Erde gerechnet, eine Höhe von 4 m nicht übersteigen. Fuhrwerke, die wegen ihrer größeren Ausdehnung nur nach Teilung, z. B. nach Abhakung der Vorderpferde, in den Lastenaufzügen befördert werden können, müssen für jeden Teil eine besondere Aufsichtsperson haben. Zusammengekoppelte Fuhrwerke dürfen nicht befördert werden.

§ 4.

Tiere, ausgenommen Pferde, Esel und Hunde, dürfen nur in geeigneten Transportmitteln (Wagen usw.) durch den Tunnel befördert werden. Pferde und Esel, welche nicht vor ein Fuhrwerk gespannt sind oder nicht geritten werden, sind kurz am Zügel zu führen. Hunde sind an der Leine zu führen.

§ 5.

Von der Beförderung durch die Aufzüge können ausgeschlossen werden:

I. betrunkene Personen,

II. Kinder, wenn der Andrang stark ist und sie sich nicht in Begleitung Erwachsener befinden.

§ 6.

I. Die Beförderung durch den Elbtunnel erfolgt nach Maßgabe der nachstehenden Gebührenordnung (Bekanntmachung v. 7. Juli 1911, Amtsblatt S. 465):

Personen		frei
Handgepäck, eigenes Handwerkszeug		"
Sperrgutstücke, größere Körbe und Kannen, Fässer, Koffer, Kisten, Säcke, Fahrräder, Kinderwagen .	ℳ	0,05
Hunde	"	0,10
Karren, Handwagen, Motorräder	"	0,25
Droschken, Personenautos, leere Lastwagen, Pferde und Esel (geführt)	"	0,50
Beladene Lastwagen und Gesellschaftswagen:		
a) bis 4000 kg Gesamtgewicht	"	1.—
b) " 6000 " "	"	2.—
c) " 10000 " "	"	4.—

II. Die für die gebührenpflichtigen Gegenstände zu erteilenden Fahrscheine müssen bis zum Verlassen der Tunnelanlagen aufbewahrt und den Tunnelwärtern auf Verlangen vorgezeigt werden.

III. Gebührenpflichtige Gegenstände dürfen nicht über die Treppe und in den Personenaufzügen, sondern nur in den Lastenaufzügen befördert werden. Ausgenommen sind kleine, auf dem Schoße gehaltene Hunde. Diese können in den Personenaufzügen mitgenommen werden.

§ 7.

Den seitens der Baudeputation oder ihrer Angestellten für den Betrieb in den Schächten ergehenden Anordnungen, sowie den Anordnungen der Polizeibehörde oder ihrer Organe in und vor den Tunnelanlagen ist vorbehältlich späterer Beschwerdeführung unbedingt Folge zu leisten.

§ 8.

Sofern nicht nach den allgemeinen Strafgesetzen höhere Strafen verwirkt sind, werden Übertretungen der §§ 2, 3^{I}, 4, 6^{II}, und ^{III}, 7 dieser Verordnung mit Geldstrafe bis zu ℳ 36, im Falle des Unvermögens mit entsprechender Haft bestraft.

Hamburg, den 16. November 1911.

Die Polizeibehörde.

Die Baudeputation, II. Sektion.

Zwischenfall. Ein auf einer Werft beschäftigter Zimmermann wollte unbedingt noch in einen Fahrkorb hinein, dessen Falltür sich bereits schloss. Es gelang nicht mehr. Er wurde von der herabgehenden Falltür gegen die aufsteigende Flurplatte gedrückt und musste schwer verletzt ins Krankenhaus gebracht werden.

Motiv für die meisten Besucher war natürlich der Drang, am ersten Tage »dabei zu sein«. Der »General Anzeiger« stellte in dieser Hinsicht scharf beobachtend fest, das sich »unter den Tunnelpassanten viele Ehepaare [befanden], ja nicht selten sah man vollzählige Familien, die in Beherzigung des alten Sprichwortes von der geteilten als der doppelten Freude alle miteinander den historischen Moment des ersten Tunnelbesuches erleben wollten. Die Polizei merkte recht bald, dass die große Mehrzahl der Ankömmlinge aus purer Neugierde gekommen war, daß sie in Steinwärder beim besten Willen nichts zu suchen hatten. Die Neugierde, die eigentlich gar nicht unter diesen profanen Begriff fallen sollte, ist gewiß verständlich, ja sogar begrüßenswert, aber sie führte doch zu frühzeitigem Toresschluß. Um 1/2 9 Uhr abends wurde der Tunnel schon geschlossen.«

Auch am folgenden Tag zeigte das Blatt noch viel Verständnis: »Der Zugang zum Tunnel war gestern von mittags an außerordentlich stark«, hieß es. »Natürlich hatten die Herrschaften in ihrer

Postkarte mit Karrikaturen zur Elbtunneleröffnung.

überwältigenden Mehrzahl in Steinwärder nichts zu tun, es handelte sich für sie nur darum, die Neueinrichtung praktisch zu erproben. Was nutzen auch alle schönen Zeitungsartikel und die Lobpreisungen aus Freundesmunde, wenn man nicht höchstselbst die Probe aufs Exempel gemacht hat? Also wird man weder Zeit, noch Mühe, noch Kosten (den Tribut an die Elektrische), scheuen, man wird mit Wonne ein Mittagsmahl oder doch zum mindesten den Nachmittagskaffee opfern und hinaus nach den St.-Pauli-Landungsbrücken pilgern, in den Schacht hinabsteigen und, nicht ohne Stolz über die freudige Gewißheit, noch zur ersten Besuchermillion zu zählen, den vielbelobten Spaziergang unternehmen. Der Schein will natürlich gewahrt sein und also macht man Miene, als ob man dringende Geschäfte auf Steinwärder zu besorgen hätte. Nach einem zwecklosen, aber in neunundneunzig von hundert Fällen gemütlichen Bummel kehrt man dann zurück, um die unterirdischen Freuden von vorhin noch einmal zu erleben ...

Allerdings gab es dabei doch auch noch einige ernste Schwierigkeiten, nämlich am Abend, als die auf Steinwärder und Kuhwärder beschäftigten Arbeiter durch den Tunnel nach Hause wollten. Es kam zu starken Stockungen, da die auf Gelegenheit zu einem Spaziergang durch den Tunnel am Eingang wartende Menge den Zugang dicht umlagerte. Erst als Schutzleute dort eine Gasse bildeten, kam der Verkehr wieder in Fluß.«

Trotz des offensichtlichen Gewühles ließ sich der Berichterstatter des »Hamburger Fremdenblattes« in einem Rückblick auf die Woche aber nicht davon abhalten, sein Bedauern darüber auszusprechen, dass die Eröffnung nicht schon zur Zeit der großen Hitzeperiode stattgefunden habe, »denn dann würden viele nicht nur, um sich das Wunderwerk anzuschauen, dorthin gewandert sein, sondern auch, um sich einmal von der tropischen Hitze auf der Oberwelt drunten unter Poseidons Reich gründlich abzukühlen. Denn in den Tunnelröhren herrscht so prächtige kühle Luft, dass es an heißen Tagen stets eine Erholung sein wird, sich einmal ein paar Minuten hier unten aufzuhalten.« Dieser Redaktionsmitarbeiter muss offensichtlich ein echter Gemütsmensch gewesen sein.

Am folgenden Morgen verlief die »Arbeiterbeförderung« aber fast schon reibungslos. Bereits an diesem ersten »normalen« Tag zeigte sich, dass der neue Verkehrsweg »voll im Trend« lag – nach einer amtlichen Verlautbarung hatten die konkurrierenden Fähren 5 und 6 einen Ausfall von ca. 4500 Fahrgästen zu verzeichnen. Das war zwar eine recht beachtliche Zahl, andererseits aber doch nicht so viel, wie ursprünglich erwartet bzw. befürchtet worden war. Sicherlich mussten sich viele der Pendler erst daran gewöhnen, dass es nun einen neuen Weg gab, andere wollten, so wurde vermutet, wohl erst noch ihre Fährabonnements abfahren, bevor sie sich durch den Tunnel auf den Weg machten.

Erwähnt werden sollte noch, dass die weiter oben genannte Schließung des Tunnels an den folgenden Sonntagen eine reine Vorsichtsmaßnahme der Behörde war. Sie wollte, dass der Tunnel so lange sonntags dicht blieb, bis er für den gesamten Verkehr, also auch für Fahrzeuge, zugelassen war. Man befürchtete, dass der Menschenandrang an den ersten Sonntagen so stark sein würde, dass er möglicherweise außer Kontrolle geraten könnte. Mit der vorerst sonntäglichen Schließung sollte wahrscheinlich ein allmählicher Interessenabbau erreicht werden.

Mit der Eröffnung des Elbtunnels hatte die Bauleitung die Aufsicht über den Verkehrsweg abgegeben. Die Verantwortung war nun auf den Bauinspektor Meyer und den Betriebsingenieur Harms übergegangen. Eine ihrer ersten Amtshandlungen hatte der Regelung des nach wie vor anhaltenden Besucherandranges und der ungestörten »Arbeiterbeförderung« zu gelten. Vor allem die große Zahl der Kinder und Jugendlichen, die in diesem neuen Bauwerk ihr Gaudi u. a. durch unaufhörliches Auf- und Abfahren in den Fahrkörben suchten, wurde beklagt, auch weil es für sie im Gedränge zu gefährlich werden konnte. Besonders gefährlich war es, dass viele der Rangen die Treppengeländer in den Einfahrtshallen offenbar als schönste Rutschbahnen in der Hansestadt ansahen. So schloss man sie kurzerhand von der Benutzung der Fahrstühle und dem allgemeinen Besuch der Anlage aus, wenn sie sich nicht in der Begleitung Erwachsener befanden.

Und doch gelang es so manchem Burschen, wie man hörte, hinter dem breiten Rücken eines Werftgrandis oder Schauermanns in den Fahrkorb zu schlüpfen und so nach unten zu gelangen. Dort schien es dann ein besonders lustiges Spiel zu sein, von einem Ende des Tunnels zum anderen zu laufen, und das mehrmals hintereinander. Leider hieß es dann häufig bei der Rückkehr ins Elternhaus von der Mutter: »Sofort raus und Schuhe ausziehen!« Es konnte nämlich nicht ausbleiben, dass bei dem ganzen Hin und Her da unten so mancher Pferdeapfel übersehen wurde, dessen Reste unter den Schuhsohlen kleben geblieben waren, so dass sich zu Hause gelegentlich Küche und gute Stube mit »aromatischer Landluft« füllten.

Um es nicht noch einmal zu solchen Störungen wie am Donnerstag Abend, als der Andrang der von Steinwärder kommenden Arbeitermassen einsetzte, kommen zu lassen, trafen die verantwortlichen Beamten für den folgenden Tag rechtzeitig geeignete Maßnahmen, um eine ruhigere Verkehrsabwicklung zu ermöglichen. Auf beiden Seiten wurden vor den Einfahrtshallen von Zimmerleuten der Staatswerft hölzerne Barrieren errichtet, mit denen sich der Menschenfluss besser regulieren ließ. Die auf Steinwärder eingefahrenen Arbeiter und sonstigen Personen wurden durch beide Tunnel in einer Richtung hindurchgeführt, und die Einfahrt von der Stadtseite war von 5 Uhr an völlig gesperrt. Es klappte vorzüglich. Dem von der Stadt kommenden »Privatpublikum« war demgegenüber die Schließung der St.-Pauli-Einfahrt sehr unangenehm. Einige, die von ihrem Plan, den Tunnel zu durchwandern, aber trotzdem nicht ablassen wollten, fanden einen Trick, mit dem sie dennoch zu ihrem Ziel gelangten. Sie setzten mit einem Fährdampfer nach Steinwärder über, reihten sich dort in die Schlange der nach St. Pauli wollenden ein und gingen durch den Tunnel zurück, als müsste es so sein.

Als weitere Maßnahme veröffentlichte die Wasserbaudirektion folgende Mitteilung: »Das den Elbtunnel lediglich zu Besichtigungszwecken besuchende Publikum wird gebeten, in seinem eigenen Interesse und im Interesse einer glatten Abwicklung des Hauptarbeiterverkehrs von Steinwärder nach St. Pauli in den Nachmittagsstunden von 5 – 7 Uhr (sonnabends von 4 – 7 Uhr) den Tunnel zu meiden. Auf eine regelrechte Beförderung zu dieser Zeit von St. Pauli nach Steinwärder kann nicht gerechnet werden.«

Auch vor einer besonderen Spezies Mensch wurde in diesen ersten »Drängeltagen« ausdrücklich gewarnt. Taschendiebe machten sich nämlich das Gewühl zunutze und landeten manchen guten Griff. So entwendeten sie »einem Fräulein aus der Oberstrasse« ein Portemonnaie mit 20 Mark. »Also, Taschen zu im Elbtunnel!«, lautete die Warnung der Lokalpresse.

Noch ein anschaulicher Situationsbericht über den Trubel der ersten Tage findet sich im »Hamburger Echo« vom 9. September unter der Überschrift »Grande Promenade unter dem Strom«: »Der Platz

vor dem Eingangsgebäude zum Elbtunnel an den St.-Pauli-Landungsbrücken ist seit gestern andauernd von einer ansehnlichen Volksversammlung belebt. Männer, Frauen, Jünglinge, Jungfrauen, große und kleine Kinder harren hier des Moments, wo das von Schutzleuten und Zollbeamten bewachte Tor sich öffnet, um sie einzulassen in die Unterwelt. Weil aber immer nur ca. hundert Einlaß finden können, geht es nicht ohne arges Gedränge ab, bei dem die Kleinsten, namentlich wenn sie keinen erwachsenen Beschützer bei sich haben, am meisten leiden müssen, zumal die Schutzleute, die sich im übrigen wohlwollender Zurückhaltung und Höflichkeit dem Publikum gegenüber befleißigen, dem Wissensdurst der Jugend nicht gerade entgegenkommen. Sie drängen die ungeduldig vorstürmenden Jungen, die doch gar zu gern wissen möchten, wie es dort unten tief unter der Elbe aussieht, immer wieder zurück, um Erwachsenen den Vortritt zu sichern, und so müssen die Kleinen sich listig durchschlagen lernen, wenn sie nicht allzulange auf die Befriedigung ihrer Neugier warten wollen. Hat sich dann die Wand des Fahrstuhls, der die Größe eines Straßenbahnwagens hat, zwischen die kleine Minderheit der glücklich Durchgerutschten geschoben, dann gibt es – zwar kein Abfahrtssignal – wohl aber ein vielstimmiges Gequietsch aus weiblichen Kehlen, dass der Angst darüber entspringt, dass wir jetzt ›den Boden unter den Füßen verloren‹ haben. Im Nu hat aber auch schon der voluminöse Fahrstuhl die Sohle des Tunnels erreicht, und die Wanderung unter der Erde kann beginnen. Es ist eine riesige Promenade, die sich da im Scheine unzähliger elektrischer Glühlampen vor uns auftut. Durch das rechte Tunnelrohr flutet der Strom der Hinüberwollenden, aus dem linken steigen die Zurückkehrenden wieder ans Tageslicht. Und weil für das Fuhrwerk vorläufig der Verkehr noch nicht freigegeben ist, können sich die Fußgänger nicht nur über beide Trottoire, sondern auch über den Fahrdamm der unterelbischen Straße ausbreiten. Über ihren Häuptern rauscht der Strom, der auf seinem breiten Rücken die vielen Schiffe trägt und mit seinem Leibe nun auch noch den Hamburgern ihre neueste Promenade kühl hält. Angenehme Kühle herrscht hier unten und langweilig ist's auch nicht, denn abgesehen von dem Menschenstrom darf das Auge sich auch an den stilisierten Wasserbewohnern, Fischen, Seesternen usw. erfreuen, die das Einerlei der glatten Kachelwandbekleidung sinnreich verzieren. Gute fünf Minuten dauert der Marsch, dann hat man noch die Wahl, ob man wieder mit dem Aufzug oder über die Treppenanlage das Tageslicht von Steinwärder erreichen will. So viel Besuch wie in diesen Tagen hat Steinwärder wohl noch nie gehabt. Denn das Schönste am Elbtunnel, dieser neuesten Hamburger Sehenswürdigkeit, ist ja, dass die Benutzung keinen Pfennig kostet. Das ist in unseren Tagen, wo ›nichts umsonst‹ ist, etwas so Rares, dass viele es gar nicht glauben wollen, sondern schon am Eingang das Portemonnaie in Bereitschaft halten. Aber es ist wirklich umsonst und deshalb ist es eine echte und rechte Volksbelustigung geworden, durch den Elbtunnel zu wandern.

Leider soll ja nun an den Sonntagen der Tunnel vorläufig noch geschlossen bleiben. Das wird von vielen unangenehm empfunden werden. Wer es aber ermöglichen kann, soll in der Woche mal hingehen. Das Wunderwerk dieser Straße unter der Elbe ist wirklich sehenswert und verdient die Bewunderung, von welcher der Massenbesuch Zeugnis ablegt.«

Vor der Freigabe für den Fahrzeugverkehr: Mit einem Testfahrzeug – ein Pferdegespann mit einem Lattengerüst in den Dimensionen der geplanten maximalen Fahrzeuggröße – wurde überprüft, ob die Realität den Planungen entspricht.

In einer Zuschrift an die »Neue Hamburger Zeitung« gab ein Leser seinem Bedauern über die sonntägliche Schließung Ausdruck, hoffte auf eine baldige Änderung und verglich die Maßnahme interessanterweise mit der Aufhebung der Hamburger Torsperre am 31. Dezember 1860. Er meinte: »Wohl ein ganzes Menschenalter hatte die hamburgische Bevölkerung sich mit dem Wunsch und dem Verlangen, die verkehrshindernde Torsperre beseitigt zu sehen, getragen, bis endlich die Bürgerschaft nachgab und am 28. November 1860 mit 127 gegen 45 Stimmen beschloß, am 31. Dezember desselben Jahres die Torsperre aufzuheben. Mit Jubel wurde der Beschluß von der Bevölkerung aufgenommen, und daß sie sich vornahm, das Ereignis zu gegebener Zeit zu feiern, und zwar mit möglichst großem Hallo, das lag wohl auf der Hand. Jeder wollte dabei sein, zu Wagen oder zu Fuß. Mit dem Schlage 12 Uhr nachts, wenn die Pforten geöffnet wurden, und zwar für immer, sollten die Tore gestürmt werden, und zwar von beiden Richtungen, also von innen und von außen.

In weiser Erkenntnis der furchtbar großen Gefahr aber, die ein solches Gegeneinanderstürmen in sich schließen würde, beschloß unser Senat, die Tore an dem betreffenden Abend erst gar nicht zu schließen. Und so geschah es. Anstauungen fanden gar nicht erst statt. Alles ging glatt ab, denn die Volksmassen konnten, so wie sie nach und nach angezogen kamen, ungehindert passieren. So würde es auch mit dem Elbtunnel sein, wenn er an diesen nächsten Sonntagen von morgens früh bis abends spät offengehalten werden würde. Auch für abends wäre kein Ansturm von der Gegenseite zu befürchten, denn das jetzige Steinwärder ist doch gar zu wenig geeignet, zum Verweilen bis zum Schluß des Tages einzuladen. Jeder Passant wird nach kurzem Verweilen die Rückreise wieder antreten.«

Ganz andere Gedanken machte sich schon wenige Tage nach der Eröffnung die Grundeigentümer-Zeitung, in der übrigens auch schon von einem weiteren Tunnel unter dem Köhlbrand hindurch gesprochen wurde. Diese Zeitung beschäftigte sich u. a. mit der Frage, ob der Elbtunnel wesentlichen Einfluß auf die Wohnverhältnisse seiner Umgebung nehmen würde, was jedoch nur im Zusammenhang mit der Eröffnung der Hochbahn zu beurteilen sei. Die Antwort war folgende: »Die Arbeiter werden aus ihren an der Peripherie der Stadt gelegenen Wohnvierteln mit der Hochbahn herbeieilen und alsbald den Einsteigschacht an den St.-Pauli-Landungsbrücken benutzen. Sie werden auf der Hochbahn 10 bis 15 Minuten fahren und dann in 6 Minuten den Elbtunnel durchschreiten; rechnet man noch einige Minuten für das Überschreiten des Platzes an den St.-Pauli Landungsbrücken und für das Hinabfahren mit den Aufzügen hinzu, so werden die Arbeiter in 25 bis 30 Minuten höchstens von ihren Wohnstätten an die Arbeitsplätze gelangen können. Kein Warten auf Dampfer, keine Verhinderung durch Nebel und Eis hält sie auf. Es schwinden also immer mehr Gründe, die sie zwingen könnten, der Zeitersparnis halber in der Nähe der Werften und Fabriken, des Hafens und des Industriegebietes zu wohnen. Wenn eine Änderung in den Wohnverhältnissen Folge der Eröffnung des Elbtunnels und der Hochbahn sein sollte, so würde sie nicht in der Nähe der Wasserkante, sondern draußen an der Peripherie der Stadt bemerkbar werden. Die Arbeiter würden die Möglichkeit erfassen, angesichts der schnellen Verbindung noch weiter ›hinaus zu ziehen‹, und so wird der Elbtunnel vielleicht eine wirtschaftliche Fernwirkung ausüben.«

Einfahrthalle Steinwärder am 30. November 1911, dem Tag der Eröffnung für den Fuhrverkehr.

Der Elbtunneleingang St. Pauli morgens an einem Werktag um 6.30 Uhr. Die »Radfahrerplage« setzt ein.

Die ersten Jahre

In einem von Baumeister Otto Stockhausen verfassten Aufsatz über »sein« Bauwerk heißt es wörtlich am Schluss: »Der Tunnel führt unter der St.-Pauli-Landungsbrücke hindurch, der größten schwimmenden Landungsanlage des europäischen Kontinents. Dicht daneben fährt die neue elektrische Hochbahn, aber mit einem reizvollen Übergang von der Hoch- zur Untergrundstrecke. Auf engem Raum vereint haben wir hier eine lebendige Anschauung, wie die moderne Technik zu Lande, auf dem Wasser und unter dem Wasser die an sie herantretenden Aufgaben mit Sicherheit zu lösen imstande ist.«

Es ist eine Aussage voll sachlichen, souveränen Stolzes. Dieser Stolz war berechtigt und fand seine Bestätigung schon allein darin, dass die Anlage auch noch Wochen nach der Freigabe für den Fußgängerverkehr eine ungebrochene Anziehungskraft ausübte. Besonders in den Nachmittagsstunden strömte nach wie vor »Privatpublikum« herbei, um das »Meisterwerk hamburgischer Ingenieurkunst« in Augenschein zu nehmen. Nach den ersten Rekordtagen ließen sich die Besuchermengen jetzt aber relativ einfach bewältigen, da sich zu dieser Zeit noch die Wagen- und Lastenaufzüge für die Personenbeförderung einsetzen ließen. Das allerdings würde sich ändern, sobald der Tunnel auch für den Fuhrwerksverkehr freigegeben war, was allein noch von der Fertigstellung der Zollanlagen am jenseitigen Ufer abhing.

Über seine Bedeutung als Verbindungsweg zwischen den beiden Elbufern, von denen das eine mehr Stadt und Wohngebiet, das andere mehr Industrie- und Hafenzentrum war, hinaus, hat der Elbtunnel mannigfaltige Einflüsse auf Veränderungen in seiner unmittelbaren Umgebung ausgeübt. Das gilt vor allem für Steinwärder. Auch dazu noch zwei Zeitzeugen. Zunächst der »Hamburgische Correspondent«, der darauf hinweist, dass Steinwärder nach der Eröffnung des Tunnels ein völlig anderes Aussehen bekommen habe: »Bisher pflegte es drüben zwischen den Werften, Eisen- und Metallgießereien und sonstigen industriellen Etablissements außerhalb der Arbeitszeiten ziemlich ruhig herzugehen, denn Steinwärder, ein von Privatleuten nur wenig bewohntes Gebiet, wurde fast ausschließlich nur von dem Teil der hamburgischen Bevölkerung besucht, der

dort einen Arbeitsplatz hatte, oder von solchen Personen, die die Badeanstalt aufsuchen wollten. Jetzt hat sich die Situation völlig verschoben. Nicht allein Geschäftsreisende, Kaufleute und deren Angestellte beleben die ausgedehnten und jetzt durchweg in guter Verfassung befindlichen Straßenzüge, sondern auch Vergnügungsreisende und Fremde, Landleute, Schüler, Kindermädchen, Hausierer u. v. a. wandern bei gutem Wetter zwischen den an der Norderelbstraße, Neuhaferstraße, Nordersand, Kupferdamm und den anderen Straßen gelegenen gewerblichen Anlagen hindurch, schauen den fleißig schaffenden Leuten in die Fenster und besprechen mit Bewunderung die großartige Anlage und Einrichtung des mit dem Namen Elbtunnel belegten neuen unterirdischen Hamburger Spazierweges, durch den sie ohne einen Pfennig Unkosten nach dem bisher eigentlich nur noch dem Namen nach bekannten Steinwärder gekommen sind. Der Elbtunnel hat mit einem Schlage das nach dem Zollanschluß für die Allgemeinheit fast in Vergessenheit geratene Steinwärder wieder in den Vordergrund des öffentlichen Interesses gerückt, und mancher heute in der Blüte der Jahre stehende Hamburger denkt mit stillem Vergnügen an die Zeit zurück, in der dort, wo heute Häuser und Wege gebaut worden sind, in froher Jugendstimmung flott das Tanzbein geschwungen worden ist. Welche Veränderungen wird Steinwärder erst erfahren, wenn die Tunnelaufzüge nicht allein schaulustige Menschen, sondern auch Wagen, groß und klein auf und nieder befördern werden?«

Nicht nur mit Steinwärder, sondern auch allgemein mit dem Tunnel und seinen Besonderheiten beschäftigt sich das »Hamburger Fremdenblatt«. Dort heißt es: »Der Tunnel hat zu den verschiedenen Tageszeiten auch sein ganz verschiedenes Publikum.

Es ist morgens 5 1/2 Uhr. Noch liegt die Stadt in Dunkel gehüllt und nur wenige Frühaufsteher beleben die stillen Straßen. Anders dagegen ist's am Hafen. Dort herrscht bereits reges Leben und Treiben, und jeder ›Frühwagen‹ der Elektrischen bringt aus allen Stadtteilen neue Arbeitermassen nach den St.-Pauli-Landungsbrücken. Früher gab es um diese Zeit auf den Pontons, von denen die zahlreichen Dampfer nach Steinwärder abfuhren, ein arges Gedränge, denn jeder wollte schnell befördert werden, um rechtzeitig auf seinem Arbeitsplatz zu erscheinen.

Seit Eröffnung des Elbtunnels hat sich das Bild erheblich verändert. Ein starker Strom der mit der Bahn ankommenden Arbeiter zweigt sich jetzt in der Richtung nach dem hellerleuchteten Tunneleingang ab und trifft dort mit den von Altona kommenden Arbeiterscharen zusammen. Trotz des starken Ansturmes aber entsteht kein Gedränge, die großen Fahrstühle verkehren ununterbrochen. Voll besetzt fährt der eine zur Sohle des Tunnels hinab, und im selben Augenblick taucht daneben ein leerer, von unten kommender Fahrstuhl auf, um schnell gefüllt, wieder den Weg in die Tiefe anzutreten.

So geht es bis kurz vor 6 Uhr, worauf ein erhebliches Nachlassen des Verkehrs eintritt, der erst zwischen 7 und 8 Uhr wieder etwas anschwillt, wenn die zahlreichen auf Steinwärder beschäftigten Kontor-Angestellten ihren Dienst antreten. Dann tritt wieder eine mehrstündige Ruhepause ein, während der nur verhältnismäßig wenig Passanten den Tunnel benutzen, bis dann gegen 10 Uhr die ersten Schaulustigen erscheinen, meistens Fremde, die sich den Besuch des Bauwerks nicht entgehen lassen wollen. Mittags flutet dann der Arbeiterverkehr von Steinwärder nach Hamburg herüber, um nach ein- bis zweistündiger Pause, während der der Besuch wieder schwach ist, in entgegengesetzter Richtung von neuem einzusetzen.

Der Nachmittag gehört fast ausschließlich den Schaulustigen. Immer noch finden sich Hunderte, die den Tunnel noch nicht gesehen haben und ihre Neugier durch einen Spaziergang unter der Elbe befriedigen wollen. Unter diesen Besuchern sind Frauen und Kinder vorherrschend. Nach gründlicher Besichtigung der verschiedenen Portale wird der Fahrstuhl etwas zaghaft betreten, und erwartungsvoll harrt man des Augenblicks, in dem er sich schließen und in die Tiefe hinabgehen wird. Der allen Fahrstühlen eigene schwache Ruck bei der Anfahrt geht nicht ganz ohne ›Juchzen‹ der weiblichen Insassen ab, ein ähnlicher, aber leiserer Laut quittiert über den gelinden federnden Aufstoß beim Landen des Fahrstuhles auf der Tunnelsohle. Beim Öffnen der Tür ertönt ein allgemeines ›Ah‹ der Überraschung. Auf dem Wege nach dem jenseitigen Ufer wird dann eifrig kritisiert und erklärt.

Beim Betreten Steinwärders eröffnet sich den meisten Hamburgern ein völlig fremdes Stück Land. Wer von der jüngeren Generation wußte schon etwas von Steinwärder? Wen nicht geschäftliche Interessen dorthin führten, kam nie auf den Gedanken, dem jenseitigen Elbufer einen Besuch abzustatten, abgesehen von denen, die die Badeanstalten aufsuchten. Alle Ankommenden sind angenehm überrascht von dem freundlichen und sauberen Eindruck, der sich ihnen bietet. Schmutzige, verräucherte Werkstätten und Fabrikanlagen hatte man zu sehen erwartet, und

Arbeit auf Steinwärder: Der 3. April 1913 ist der Stapellauf-Tag des »Riesendampfers« VATERLAND. Etwa 1800 Arbeiter haben täglich an der Fertigstellung gearbeitet und wahrscheinlich die Meisten werden für den Arbeitsweg den Elbtunnel genutzt haben.

freundliche, saubere Straßen mit ebensolchen Häusern findet man vor.

Schon jetzt macht sich der Einfluß des Elbtunnels auf Steinwärder sehr bemerkbar, und dieser Einfluß wird sich noch erheblich steigern, wenn erst der Wagenverkehr durch den Tunnel eröffnet wird, was nicht mehr lange dauert. Die früher stillen Straßen sind belebt von Spaziergängern, die neugierig die ihnen fremde Gegend durchstreifen und dann, hochbefriedigt von ihren Entdeckungen, den Heimweg durch den Tunnel antreten. Nach Schluß der Fabriken und Werften ergießt sich dann noch einmal der ganze Strom der heimkehrenden Arbeiter in den Tunnel, der dann nach Bewältigung dieses letzten Massenverkehrs in den späteren Abendstunden seine Pforten bis zum nächsten Morgen schließt.«

Dieser letzte Satz klingt ganz gut und verständig, jedoch war das nächtliche und auch das schon erwähnte sonntägliche Schließen der Verkehrsanlage immer noch ein bei vielen Gelegenheiten beklagter Umstand, dessen Änderung nicht zuletzt von den Bürgervereinen der angrenzenden Stadtteile wieder und wieder nachdrücklich gefordert wurde. Doch es sollte noch eine Weile dauern, bis es dazu kam.

Aber, realistisch gesehen, mag die Schließung zwar damals ein gewisses Ärgernis gewesen sein, im Vergleich mit der Gesamtleistung kann sie als Kinderkrankheit abgetan werden. Unter diese Rubrik fallen natürlich noch eine ganze Menge anderer Punkte. Teils waren es echte Mängel, die technisch behoben oder durch allmählich gesammelte Erfahrung ausgeglichen werden konnten, teils waren es aber auch Dinge, die von den ewig Neunmalklugen, notorischen Nörglern oder ständigen Besserwissern »aufgedeckt«, beklagt oder als Verbesserung vorgeschlagen wurden – man kennt das ja. Unter dem Pseudonym »Einer für viele« beklagte sich da ein Erboster über die vielen Schaulustigen, die die Fahrstühle und Treppen blockierten und durch die man ständig die Straßenbahnanschlüsse verpasse. Gleichzeitig forderte er, dass das Tunnelpersonal doch bitte sehr so arbeiten solle, dass nicht immer alle Fahrstühle oben oder alle unten wären. Ein Herr des Freihafen Bürger-Vereins wollte unbedingt, dass auf der Steinwärder-Seite beim Elbtunnel eine Damen-Toilette eingerichtet werden sollte, und dieser Art gab es noch manch andere Erleuchtung.

Echte Empörung klang aus einem an das »Fremdenblatt« gerichteten Leserbrief, mit dem C. D. sich über Elbtunnel-Zollbeamte auf Steinwärder beschwerte: »Ich besichtigte mit noch zwei Damen den Elbtunnel«, hieß es dort. »Wenn man nun auf Steinwärder aus dem Tunnel herauskommt, befindet sich links am Eingang ein kleiner Torbogen, in dem sich zwei wundervolle Glasbilder (Fenster) befinden. Als wir in hellem Entzücken davor stehen, kommt ein Zollbeamter und weist uns in überaus barscher Form hinaus. Auf unsere Bemerkung, wir wollten uns die Bilder ansehen, wird uns die Antwort: ›Das ist kein Aufenthaltsort, das ist überhaupt kein öffentliches Gebäude‹ zuteil. Nun frage ich: Warum wird an dem Torbogen nicht ein Schild ›Zutritt verboten‹ angebracht. Dann wird jeder, der sich nicht anfahren oder hinausweisen lassen will, draußen bleiben. So aber ist es eine Falle für das Publikum, denn für so stumpf und dumpf wird doch niemand unsere Bevölkerung halten, dass sie sich so wunderbare Bilder, die direkt am Wege sind, nicht ansieht. Also Schutz dem Publikum!«

Recht so! Warum überhaupt so schöne Bilder, die sicher nicht billig waren, wenn sie nicht für die Allgemeinheit zugänglich sind?

Aber alles in allem waren es doch, wie schon gesagt, nur Kleinigkeiten. Es ging ja weiter, Schritt für Schritt wurde das Werk in seiner Gesamtheit kompletter. Dazu zählt selbstverständlich auch die Sicherheitsfrage und in dieser Hinsicht gab es am 29. November ein bemerkenswertes Ereignis. Baurat Wendemuth gab Probealarm für die Feuerwehr, die nach der St.-Pauli-Seite gerufen wurde. Dazu ein entsprechender Bericht: »In erster Linie galt es, den Elbtunnel als Passierstraße für unsere Feuerwehr auszuprobieren, vor allem das Verhalten der Tiere beim Ein- und Ausschleusen und beim Durchfahren des Tunnels kennenzulernen. (Anm.: Die Feuerwehr war damals teilweise noch bespannt). Als die schrille Glocke des Melders eben verklungen war, hörte man schon von weitem die Signale des Zuges 3, der nach 3 1/2 Minuten vor dem Tunnel eintraf. Länger dauerte natürlich die Frist bis zum Eintreffen des zweiten zuständigen Zuges, des Zuges 8, dessen Nahen aus dem Tunnel dumpf heraufschallte. Es waren kaum elf Minuten vergangen, da stürmten die dampfenden Tiere mit den Gefährten und der Besatzung aus den Fahrschächten hervor. Zum Überfluß trafen auch noch der Automobilzug 2 und Zug 4 von der fernen Sedanstraße ein, die beide ausgerückt waren, weil die Züge 3 und 8 als außer Betrieb gemeldet worden waren, da der Alarmierung eine Probeübung der Züge 3 und 8 vorangegangen war ...«

Wie bei jedem großen öffentlichen Bauprojekt: Die Nutzer müssen sich das Objekt erst erobern, kritisieren vermeintliche oder tatsächliche Unzulänglichkeiten, entdecken und entwickeln neue, ungeplante Nutzungsmöglichkeiten.

Um es kurz zu machen, die Übung befriedigte allerseits, und vor allem zeigte es sich, dass die Pferde keine oder nur wenig Scheu vor den Fahrstühlen und dem Passieren der Röhren hatten. Auch der Automobilwagen konnte, wenn auch mit Vorsicht, passieren. Ausgeschlossen von der Durchfahrt blieb dagegen wegen zu großer Spurweite der Leiterwagen der Feuerwehr.

Nachdem am 1. November 1911 auf Steinwärder unter dem Namen »Zollabfertigungsstelle Elbtunnel« eine dem Hauptzollamt Kuhwärder unterstellte Zollstelle errichtet worden war, konnte ab dem 30. November 10 Uhr – praktisch als Vorläufer für den Wagenverkehr – die Beförderung von Sperrgut, Hunden (an der Leine zu führen), Handwagen, Fahrrädern und Motorrädern durch den Tunnel freigegeben werden. Das Bild in den Einfahrthallen veränderte sich damit insofern, dass die großen Fahrstühle außerhalb der Hauptbetriebszeiten nun nicht mehr zusätzlich für die Abwicklung des Personenverkehrs genutzt wurden, sondern nur der Beförderung der genannten Gegenstände dienten.

Grosse Schilder mit der Aufschrift »Zufahrt zum Elbtunnel« fielen schon von weitem ins Auge, andere Hinweise an den Tunneleingängen machten die Besitzer von Rädern, Karren usw. darauf aufmerksam, dass sie ihre Karten zur Kontrolle aufbewahren und beim Verlassen des Tunnels abgeben sollten. Als erster kostenpflichtiger Gegenstand wurde ein Fahrrad durch den Tunnel gebracht, dessen Besitzer sich rühmen kann, der Tunnelverwaltung die erste Bareinnahme (5 Pfennig) verschafft zu haben. Ihm folgte ein Fischhändler, der »vergnügt mit seiner Karre in der dunklen Tiefe verschwand«, hatte er doch nach eigener Aussage trotz der Beförderungsgebühr von 25 Pfennig zwei Mark weniger Unkosten als früher, als er den Elbtunnel noch nicht benutzen konnte. Aus Bier in Flaschen bestand die Ladung der ersten schottschen Karre, die den Tunnel in der Richtung nach Steinwärder passierte.

Vielen brachte diese weitere Teileröffnung Vorteile, auf die sie lange gewartet hatten. Beträchtliche Einbußen musste dagegen die Kleinschifffahrt hinnehmen. Sie war es, die vorher Güter von weniger großem Umfang befördert hatte. Der »Hamburgische Correspondent« meldet dazu: »Wer das Leben und Treiben vor der St.-Pauli-Einfahrtshalle aufmerksam beobachtet, dem wird es aufgefallen sein, dass dort sehr oft mit Kisten und Paketen beladene Einspänner stehen, die ihre gesamte Ladung an Schott'sche Karren abgeben. Die Führer lassen sich mit ihren zweiräderigen Vehikeln für den festgesetzten Tarif von 25 Pfg in den Tunnel hinein und auf der anderen Seite der Elbe wieder an die Oberfläche befördern. Nach mehrmaliger Hin- und Herfahrt ist der hochbepackte Wagen in kurzer Zeit leer geworden, und der Verlader, der sich bisher einer Mietsbarkasse oder einer Schute bedienen mußte, hat Zeit und Geld gespart. Die Zahl dieser den Wasser-Fahrzeugen den Rang streitig machenden Karrentransporte – auch kleinen Federwagen begegnet man dann und wann – ist in stetigem Zunehmen begriffen. Dieses vereinfachte Zustellungsverfahren, das gewissermaßen nur als Provisorium angesehen werden kann, wird selbstverständlich mit dem 30. November, dem Tage, an dem der Elbtunnel auch für den Wagenverkehr freigegeben und damit seiner Bestimmung in vollem Umfange übergeben wird, wesentlich abnehmen. Gegenwärtig dominiert im Elbetunnel die Schott'sche Karre, die sonst auf Steinwärder ebenso selten zu sehen war, wie Pferde auf Helgoland.«

Auch an anderer Stelle machte sich die Tunnelkonkurrenz bemerkbar, nämlich, wie schon erwähnt, bei den Fährlinien im unteren Hafen. Mitte Oktober 1911 war an der Fähre 6 bereits die Zahl der Fahrgäste während der Zeit der »Arbeiterbeförderung« von ca. 6000 auf 2400 bis 2600 zurückgegangen. Ähnlich lag das Verhältnis bei den Dampfern der Linie 5, und auch die Linie 4 war in Mitleidenschaft gezogen.

Obwohl es eigentlich recht einfach erschien, gab es nach der genannten weiteren Teilöffnung des Tunnels für diverse Gepäckstücke, Karren usw. doch zunächst unvorhergesehene Schwierigkeiten, wie so häufig bei Neuerungen. Nach etlichen vorgetragenen Beschwerden zeigte es sich, dass die im Tunnel tätigen Beamten offenbar Schwierigkeiten hatten, Handgepäck, dessen Mitnahme frei war, von anderem Gepäck, für das 5 Pfennig Gebühren zu entrichten war, zu unterscheiden. Die Klagen häuften sich. War es beispielsweise gerechtfertigt, einem Jungen, der seinen Geigenkasten bei sich trug, dafür 5 Pfennig abzunehmen, weil der Beamte entschied, dass dies eben ein Kasten und kein Handgepäck sei? Aber auch das spielte sich mit der Zeit ein.

Am 30. November 1911 erfolgte endlich auch die Öffnung für den Wagenverkehr und damit die endgültige Vollendung des Werkes. Bereits geraume Zeit vor der für 10 Uhr angesetzten Eröffnung hatte sich vor der St.-Pauli-Einfahrthalle, ganz wie bei der seinerzeitigen Fußgängerpremiere, eine ganze Reihe von Wagen angesammelt, von denen jeder möglichst der Erste sein wollte. Das Rennen machte dann, als sich Punkt zehn Uhr eine Fahrstuhltür öffnete, ein Wagen der Firma Steiner & Sohn (Paradiesbetten), der damit einem Reklamewagen des Bügelinstituts von H. Gooß, der ebenfalls gern als Erster den Tunnel passieren wollte, den Rang ablief.

In der ersten halben Stunde nach der Eröffnung wurden sieben Wagen durch den Tunnel expediert, sechs Lastfuhrwerke und als erstes öffentliches Personenfuhrwerk die Droschke 1184 mit zwei Insassen. Sie werden wohl, abgesehen von der Teilnahme an diesem Ereignis, die 50 Pfennig Durchfahrtsgebühr gern bezahlt haben, in Anbetracht der erheblichen Zeit- und Geldersparnis durch Vermeidung des großen Umweges über die Elbbrücke. Auch die Lastwagenbesitzer wussten den Tunnel sicherlich zu schätzen, konnten sie doch jetzt durch die Wegeersparnis in gleicher Zeit mehr Fuhren erledigen.

Mit Interesse wurde das Verhalten der Pferde im Fahrstuhl beobachtet. Wie schon bei den Feuerwehrwagen verhielten auch sie sich im Großen und Ganzen ziemlich ruhig, nur besonders feurige tänzelten unruhig hin und her und schraken nervös zusammen, wenn die Tür des Fahrstuhles mit ziemlichem Knall zuschlug. Die meisten Pferde spitzten nur die Ohren und musterten misstrauisch die ihnen völlig fremde Umgebung und lauschten auf die ihnen unbekannten Geräusche. Beim Auf- und Abwärtsfahren der Fahrstühle gaben sie aber keine besonderen Zeichen von Angst von sich. Einem Großstadtgaul imponiert eben so leicht nichts.

Ende Januar 1912 gab die Behörde endlich den Elbtunnel auch zur Benutzung am Sonntag und während der Nachtstunden frei. Die Sache hatte nur einen Haken, denn diese Freigabe erfolgte nämlich zunächst nur »vorläufig«, und zwar für die Dauer des Eisganges auf der Elbe, um etwaigen, im Fährverkehr von und nach Steinwärder eintretenden Stockungen begegnen zu können. Bis 9 Uhr abends blieben alle Fahrstühle in Betrieb, bis 11 Uhr nur die Personenlifte, und noch spätere Passanten mussten die Treppen benutzen. »Gewöhnlich gut unterrichtete Journalisten« wollten allerdings in Erfahrung gebracht haben, dass der so erreichte Vollbetrieb auch in Zukunft aufrechterhalten bleiben würde.

Schon am ersten »offenen Sonntag« war ein reger Besuch zu verzeichnen. Im Laufe des Tages sind mit den Fahrstühlen ca. 12 000 Personen befördert worden. Die Betriebsleitung hatte jedoch mit einem noch stärkeren Andrang gerechnet, allerdings wird wohl der Schlittschuhlauf am Sonntag sehr viele Leute »anderweitig beschäftigt« haben, wurde vermutet. Rund 450 Personen benutzten in der Nacht von Sonnabend auf Sonntag den Weg unter der Elbe.

Bedarf für diese Regelung war also auf jeden Fall vorhanden. Dennoch dauerte es noch einige Zeit, bis sie sich endgültig durchsetzte, vor allem was die Nachtöffnung betraf. Wegen des Sonntagsverkehrs kam sogar noch einmal die Gebührenfrage vor die Bürgerschaft. Der Senat wollte wenigstens an diesem Tage Geld von den Besuchern haben. Es muss für den Finanzsenator ja geradezu eine Pein gewesen sein, dass hier eine Geldquelle brachlag. Die Bürgerschaft blieb jedoch in ihrem Widerstand gegen derartige Pläne erfolgreich. So war dann schließlich nur noch zu beklagen, dass als letzte Einschränkung die Beförderung von Fuhrwerken und sperrigen Gegenständen während der Stunden des Hauptpersonenverkehrs ausgeschlossen blieb. Fiele auch sie noch, dann wäre der Elbtunnel doch endlich das, was er sein sollte – ein zu jeder Zeit und für alle Verkehrsmittel offener Verbindungsweg von und zu dem wichtigen Industrie- und Hafengelände am jenseitigen Ufer der Elbe.

Und dann war allmählich alles ganz normal. Der Elbtunnel war da und er funktionierte. Ein gewisser Otto Hoberg, der sich in der »Deutsche Levante-Zeitung« vom 1. August 1913 mit der Entwicklung des Hamburger Hafens beschäftigte, bezeichnete ganz dem Zeitgeist entsprechend das Bauwerk »als einen leuchtenden Punkt in der Entwicklung deutscher Herrlichkeit und als ein Wunder des Hamburger Hafens«. Was soll man da noch weiter sagen?

Die grosse Tragödie, die wenig später über Europa hereinbrach, der Krieg, der die festverwurzelte Ordnung des alten Kontinents brutal und unwiderruflich zerstörte und so viel Leid über Völker und Familien brachte, reduzierte das Interesse an diesem neuen Verkehrsweg auf ein normales Maß. Zu vermerken ist bei diesem ganzen Elend im Zusammenhang mit dem Tunnel vielleicht noch, dass der Mann, der seinen Bau vor Ort zuwege brachte, Otto Stockhausen, wie viele andere Beteiligte auch, Opfer des Krieges wurde. Otto Stockhausen fiel bereits am 8. September 1914 als Hauptmann der Pioniertruppe während der Marneschlacht an der Westfront. Sein Engagement beim Bau des Elbtunnels, sein Verdienst für den Bau, ist mit der besagten Kachel nach wie vor in Erinnerung.

22. Mai 1922. Der Platz vor den Landungsbrücken und dem Elbtunnel ist gefüllt mit begeisterten Menschen, die 1000 mit dem Dampfer HANSA angekommene Deutsch-Amerikaner empfangen.

Normale Zeiten. Normale Zeiten?

Der schreckliche Krieg, den wir heute als an die fortlaufende Numerierung gewöhnte Menschen als den Ersten Weltkrieg bezeichnen, die irrsinnige Selbstzerstörung des alten Europas, war Ende 1918 offiziell beendet. Die Hoffnung der Mehrheit der Menschen, dass sich nun die Verhältnisse irgendwie wieder normalisieren würden, war jedoch schon bald wieder von Zweifeln beherrscht. Die alten Strukturen waren zerstört, neue mussten erst gefunden bzw. geschaffen werden. Die Begleitumstände waren teilweise wahnwitzig.

Angesichts der sich seit Jahren überstürzenden Ereignisse, war die »große Zeit« des Elbtunnels als weithin beachtetes Bauwerk vorbei. Für ihn waren vor dem Hintergrund politisch und wirtschaftlich schwierigster und turbulenter Zustände tatsächlich normale Zeiten angebrochen. Er erfüllte seinen Zweck, und wenn sich etwas um ihn rührte, dann waren es lediglich lokale Interessen. Aber das war eben die Normalität – wenigstens etwas Normales in jenen Zeiten.

Die Überfüllung des Elbtunnels durch die morgens und abends zwischen Wohn- und Arbeitsstätte hin- und herströmende Masse der am jenseitigen Ufer der Elbe Beschäftigten, war das Thema vieler Leserbriefe, Planspiele und Debatten. Ein weiteres Thema, das gerade in den zwanziger Jahren mit allen ihren Nöten sowohl in der Verwaltung als auch natürlich bei den einzelnen Mitbürgern immer wieder hochkam, war die leidige Gebührenfrage für den einzelnen Elbtunnelbenutzer. Sollte man den Werftarbeiter zur Kasse bitten, um mit diesen Gebühren die Betriebskosten des Tunnels wenigstens mitfinanzieren zu können, oder sollte man dem Steuerzahler den Gang durch den ohnehin mit Steuermitteln finanzierten Elbtunnel weiterhin »frei« gestatten? Naturgemäß plädierte die Verwaltung, zu allen Zeiten auf der Suche nach neuen Geldquellen, stets für die Gebühren, das »Volk« und auch die Bürgerschaft, das hamburgische Stadtparlament, blieb standhaft dagegen.

Dabei ging es, und nur deshalb soll hier ausführlicher darauf eingegangen werden, im Zuge der Inflation um teilweise abenteuerliche Zahlen, die sprunghaft größer und größer wurden. Allerdings musste die Verwaltung natürlich gerade in dieser Zeit darum bemüht sein, und das sollte man ihr zugestehen, die Einnahmen angesichts der durch die Geldentwertung davongaloppierenden Ausgaben auf einer adäquaten Höhe zu halten. Es ging damals übereinstimmend mit der allgemeinen wirtschaftlichen Lage im Lande rasch aufwärts mit den Preisen – Schlag auf Schlag. Zur Demonstration, und um noch einmal die Differenzierungen in der Gebührenordnung zu veranschaulichen, nur zwei Beispiele aus dem Jahre 1923. Nach einem Antrag des Senats sollte die Bürgerschaft zum 29. Januar 1923 eine neue Gebührenordnung für den Tunnel beschließen. Danach waren Handgepäck, Gegenstände bis 50 Zentimeter Höchstmaß, Markteinholtaschen (sic !), einzelne Schaufeln und dergleichen frei, wie auch der einzelne Passant »ohne alles« nach wie vor von Abgaben verschont blieb. Zu entrichten waren dagegen für Kinderwagen 20 M; Fahrräder 40 M; Sperrgut, große Körbe, Kannen, Fässer, Koffer, Kisten, Säcke, Sackkarren, einrädrige Schiebekarren, Kinderspielwagen, leere Karren und leere Handwagen, Motorzweiräder, Hunde und andere Kleintiere 150 M; beladene Karren, beladene Handwagen, Pferde, Esel und andere Großtiere (geführt) 200 M; leere Lastwagen und leere Gesellschaftskraftwagen 500 M; beladene Lastwagen und beladene Gesellschaftskraftwagen bis 4000 kg Gesamtgewicht 1000 M, bis 6000 kg Gesamtgewicht 2000 M, bis 10 000 kg Gesamtgewicht 4000 M, Droschken, Personenautos 2000 M, von 10 Uhr abends bis 6 Uhr morgens 4000 M. Gesellschaftswagen 10 000 M. Die im linkselbischen Freihafengebiet wohnenden Bürger erhielten Ermäßigungen. Heute mag die Unterscheidungsvielfalt, mit der sich ja auch die die Gebühren kassierenden Elbtunnel-Beamten auseinanderzusetzen hatten, erstaunen, aber, ... andere Zeiten!

Und nun die Gebühren ein knappes halbes Jahr später: Ab 1. Juli 1923 mussten bereits gezahlt werden für Kinderwagen und Kinderspielwagen 50 M; Fahrräder 50 M; Sperrgut, größere Körbe, Fässer, Kannen, Koffer, Kisten, Säcke, Sackkarren, einrädrige Schiebekarren 100 M; leere Karren und leere Handwagen, Hunde und anderes Kleinvieh, Motorzweiräder 400 M; beladene Karren, beladene Handwagen, Pferde, Esel und anderes Großvieh 500 M, leere Lastwagen und leere Geschäftskraftwagen 1300 M; beladene Lastwagen und beladene Geschäftskraftwagen bis 4000 kg Gesamtgewicht 2600 M, bis 6000 kg Gesamtgewicht 5500 M; bis 10 000 kg Gesamtgewicht 11 000 M; Droschken, Personenautos 10 000 M, von 10 Uhr abends bis 6 Uhr morgens 15 000 M, Gesellschaftswagen 25 000 M. Die Bewohner der linkselbischen Freihafengebiete bezahlten die Hälfte der Gebühren. Falls sie Fuhrwerke usw. nachweislich nur für ihren eigenen Bedarf verwendeten, sollte ihnen die demgemäß zu erlassende Hälfte der Gebühren nachträglich erstattet werden, allerdings nur auf Antrag.

Der Tunnel war zu jeder Zeit, hier in den dreißiger Jahren, immer auch eine Touristenattraktion.

Und noch etwas zu dem Inflationsjahr 1923. Es brachte für den Tunnel einen Rekord. 19 Millionen Menschen, in der Mehrzahl Werft- und Hafenarbeiter, nutzten ihn. Sie gingen, um Geld zu sparen, durch den Tunnel zu Fuß zur Arbeit und zurück.

Besonders häufig wurde aber gerade in dieser Zeit über die »Radfahrerplage« Klage geführt. Sie war nach Ansicht vieler zu Fuß gehender Tunnel-Benutzer mit einer der Hauptgründe für die hinderlichen und leider häufigen Verstopfungen im Tunnel und vor den Fahrstühlen, denn diese konnten wegen der Mitführung der vielen »Stahlrösser« ja bei weitem nicht mehr so viele Personen wie sonst aufnehmen.

Dieser Ärger war verständlich, aber es fanden sich natürlich auch Verteidiger. Einer von ihnen, wohl selbst Radfahrer, schrieb sich seine Empörung über diese Vorwürfe in einem Leserbrief von der Seele, wobei es ihm durchaus gelang, den Spieß sogar umzudrehen. Er meinte, von einer Rücksichtslosigkeit der Radfahrer im allgemeinen könne gar keine Rede sein, schließlich empfände jeder von

1936: Ein erstes Jubiläum, der Elbtunnel ist 25 Jahre alt.

ihnen, der aus Sparsamkeitsgründen gezwungen sei, den Weg zur Arbeit mit dem Fahrrad zurückzulegen, gerade diesen Teil des Weges selbst als den unangenehmsten und gefährlichsten. Er wies auf die verhältnismäßig schmalen Fußgängerwege im Tunnel hin, die es erforderten, dass Fußgänger, die andere Passanten überholen wollten, auf die Fahrbahn treten müssten. Dieses plötzliche Heruntertreten sei einerseits eine Gefahr sowohl für den Radfahrer als auch für den Heruntertretenden und erfordere häufiges Klingeln, um den Passanten die Annäherung des Fahrrades anzukündigen. Andererseits gäbe es viele Leute, die auf dem Fahrweg gehend, aus Prinzip und Frivolität absichtlich nicht auswichen und sich um einmaliges Klingeln überhaupt nicht kümmerten, obwohl der Fahrweg in erster Linie für Fahrzeuge, also auch für Fahrräder, geschaffen sei. Vernünftigerweise schlug er mehr gegenseitige Rücksichtnahme vor, denn nur damit ließe sich Abhilfe schaffen.

Der gleiche Absender, der so verständig um gegenseitige Rücksichtnahme warb, konnte sich als letzten Schlenker seines Briefes aber wiederum nicht verkneifen, den nächst größeren Vehikeln eins mitzugeben, den Automobilen nämlich. Er meinte, es müsse den Autofahrern verboten werden, mit »vollem Auspuff« durch den Tunnel zu fahren. In der Weise, wie dies jetzt geschehe, sei die schlecht abziehende Luft voller Qualm und müsse immerhin 10 bis 15 Minuten lang eingeatmet werden ...

Aber noch einmal zurück zu den Fahrrädern. Sie waren zunächst das Problem, das man in den Griff bekommen musste. Vorgeschlagen, und dann auch verwirklicht, wurde die Schaffung von bewachten Fahrradunterständen auf der Stadtseite des Tunnels. 1936, zum 25-jährigen Betriebsjubiläum, hieß es dazu, dass sich dicht neben dem Tunnel schon ein besonderer Gewerbestand entwickelt habe: »Die Radbewachungsstelle besorgt ihr Geschäft der Einfachheit halber im ›Engros‹. Drei lange und breite Fahrradunterstände sind auf dem Straßenpflaster errichtet worden, und es geht die Sage von ihren Inhabern, dass sie das Rad eines einzelnen Kunden schon auf zehn Schritt erkennen. Das mag übertrieben sein, aber es ist festzustellen, dass fast alle Arbeiter hier ›Stammkunden‹ sind, und manches persönliche Wort, manch fröhlicher ›Flachs‹ wird hier schon in den Morgenstunden ausgetauscht.«

Ein anderer Bericht, der ebenfalls zu diesem Jubiläum erschien, sprach aber trotz der genannten Einrichtung immer noch davon, dass sich die vielen Fahrräder in den Hauptverkehrszeiten etwas verzögernd auf den schlanken Durchgangsverkehr auswirkten. »Es werden zur Zeit täglich 15 000 Radfahrer im Elbtunnel gezählt. Praktische Anordnungen haben aber diesen Zustand erträglich gestaltet.«

Und zuletzt, um damit diese Sammlung von Eingaben, Beschwerden und Vorschlägen abzuschließen, ein letzter Protest – ein Kuriosum fast. Dipl.-Ing. W. Beinhoff beschwerte sich über den mutwilligen Lärm im Elbtunnel. Lärm, hervorgerufen besonders von jungen und gelegentlich auch alten Leuten. Seine Auslassungen sind so triefend geschmückt und in ihrer Grämigkeit so zeitlos, dass sie dem geneigten Leser nicht vorenthalten werden sollen. Erschienen sind sie in den »Hamburger Nachrichten« vom 24.Juni 1932 unter der Überschrift »Der Steinwärder Elbtunnel als Kindertrompete«: »Ja, als solcher wird er wirklich in der heißen Periode angesehen! Jedes Jahr, immer wieder! Und die Tonfülle nimmt zu! Viele Hunderte von Kindern beiderlei Geschlechts im Alter von 8 bis 20 Jahren fluten alltäglich nach beiden Richtungen durch die Röhre. Hin zur Badeanstalt, heimwärts zu Muttern. Dank sei dem hamburgischen Staat, dass er Steinwärder zu einem Badeort gemacht und damit einen Gesundheitsquell geschaffen hat und ihn erhält! Man sieht, dass in dieser heranwachsenden Generation ein Stück Gesundheit steckt, trotz aller Not. Man sieht es an den freudestrahlenden Gesichtern und der Blitzartigkeit der Bewegungen. Es ist ein Glück, daß die Kinderseele noch ungetrübt ist von den Sorgen der Eltern.

Leider aber hört man es auch, dass die Jugend körperlich gesund ist, ist gezwungen, es zu hören, kann als Tunnelpassant seinen Ohren nicht entrinnen dem Lärm der unholdigen Schar, die den Tunnel ganz für sich allein beansprucht und Stunde um Stunde in das Riesenrohr hineinbläst, singt, johlt, brüllt, pfeift. Oh, dieses Pfeifen! Seiner unvergleichlichen

Eine Würdigung anlässlich des 25-jährigen Jubiläums in der Lokalzeitung.

Hamburger Fremdenblatt. Sonnabend, 5. September 1936 — Nr. 247 Seite 19

Abend-Ausgabe

Der Hamburger Elbtunnel

WURDE AM 7. SEPTEMBER 1911 ERÖFFNET

Längsschnitt des Elbtunnels mit Stadtansicht und Landungsbrücken

Frühmorgens und abends geht ein ununterbrochener Menschenstrom durch den Elbtunnel. Im Jahre werden rund 12 Millionen Benutzer gezählt, das macht täglich 40 000

Der Hamburger Elbtunnel ist die einzige Tunnelanlage der Welt, die Aufzüge – hüben und drüben je sechs – zur Bewältigung des Verkehrs hat. In der Regel sind für Tunnel große Rampenanlagen vorgesehen.

Blick in den riesigen Tunnelschacht, dessen Gesamttiefe 28 Meter beträgt. Wer keinen der Personen-Aufzüge benutzen will – es gibt auch Aufzüge für Fuhrwerke – der braucht „nur" 134 Treppenstufen zu bewältigen

Aufn. Andres

negativen Schönheit kann nichts an die Seite gestellt werden. Zu gewissen Tageszeiten, nämlich mittags, wenn die quecksilbrige Masse anschwärmt, und ganz besonders abends, wenn sie zurückflutet, gibt das Orchester seine Kräfte voll her, schwillt das Getobe zu einem Inferno an, an dem Dante seine Freude gehabt hätte. Es steckt Kraft in der Jugend. Aber, so frage ich, hat man diesem wilden Betätigungsdrange wirklich nichts anderes zu bieten, als die Nerven der erwachsenen Generation? Wird nicht auch des Feuers wohltätige Macht mit absoluter Selbstverständlichkeit gezähmt und bewacht? Ich bin kein nervöser Mensch, liebe die Jugend und habe viel Sinn für ihren Drang, sich auszutoben, aber es gibt eine Grenze des Erträglichen.

Vielleicht nehmen maßgebende Herren der hamburgischen Polizei, einsichtsvolle Lehrer und liebende Eltern diese Zeilen zum Anlass, ihre Erholungsstunde einmal während der Konzertzeit im Elbtunnel zu verbringen. Sie werden Wunder erleben. Gelegentlich habe ich schon Mütter beobachtet, die bei besonders schrillem, nervenzerreißenden Pfeifen ihre »lieben Kleinen« aufmuntern, mehr von dieser »kläglichen Schönheit« herzugeben. Ich habe aber auch erlebt, dass ältere Herren ihrer hochgepeitschten Stimmung herbzornig in Worten und Taten Ausdruck gaben. Mit mehr hörbarem Erfolge als jene negativen Erziehungskünstlerinnen, denn jedes Zeichen von Verärgerung lässt den Chorus zum Höllenspektakel werden.

Gute Erziehung? Rücksichtnahme? Achtung vor dem Alter? – Aber, mein Gott, es sind doch Kinder! Nehmt doch den Kindern nicht jede Freude! – Neuere pädagogische Meinung! So nimmt im Zwielicht des Tunnels dieser rasende Orkan jugendlicher Unerzogenheit scheinbar zwangsläufig seinen erbarmungslosen Ablauf. Die wenigen, verfügbaren Polizeikräfte schreiten ein, wo sie gerade sind, aber ihnen fehlt die Gabe der Allgegenwärtigkeit. Mir will es auch nicht unbedenklich erscheinen, gegen Kinder Polizei mobil zu machen, es sei denn, dass man die Eltern treffen könnte. Immerhin hat aber die hamburgische Eltern- und Lehrerschaft angesichts der Tausenden von Fremden, die täglich im Tunnel dieser ›Erholung‹ ausgesetzt sind, in bezug auf Kindererziehung einen Ruf zu verlieren. Mögen denn vor allem diese Stellen durch energisches Handeln Milderung schaffen.«

Nun aber wieder ein Sprung zurück, zurück in das Jahr 1925, als eine neue »Dienstanweisung für den Betrieb des Elbtunnels« erschien. Auch daraus einige Zitate. Nicht, um sich darüber zu mokieren oder sie zu persiflieren, sondern auch hier nur, um Zeitgeist einzufangen. In den zwanziger Jahren wurde übrigens das Elbtunnelpersonal, auch das zur Zeit an sich, mit Gummiknüppeln ausgestattet.

In der Dienstanweisung hieß es u. a., dass während des Fahrdienstes die dafür vorgesehene Dienstkleidung zu tragen sei. Für peinliche Sauberhaltung und für ordnungsgemäßen Zustand habe jeder auf eigene Kosten zu sorgen. Hierzu gehören alle kleineren Instandsetzungen. Größere Beschädigungen würden, soweit ein Verschulden des Trägers der Kleidung nicht vorliegt, auf Kosten der Verwaltung ausgeführt. Jeder Einzelne sei für die ihm übergebene Dienstkleidung selbst verantwortlich. (Die abgetragene Dienstkleidung wird Eigentum des betreffenden Angestellten).

Das Verhalten gegen das Publikum soll sowohl bei Auskunfterteilung als auch bei den erforderlichen Anweisungen sehr höflich, aber bestimmt sein. Die den Tunnel betreffenden Anfragen allgemeiner Art wären kurz und sachlich zu beantworten. Jede weitergehende Unterhaltung sei zu vermeiden. Auskunfterteilungen über Erfahrungen und Beobachtungen an den vorhandenen Betriebseinrichtungen blieben streng untersagt.

Jedem Einzelnen werde eine aufrechte Haltung während des Dienstes zur Pflicht gemacht. Zu den Dienstobliegenheiten der Tunnelwarte gehöre auch die Reinigung des Tunnels sowie der Diensträume und sonstigen Einrichtungen zu bestimmten Stunden.

Schlussbestimmungen: »Die Tunnelwarte haben die Anordnungen derjenigen Maschinisten, denen sie für besondere Arbeiten zugestellt werden, zu befolgen. Verstöße gegen die Dienstanweisung werden je nach Art gemäß den für die Beamten und Angestellten erlassenen Bestimmungen bestraft. Den am Elbtunnel beschäftigten Personen werden hiermit die unmittelbaren Vorgesetzten bekanntgegeben

Oberbaurat Wundram
Ingenieur von Clausewitz
Techn. Obers. Mohr
1. Maschinist Hadler
Maschinist Sommer.«

Wir erinnern uns noch an die Klage des Fahrrad fahrenden Elbtunnelbenutzers über das »Qualmen« der Autos. Weniger wegen dieser mehr die menschliche Umwelt beeinflussenden Dinge, sondern mehr wegen technischer Einzelheiten waren natürlich die Automobile auch Gegenstand ernsthafter Überlegungen von Seiten der Tunnelbetreiber, also der Behörde. Sie musste sich in der Mitte der zwanziger Jahre häufig Beschwerden darüber anhören. Besonders wurde darüber geklagt, dass die 1,82 m breite Fahrbahn für größere Lastkraftwagen nicht ausreiche. Insbesondere wurde für die neuen großen Motorspritzen der Feuerwehr eine breitere Fahrbahn gefordert.

Die Reaktion war, dass 1928 die an beiden Seiten jeweils 1,25 Meter breiten Fußwege um fünf Zentimeter schmaler gemacht wurden, so dass anschließend die beiden Fahrbahnen je 1,92 m breit waren. Das war jedoch ein recht mühseliges Unterfangen, denn diese jeweils fünf Zentimeter an den Seiten waren nur durch reine Handarbeit zu gewinnen. Da die Arbeiten, um nicht den Verkehr zu behindern, nur nachts durchgeführt werden konnten, nahmen sie mehrere Monate Zeit in Anspruch. Nach Fertigstellung wurden auch die beiden 10-t-Fahrstühle den neuen Maßen angepasst.

Stolz waren die Elbhanseaten immer auf »ihren« Tunnel, selbst wenn er natürlich nun nicht mehr tagtäglich in aller Munde war. Ganz sicher ist der Prozentsatz der Hamburger hoch, wenn er auch nicht nachzuweisen ist, für die bei Besuchen von außerhalb, wenn nicht ein Gang durch, so doch bestimmt ein Gang zum Tunnel obligatorisch war und auch heute noch ist. In diesem Stolz fühlte sich so mancher nun getroffen, als etwa Anfang der dreißiger Jahre von einem Tunnelbau in Detroit die Rede war.

Diesen »Gefühlen« gab ein Beitrag in den »Hamburger Nachrichten« Mitte 1931 Ausdruck. Es wurde ironisch darauf hingewiesen, dass nun viele tausend Federn arbeiten würden, um dieses Wunderwerk amerikanischer Technik der staunenden Mitwelt zu präsentieren. Da könne man von riesigen Stahlrohren, von einem raffinierten Schildvortrieb, von Wasserpressen und Luftschleusen, von schützenden Abschlusswänden, von Betonmauern, überwundenem Wasserdruck und eingeblasener Frischluft lesen. Ja, da hätten diese tollen Amerikaner doch mal wieder etwas Neues! »Aber, wie wird mir denn?«, hieß es in dem Bericht. »War es nicht lange vor dem Weltkriege, als ich den Bau des Hamburger Elbtunnels besuchte? War damals nicht alles da: die Stahlrohre, der Schildvortrieb, die Wasserpressen und Luftschleusen, die Abschlußwände usw.?

Nun ja; die Schöpfer waren ›bloß‹ Deutsche; sie hießen Bubendey, Wendemuth und Stockhausen. Sie haben ganz dasselbe gemacht; nur daß es zwei Jahrzehnte her sind. Aber kein Tamtam hat sich gerührt, um der Welt diese nicht amerikanische, sondern deutsche Leistung zu rühmen.

Hier St. Pauli-Steinwärder, dort Detroit-Windsor! Ich will sagen, welches die einzigen Unterschiede sind! Der Hamburger Elbtunnel ist etwa 425 Meter lang, der von Detroit 1750 Meter. Wäre die Elbe ebenso breit, so hätte sich das Verfahren genauso fortgesetzt. Ferner: Der Detroit-Tunnel mißt zehn Meter, der Hamburger nur sechs; aber das will für die technische Leistung an sich gar nichts besagen. Dann werden eben die Schildvortriebe um vier Meter im Durchmesser vergrößert. Und wäre die Elbe hier 1750 Meter breit, so hätte man einfach so und so viele Wochen länger gearbeitet. Das, worauf es ankam, war die Tiefe unter dem Flußboden. Die betrug aber bei uns etwa 10 Meter wegen des Tiefgangs der großen Seeschiffe; und darin lag die Schwierigkeit. Und nun möge die amerikanische Propaganda uns erst einmal mitteilen: wie tief unter dem Wasserspiegel sich diese längliche Arbeit vollzogen hat…«

Na ja, und wo wir schon mal beim Amerikanischen sind, in diesem Zusammenhang haben sich ja schon immer Gefühle offenbart, die zwischen Neid und Sehnsucht angesiedelt sind und in den unterschiedlichsten Formen ihren Ausdruck fanden – und finden. Um dabei zu bleiben, noch einmal zu den Aufzügen, sie waren von der amerikanischen Firma Otis gebaut worden.

In der Zeit des 25-jährigen Jubiläums, in einer Zeit, in der strammes nationales Empfinden bei jeder Gelegenheit demonstriert werden musste, hieß es zu diesem wichtigen Teil des Gesamtkomplexes, dass ja die deutsche Industrie ebenfalls seit langem Gleichwertiges liefern könne. Es musste im gleichen Atemzug aber auch eingestanden werden, dass sich die Otis-Aufzüge während der bisher vielen Millionen Doppelhübe gut bewährt hätten, so dass während der 25 Betriebsjahre, in denen rund 275 Mio. Menschen und über 2 Mio. Fahrzeuge befördert wurden, keinerlei nennenswerte Unfälle zu verzeichnen gewesen wären. Dazu beigetragen hätten natürlich neben der ausgezeichneten Bauweise, die wenig Verschleiß und Störungsmöglichkeiten aufweise, besonders die sorgfältige Unterhaltung und Betriebsführung durch das Amt für Strom- und Hafenbau. Die jährlichen Benutzerzahlen für den Tunnel wurden mit zwischen 8 und 18 Mio. Menschen angegeben. Sie seien ein getreues Spiegelbild der Wirtschaftslage im Hafen und auf den Werften.

Tausende waren gekommen, um den Stapellauf des neuen Schlachtschiffes mitzuerleben. Die meisten von ihnen kamen durch den Tunnel.

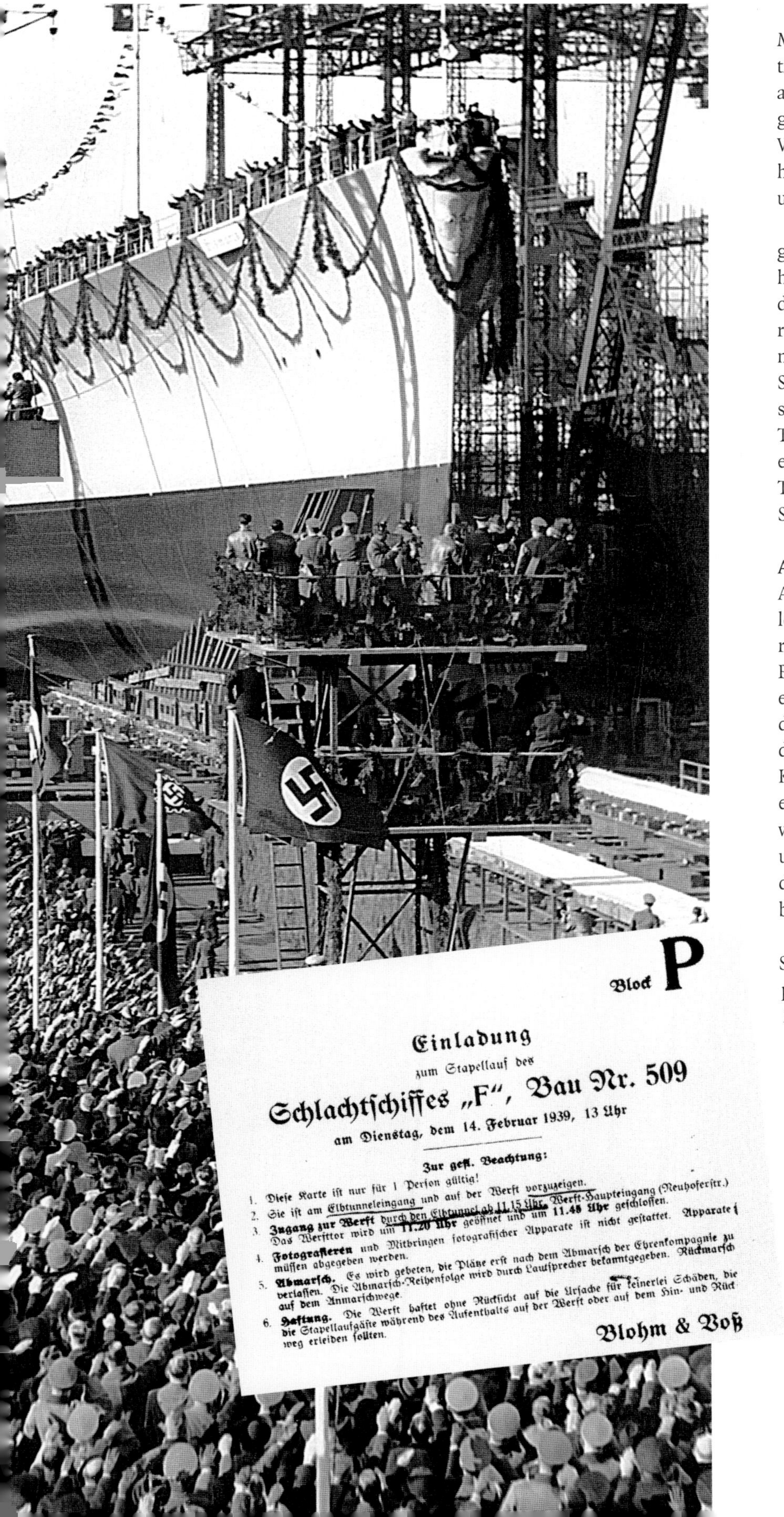

Ein anderer Jubiläumsartikel geht auch auf die Menschen ein, auf die am und im Tunnel Beschäftigten. Etliche Zeilen wurden den Fahrstuhlwärtern auf ihrem »besonders verantwortungsvollen Posten« gewidmet: »Tagein, tagaus tragen sie im Dienst die Verantwortung für viele Menschenleben. Zum Teil haben sie schon am Bau des Tunnels mitgearbeitet und sind im Laufe der Jahre mit ihm verwachsen.

Auch sie kennen ihre ›Kunden‹ schon seit langen Tagen und manch freundschaftliches Wort fliegt hinüber und herüber. Sie kennen die Rollkutscher, die mit ihren schweren Wagen den Tunnel durchfahren, sie kennen den Mann von der Reichspost, der mit seinem kleinen Kraftwagen den Weg zur anderen Seite der Elbe machen muß, und manchmal kennen sie auch die Lehrer, die mit ihren Schulklassen den Tunnel besuchen. Dann erklären sie wohl mal, wenn es ihre Zeit möglich macht, und erzählen von den Tagen, an denen hier gefahrvolle Arbeit unter dem Strom geleistet wurde.«

Auf eine besondere Art musste der Tunnel im April 1939 seine Leistungsfähigkeit unter Beweis stellen. »Durch Boten gegen Quittung« traf am 2. Februar ein entsprechendes Schreiben von der Werft Blohm & Voss kommend beim Strom- und Hafenbau ein. Das Ereignis, um das es ging, war der Stapellauf des Schlachtschiffes »F«, der späteren Bismarck, die sowohl als besonders gut gelungenes Werk des Kriegsschiffbaus als auch von ihrem Einsatz her einen festen Platz sowohl in der Geschichte der Bauwerft als auch der deutschen Marine gewonnen hat und für viele weit darüber hinaus der Inbegriff und der Höhepunkt des internationalen Schlachtschiffbaus geworden ist.

Auch in der Geschichte des Elbtunnels hat das Schiff insofern seinen Platz, als dass zu seinem Stapellauf eine ungeheure Menschenmenge in kürzester Zeit durch den Elbtunnel geschleust werden musste. Wie aus dem oben genannten Schreiben hervorgeht, sollte der Stapellauf um 13.00 Uhr stattfinden. Um 10.00 Uhr sollten 2000 Mann Formationen und von 10.30 bis 11.40 Uhr 19 000 Gäste die Röhren in Richtung Steinwärder passieren. 21 000 Personen also, die Tunnelverwaltung selbst rechnete sogar mit 25 000 bis 26 000. Weiter hieß es in dem Schreiben: »Die Polizei hat sich vorgemerkt, daß der Tunnel während dieser Zeit für den öffentlichen Verkehr gesperrt wird. Der Rückmarsch der Gäste erfolgt etwa in der Zeit von 13.30 bis 14.30 Uhr.« Keine einfache Aufgabe sicherlich, aber sie wurde bewältigt.

Das Schachtgebäude Steinwärder nach den ersten verheerenden Bombenangriffen auf Hamburg am 24./30. Juli 1943.

Neuer Krieg und ein schwieriger Wiederaufbau

NUN IST DAS ZUWASSERLASSEN EINES KRIEGS-schiffes, selbst eines solchen Kolosses, wie es die »Bismarck« war, sicherlich noch nicht der Vorbote eines Krieges. In diesem Fall dauerte es aber nicht mehr lange, bis die Welt abermals von diesem Wahnwitz überzogen wurde. Die »Bismarck« überlebte ihn nicht, sie versank bereits 1941 mit fast der gesamten Besatzung in den kalten Fluten des Nordatlantik. Der Tunnel hatte mehr Glück, er erlitt aber auch erhebliche Beschädigungen.

Gleich bei Ausbruch des Krieges ergriff die Betriebsleitung Maßnahmen, um die Anlagen und vor allem das Kraftwerk vor Angriffen aus der Luft zu schützen. Zunächst wurde für die Verdunklung der Maschinenräume, der Aufzüge und der Treppen gesorgt. In den Maschinenräumen auf beiden Seiten wurden Schutzbleche für die elektrischen Anlagen und eine Schutzwand für die Schaltanlage gebaut. Außerdem wurden vier Feuerlöschtrupps aufgestellt, von der Feuerwache ausgebildet und mit Motorspritzen sowie allem dazugehörigen Gerät ausgerüstet. Diese Trupps bezogen in den Tunnelhäuptern Station und lösten sich alle 24 Stunden ab.

Während der ersten Kriegsjahre blieb das Reichsgebiet und damit auch Hamburg und dort wiederum der Elbtunnel von Bombenangriffen weitgehend verschont. Nur vereinzelt griffen Bomber den Hafen an, und nur wenige Bomben gingen, ohne größeren Schaden anzurichten, in der Nähe des Elbtunnels nieder. Glimpflich ging es auch noch am 30. Januar 1943 ab. Mehrere Bomben schlugen auf Steinwärder in der Nähe der Eingangshalle ein. Türen, Fensterscheiben und Glühbirnen gingen kaputt, der Betrieb konnte jedoch aufrechterhalten werden. Im Mai 1943 war alles wieder in Ordnung gebracht.

DER EIGENTLICHE SCHRECKEN BEGANN AM 24. JULI 1943, als die Alliierten mit der Operation »Gomorrha« schwere Luftangriffe gegen Hamburg starteten. Der Name der Operation sagt schon alles. In der Nacht vom 24. auf den 25. Juli luden 740 britische Flugzeuge 2 300 t Bomben über der Hansestadt ab. Die Verwüstungen und die bewusst geplanten

Die Weströhre des Tunnels nach dem Bombenhagel im Juli 1943.

Verluste unter der Bevölkerung waren grauenhaft. Was den Elbtunnel betrifft, so wurden auf Steinwärder die Nebenräume östlich der Eingangshalle und der Fahrkorb 1 völlig zerstört. Beim Fahrkorb 2 war die Eisenkonstruktion für die Gleitschienen verbogen und auf der Schachtsohle wurde die Spülpumpe von herabfallenden Betonstücken zerstört. Die Holzkonstruktionen der Kuppeln auf Steinwärder und St. Pauli brannten völlig aus. Schwer beschädigt wurde auch das Kraftwerk. Das Dach des Maschinenhauses sowie die Wohnräume neben dem Maschinenhaus brannten ebenfalls nieder. Im Kraftwerk fielen dadurch drei Dieselmaschinen und zwei Umformer aus. Da die Batterien und Gleichrichteranlagen aber verschont geblieben waren, konnte der Betrieb dennoch aufrechterhalten werden. Bei diesem Angriff wurde auf Steinwärder ein Tunnelwärter getötet, ein weiterer schwer verletzt.

Um die Löscharbeiten zu stören, griffen gleich am nächsten Tag, dem 25. Juli, 122 B 17-Bomber der 8. US-Luftflotte erneut an. Sie erzielten Treffer u. a. auf St. Pauli, auf der Straße westlich des Tunnelhauptes und am Tunnelrohr selbst. Im Schacht wurden der Fahrkorb 1 und die dazugehörigen Gegengewichtsseile stark beschädigt. In den Tunnelrohren fielen auf 20 Meter Länge Kacheln und Zementstücke auf die Fahrbahn. Trotzdem konnte nach Beseitigung der gröbsten Schäden schon am anderen Morgen der Verkehr wieder aufgenommen werden. Für weitere Aufräum- und Reparaturarbeiten wurde auch Militär hinzugezogen. Die Firma Grün und Bilfinger erhielt den Auftrag, die zerstörten Nebenräume zu verstärken. Der Maschinenraum auf Steinwärder erhielt eine Holzdecke, um die Maschinen vor der Witterung und vor allem vor Regen zu schützen. Auch die anderen beschädigten Anlagen wurden nach und nach, zum Teil nur provisorisch, repariert.

Am 8. Juni 1944 zerstörten weitere Luftangriffe die Gleichrichteranlage des Kraftwerkes und beschädigten sämtliche Aufzüge. Blohm & Voss erhielt den Reparaturauftrag, und bereits nach acht Tagen funktionierten die Fahrkörbe 3 bis 6 wieder. Im Juli war auch der Fahrkorb 2 so weit instand gesetzt, dass er wieder in Betrieb gehen konnte.

Im Kraftwerk musste der Betrieb über eine Batterie und mit den Dieselmotoren aufrechterhalten werden. Schwierigkeiten gab es, da die Kühlwasserleitung und der Sielabfluss ebenfalls durch Bomben zerstört worden waren. Man behalf sich, indem mit einer Motorspritze Wasser aus der Elbe in die Kühlwasserbehälter gepumpt wurde. Das gebrauchte Kühlwasser floss über einen rasch angelegten Graben ins Siel ab. Da sich aber verstärkt Brennstoffknappheit bemerkbar machte, war auch dieser Behelfsbetrieb bald in Frage gestellt. Hamburgs Elektrizitätswerke (HEW) bekamen daher den Auftrag, eine Hochspannungsanlage und einen Umformer als Ersatz für die zerstörten Gleichrichter zu beschaffen. Dieser Auftrag wurde in kurzer Zeit erledigt, so dass die Anlage am 10. Juli 1944 in Betrieb gehen konnte.

Vorsorglich hatte Blohm & Voss als der größte und wahrscheinlich kriegswichtigste linkselbische Betrieb am 13. Januar 1944 in einem Rundschreiben an die kaufmännischen Büros festgelegt: »Falls der Elbtunnel durch Feindeinwirkung unbenutzbar werden sollte und der Fährverkehr ebenfalls versagt, wird bis zur Herstellung eines ausreichenden Fährdienstes ein Katastrophendienst im Museum für Hamburgische Geschichte, Hamburg, Holstenwall 24, und gegebenenfalls ein Notdienst auf der Werft eingerichtet. Bei Eintritt vorstehenden Falles haben sich die kaufmännischen Angestellten morgens um 8 Uhr vor dem Museum zwecks Diensteinsatz einzufinden ... Die linkselbisch wohnenden Gefolgschaftsmitglieder haben sich auf der Werft zu melden. Sollte der Fall eintreten, dass der Elbtunnel zwar unbenutzbar ist, die Fähren aber verkehren, so haben sich die kaufmännischen

Auch für das Schachtgebäude Steinwärder stand zunächst die Frage im Raum, wann, wo und wie die Kriegsschäden beseitigt oder behoben werden sollen oder können.

Angestellten selbstverständlich wie üblich auf der Werft einzufinden.«

In der folgenden Zeit detonierten immer wieder vereinzelt Bomben in der Nähe des Elbtunnels. Dadurch kamen vorübergehend immer wieder einzelne Aufzüge außer Betrieb und viele Fensterscheiben gingen zu Bruch. Nach den erneuten schweren Angriffen im März/April 1945 war schließlich der Tunnelbetrieb kaum noch aufrechtzuerhalten. Auf Steinwärder, das wegen der Nähe der Werften und Hafenanlagen immer besonders schwer zu leiden hatte, wurden sämtliche Aufzüge und Treppen zerstört. Die Kuppel des Tunnelgebäudes lag zur Hälfte auf der Schachtsohle, die andere Hälfte hatte sich über die Maschinen gelegt. Alles glich einem furchtbaren Trümmerhaufen, was ja auch der Realität entsprach. In den Tunnelrohren selbst waren wieder viele Kacheln und Betonstücke auf die Fahrbahn gefallen. Sämtliche Türen für die Postaufzüge waren eingedrückt, Kraft- und Lichtkabel sowie die Schalttafel zerstört.

Das Kraftwerk war bei diesen Angriffen allerdings nur wenig beschädigt worden, wenn auch die Kabel in der Straße nach Kuhwärder mehrmals getroffen waren. Auf der St.-Pauli-Seite war demgegenüber nur der Fahrkorb 3 beschädigt worden. Der Betrieb im Tunnel musste jedoch schon allein wegen der überaus starken Schäden auf Steinwärder eingestellt werden. Die Belegschaft des Elbtunnels wurde mit Aufräumungsarbeiten beschäftigt. Blohm & Voss erhielt den Auftrag, die Treppen auf Steinwärder so weit zu reparieren, dass der Fußgängerverkehr durch den Tunnel wieder aufgenommen werden konnte, denn die Röhren selbst waren passierbar geblieben. Nach etwa 14 Tagen war eine der Treppen wieder zu begehen. Trotz allem aber machte die ganze, einst so stolze Anlage einen ziemlich wracken Eindruck. Und dieser Eindruck täuschte nicht.

Nach späteren amtlichen Angaben befand sich der Tunnel am 3. Mai 1945, am Tage der Kapitulation Hamburgs, in folgendem Zustand:

»A. Kraftwerk

1. Batteriegebäude: Dach stark beschädigt, alle Türen und Fenster einschließlich Rahmen und Zargen zerstört. Etwa 25 Elemente der Puffer- und Lichtbatterie beschädigt – ausgelaufen, eine Telefonbatterie völlig zerstört.

2. Maschinenhalle: Das Dach völlig zerstört, die Süd- und Ostwand der Halle stark beschädigt, ebenso der Laufkran einschließlich Schienen. Dieselmaschine I mit Generator ausgebrannt. Dieselmaschine II und III durch Teile des Daches stark beschädigt – Steuerteile. Beide Motorgeneratoren zerstört – ausgebrannt. Beide Dieselauspuffleitungen geführt am

Batteriegebäude – stark beschädigt. Von der Hauptschaltwand mehrere Marmortafeln gerissen sowie einige Meßinstrumente beschädigt. Der westliche Kraftwerkanbau mit Gleichrichtern, Transformatoren und Kompressoranlage völlig zerstört. Der Fußboden der Maschinenhalle stark beschädigt. Im Hof des Kraftwerkes der Brennstoffkeller mit Tanks, Brennstoffpumpen, Dieselkühlwasserpumpe sowie allen vorhandenen Rohrleitungen zerstört.

3. **Wohnhaus mit Werkstatt:** Dach sowie Malerwerkstatt, Schmiede und Schweißraum völlig zerstört, das Betriebsgebäude stark beschädigt. Die Ostwand des Gebäudes – zwei Wohnungen und Werkstatt – weggerissen. Erhebliche Schäden an den Frischwasser- und Sielleitungen.

B. Tunnel

1. **St.-Pauli-Seite:** Schäden am Schachtgebäude, Gesimse und an den Dachrinnen. Beide Anschlussdächer – Ost- und Westseite – abgebrannt. Alle Türen und Fensterscheiben des Schachtgebäudes sowie der größte Teil der eisernen Fensterrahmen zerstört. Das Kassiererhäuschen weggebombt. Die Maschinenanlage von Fahrkorb IV beschädigt.

2. **Tunnelrohre:** Decken und Seitenwände beider Tunnelrohre stark beschädigt. Beide Hauptleitungen der HWW auf der Schachtsohle Steinwerder beschädigt.

3. **Steinwerderseite:**[1] Schachtkuppel, Decke der Maschinenhalle sowie der Westflügel des Schachtgebäudes einschließlich aller Nebenräume völlig zerstört. Der Ostflügel war ein stark beschädigtes Provisorium. Die Kabine von Fahrkorb I, einschließlich Führungsschienen völlig zerstört, Maschinenanlage stark beschädigt. Die Maschinenanlagen der Fahrkörbe II, III und IV mehr oder weniger beschädigt. Die Fahrkörbe V und VI in ihrer Gesamtheit völlig zerstört, ebenso der Laufkran. Die Hauptkabel – Licht und Kraft – hatten Schadensteile.«

Soweit der Bericht, der sich in den Unterlagen des Amtes für Strom- und Hafenbau bzw. der jetzigen Hamburg Port Authority (HPA) in Hamburg befindet. Mit Maßnahmen, die die Instandsetzung und schrittweise Inbetriebnahme ermöglichen sollten, wurde nicht gezögert – jedenfalls soweit dies in dem damaligen Umfeld möglich war. Eine staatliche Ordnung fehlte ja völlig, und die britische Besatzungsmacht in Hamburg musste sich verwaltungsmäßig erst einmal installieren. Letztere dachte dann auch mehr an Demontage als an Wiederaufbau. Die Initiative in dieser Hinsicht war zunächst nur in ganz engem Rahmen möglich und blieb oftmals den unteren Dienststellen überlassen.

Was den Elbtunnel betrifft, so war zunächst der Auftrag an die in der Nähe gelegenen Werften Blohm & Voss und Stülcken ergangen, – der Schiffbau war für diese Betriebe, wie für alle anderen Werften auch, ohnehin verboten – die Trägerkonstruktion im Schacht und die Aufzüge 2 und 3 auf der Steinwerder-Seite wieder instand zu setzen. In mühevoller Arbeit wurden die Maschinen von herabgefallenen Eisenteilen und dem Beton der Kuppel befreit, ebenso wie die Schachtsohle von den großen Trümmermengen. Die hydraulische Anlage wurde repariert, und im August konnten die Aufzüge 2 und 3 wieder in Betrieb genommen werden. Da sich die Schäden am Aufzug 4 als nicht allzu schwer herausgestellt hatten, konnte auch dieser ohne zu großen Aufwand repariert und ab Oktober 1945 wieder eingesetzt werden. Eine angesichts der damaligen Verhältnisse großartige Leistung.

Bis zum Februar 1946 brachte Blohm & Voss auch noch den Aufzug 1 wieder in Gang und auf der St.-Pauli-Seite den Fahrkorb 3. Die Maschinen der Aufzüge 5 und 6 auf Steinwerder und die dazugehörigen Eisengerüste waren aber so schwer beschädigt, dass eine Reparatur vorläufig nicht zu schaffen war. Es ging zunächst aber auch so, denn so stark war der Pendelverkehr zwischen Stadt und Hafen in der ersten Zeit nach dem Kriege ja nicht.

Der Maschinenraum, das Kraftwerk und der Schacht Steinwerder erhielten eine notdürftige Überdachung und Verkleidung, damit nicht die Witterungseinflüsse weitere Schäden anrichteten. Die Heizungsanlage wurde repariert und im Kraftwerk der Bau einer neuen Gleichrichteranlage in Angriff genommen. Dabei handelte es sich um ursprünglich für den Einbau in U-Boote vorgesehene Gleichrichter, die für diesen Einsatz entsprechend umgebaut waren. Mit diesen Arbeiten waren die Reparaturen des Elbtunnels und des Kraftwerks vorläufig abgeschlossen. Es blieb jedoch noch viel zu tun.

Während also in bescheidenem Rahmen der Wiederaufbau eingeleitet wurde, dachten die Sieger, in Hamburg in Gestalt der Briten, wie

---

[1]) Änderung der Schreibweise: Mit einem Senatsbeschluss vom 27.9.1946 wurde die Schreibweise Hamburger Ortsteile neu geregelt, z.B. fleet, statt fleht/fleth, oder bek statt beck, oder e statt ä, also hier Steinwerder statt Steinwärder oder Kuhwerder statt Kuhwärder.

schon erwähnt, immer noch mehr an Demontage. Viel Energie verwandten sie beispielsweise darauf, das deutsche Werftpotential aus ihrer Sicht »in den Griff« zu bekommen. Schlachtschiffe wie die BISMARCK und serienweise U-Boote, wie während des Krieges, sollten auch in Hamburg nicht mehr entstehen. Und der Handelsschiffbau war den Deutschen ebenso verboten. Was sollten sie also überhaupt noch mit Werften?

Als der Handelsschiffbau etwa ab 1949/50 dann aber doch allmählich wieder in Gang kam, die alliierten Vorbehalte und Verbote wurden vor allem dank zäher Bemühungen der Hamburger und Bremer Bürgermeister Max Brauer und Wilhelm Kaisen nach und nach gelockert, blieb als Dorn im Fleisch der nunmehrigen Freunde – die Bundesrepublik Deutschland hatte sich mittlerweile als Staat auf dem Gebiet der ehemaligen drei Westzonen konstituiert – aber immer noch das Großdock ELBE 17 auf der nach wie vor weitgehend zerstörten und demontierten Werft von Blohm & Voss in Hamburg zurück. Das musste unbedingt noch weg, denn was konnte nicht alles passieren, wenn es blieb. Es musste doch kaputt zu kriegen sein – Sprengstoff war ja reichlich vorhanden.

Anfang 1950 war es so weit. Der Zeitplan für die Sprengungen wurde trotz der Proteste der Hamburger, die Einsturzgefahr für ihren Elbtunnel befürchteten, festgesetzt. Die Briten wollten sprengen, entschlossen sich aber doch, um das Volk zu beruhigen, zu einer demonstrativen Geste. Um zu beweisen, dass für den Tunnel nichts zu befürchten sei, setzte sich der damalige britische Landeskommissar und spätere Generalkonsul Dr. John L. Dunlop, als am 18. März 1950 die erste von insgesamt drei vorgesehenen Sprengungen erfolgte, nur geschützt durch seinen Hut und wegen einer Erkältung gewärmt mit einer über die Knie gelegten Decke in den Tunnel und zeigte sich den Fotografen guter Dinge. Dunlop wollte zwar selbst dabei sein, aber er war nicht allein, sondern es waren zum Beispiel auch Tunneltechniker sowie Mitglieder der Deputation der Hamburger Behörde für Wirtschaft und Verkehr anwesend.

Insgesamt erfolgten an der Westmauer von Dock ELBE 17 30 Einzelsprengungen in Gruppen zu je fünf bis zehn Detonationen, die ein Loch von etwa 50 Meter Durchmesser rissen. Der Tunnel brach zwar nicht ein, aber dennoch hatten sich nach der Sprengung bzw. der dadurch hervorgerufenen Erschütterung doch Sickerstellen in den Röhren gezeigt, die kleinere Wasserpfützen entstehen ließen. Vielleicht wollte Mr. Dunlop auch deshalb nicht so gern ein zweites Mal aus solchem Anlass unter dem Strom Platz nehmen, jedenfalls wurde der Zerstörungsplan nicht weiter verfolgt.

Lästerliche Insiderzungen behaupteten anschließend, dass einer der Tunneltechniker etwas nachgeholfen haben soll, indem er an ein paar Schiebern der Leitungen für das abzupumpende

Die Einfahrt Steinwärder nach den Bombentreffern im Juni 1944.

eingedrungene Sickerwasser manipulierte. Mr. Dunlop soll einen gehörigen Schrecken bekommen haben, als plötzlich »bannig viel Sickerwasser eindrang.«

Trotz dieses Erfolges konnte im folgenden Jahr 1951 das 40-jährige Jubiläum der Tunneleröffnung nur in ziemlich bescheidenem Rahmen begangen werden. Der Tunnel selbst war ja immer noch nicht ganz wiederhergestellt, und auch die äußeren Umstände waren nicht so, dass eine größere Feier, wie sie sonst bei derartigen Anlässen gern begangen wird, angezeigt erschien.

Der Allgemeinzustand des Bauwerkes begann sich nun aber sichtlich zu bessern. Am Schachtgebäude St. Pauli waren die Kriegsschäden inzwischen vollständig beseitigt, und die Anlage konnte als baulich und maschinell in Ordnung bezeichnet werden. In den Tunnelröhren waren die Betonhinterfüllung und Verkachelung wieder in Normalzustand gebracht und auch auf Steinwerder ging es zufriedenstellend voran. Ein Personenfahrkorb war neu gebaut, drei Lastfahrkörbe waren repariert und mit umfangreichen Bauarbeiten zur Wiederherstellung des gesamten Schachtgebäudes in Beton-Rohbau war gerade begonnen worden. Dabei sollte auch der Maschinenraum wieder auf die alten Abmessungen gebracht werden, um die Anlage für den noch fehlenden Lasten- bzw. Personenfahrkorb wieder aufstellen zu können. Die Aufnahme des vollen Betriebes mit sechs Fahrkörben war für das Frühjahr 1952 vorgesehen.

Dem ebenfalls zügigen Wiederaufbau der linkselbischen Hafen-, Werft- und Industrieanlagen entsprechend nahm der Verkehr durch den Elbtunnel rasch wieder zu. 1951 passierten 7,3 Mio. Menschen den Tunnel. Das waren nur noch 1,5 Mio. weniger als 1936. Aber die Großwerft Blohm & Voss, nach wie vor weitgehend zerstört und demontiert, durfte ja immer noch nicht bauen. Sie erhielt erst 1953 wieder die Genehmigung dazu. Die Anzahl der beförderten Kraftfahrzeuge hatte demgegenüber jedoch 1951 bereits um das Dreifache des Jahres 1936 zugelegt. Während der Sommermonate wurden an Sonntagen bis zu 50 000 Besucher gezählt. Das alles schafften die Fahrkörbe jedoch problemlos. Nur die Radfahrer bereiteten schon wieder Sorgen. Mit 2,2 Mio. jährlich hatten sie nach wie vor einen beträchtlichen Anteil am Gesamtverkehr. Zu groß können die Sorgen aber wiederum

Ruinenlandschaft an St. Paulis Elbufer. Nur der Elbtunnel wirkt mit seiner Kuppel relativ intakt.

doch nicht gewesen sein, da 1936 der Tunnel bereits die doppelte Anzahl »Zweiräder« verkraftet hatte. Wahrscheinlich muss diese Bewertung aber in Zusammenhang mit dem stärkeren Kraftfahrzeugverkehr gesehen werden, dem nun die bei weitem größere Aufmerksamkeit galt.

Andererseits schienen die Planer wegen der zu erwartenden Verkehrszuwächse doch in ernsthaftes Grübeln verfallen zu sein, denn sie begannen, von einem zweiten Elbtunnel zu sprechen. Im Generalbebauungsplan war er bereits vorgesehen, und zwar sollte die neue Elbunterquerung zwischen Baumwall und Steinwerder angelegt werden und 80 bis 100 Mio. DM kosten. »Der Preis allein wird aber wohl noch für viele Jahre ein Hinderungsgrund sein«, so hieß es damals, dieses neue »Wunder der Technik«, das statt der Fahrkörbe in Anpassung an den motorisierten Verkehr langsam abfallende Einfahrten erhalten soll, in Angriff zu nehmen!

Doch zurück zu den alten Röhren. Für sie gab es pünktlich zum Tag des 40. Jubiläums trotz des allgemein noch nicht berauschenden Gesamtzustandes von Stadt und Land im wahrsten Sinne des Wortes einen Lichtblick. Es wurde heller im Tunnel, denn er hatte eine zeitgemäße, auf Wechselstrom umgestellte Beleuchtungsanlage »verpasst« bekommen. Die ursprüngliche Beleuchtung, die aus paarweise in 9-Meter-Abstand angeordneten 25-Watt-Lampen bestand, hatte auf der Fahrbahn nur eine mittlere Beleuchtungsstärke von 1,8 Lux ergeben. Dieser Wert, der damals für Fußgänger und Pferdewagen ausgereicht hatte, entsprach nun schon längst nicht mehr den Anforderungen. Nach Kriegsende waren bei den Wiederherstellungsarbeiten, bei denen auf vorhandenes Material zurückgegriffen werden musste, zunächst provisorisch wasserdichte Spezialleuchten angebracht worden, die für eine solche Verwendung eigentlich gar nicht vorgesehen waren. Sie taten bis zur endgültigen Erneuerung der Beleuchtung 1951 Dienst, lieferten aufgrund ihrer besonderen Konstruktion allerdings noch weniger Licht als die ganz alten Lampen. Das wurde nun mit den neuen Leuchtstoffröhren – je 49 pro Röhre wurden pünktlich am 7. September 1951 angeschaltet – ganz anders. Jetzt erstrahlte der Tunnel mit einer durchschnittlichen Beleuchtungsstärke von 17 Lux, also in dem fast zehnfachen des ursprünglichen Wertes. Um die Beleuchtung im und am Tunnel gleichmäßig zu gestalten, wurde die gesamte Anlage – also auch Schacht- und Außenbeleuchtung – mit Leuchtstoffröhren ausgerüstet.

Nach der Umstellung der gesamten Tunnelbeleuchtung auf Wechselstrom konnte die bis dahin benötigte Lichtbatterie entfallen, und als dann im Jahr darauf die auf insgesamt 120 000 DM veranschlagte termingemäße Grundüberholung der Pufferbatterie bevorstand, wurde beschlossen, gleich richtig Nägel mit Köpfen zu machen und die Stromversorgungsanlagen grundlegend zu ändern und zu modernisieren. Künftig sollte auf diese bislang notwendige Pufferbatterie verzichtet und sowohl im Normal- als auch im Notbetrieb zur direkten Speisung der Aufzüge übergegangen werden. Dazu wurde die Hochspannungsanlage auf ein doppeltes Sammelschienensystem und doppelte Einspeisung umgebaut. Auch die Gleichrichter wurden angepasst. Nach menschlichem Ermessen war damit eine sichere Stromversorgung gewährleistet. Für diese Modernisierungsarbeiten mussten, unter Berücksichtigung des Erlöses für die verschrotteten Batterien und Dieselgeneratoren, insgesamt 240 000 DM aufgewendet werden.

Werk- und Maschinenmeister Jacob Zeltmann erlebte die Vollendung dieser Umstellung nicht mehr im aktiven Dienst, den er, nach über 40 Jahren in und am Elbtunnel, gleich Anfang 1953 beendete. Er ging mit 65 in Rente und mit ihm ging der letzte der Elbtunnelmannschaft, der noch beim Bau selbst mit Hand angelegt hatte. Irgendwie ging damit auch eine Ära zu Ende, jedenfalls soweit sie dieses Bauwerk betraf. Und just um diese Zeit konnte ein anderes großes Ereignis in den Gazetten vermeldet werden. Rund acht Jahre nach Kriegsende erhielt Blohm & Voss, einst eine der größten und leistungsfähigsten Werften der Welt, auf ihrem immer noch fast völlig zerstörten Betriebsgelände die Genehmigung, wieder Schiffsreparaturen durchführen zu können. War es eine gewisse Großzügigkeit der ehemaligen Kriegsgegner, die in dem de facto seit einigen Jahren souveränen Deutschland immer noch mehr oder weniger das Sagen hatten, war es politisches Kalkül oder mit Blick auf die sich wieder verschärfenden Spannungen in der Welt schlichte Notwendigkeit? Darüber nachzudenken ist hier jedenfalls nicht der richtige Ort. Hinzuzufügen ist nur noch, dass ein Jahr später auch die Genehmigung für den Schiffsneubau erteilt wurde – eine kleine Barkasse für den Hafenverkehr machte den Anfang, dort, wo einst weltberühmte Schiffe wie die »Vaterland«, die »Albert Ballin«-Klasse oder die »Bismarck« weit über die Grenzen unseres Landes hinaus die Aufmerksamkeit und Anerkennung nicht nur der Schiffbauer gefunden hatten.

Es tut sich doch noch viel

Für den Tunnel und am Tunnel ging das tägliche Leben weiter, besser nun und moderner, und mehr der Zeit entsprechend. Dies drückte sich nicht nur dadurch aus, dass die Anlagen, soweit machbar, auf den neuesten Stand gebracht worden waren, um den Verkehrsfluss insgesamt zu verbessern, sondern rein betrieblich auch das Zauberwort »Rationalisierung« Berücksichtigung gefunden hatte. Schon durch die Modernisierung der Stromversorgungsanlage hätten drei Mitarbeiter eingespart werden können, und 1952 wurden zwei weitere Arbeitsplätze durch Rationalisierungsmaßnahmen überflüssig, als die Gebührenerhebung auf der Steinwerder-Seite zusammengefasst und dann sogar noch der »Gebührentatbestand«, wie es im Amtsdeutsch heißt, vereinfacht wurde. Weitere Maßnahmen dieser Art folgten im Laufe der nächsten Jahre.

Leider gab es 1954 innerhalb des Tunnelbetriebs einen tragischen Unfall. Im Laufe von Reparaturarbeiten am Lastenfahrkorb 4 auf der St.-Pauli-Seite, mit denen auf der Schachtsohle fünf Männer beschäftigt waren, wurden 25 Meter über ihnen zwei Stützbalken ausgelegt, von denen einer plötzlich in die Tiefe stürzte und den Maschinenmeister Wilhelm Retmann traf. Ein sofort herbeigerufener Unfallwagen konnte ihn nur noch tot aufnehmen. Retmann, der 1947 als Maschinist beim Elbtunnel angefangen hatte, sollte gerade an diesem Tag nach langem Warten eine schöne Wohnung im Maschinenamt auf der Steinwerder-Seite beziehen. Außer ihm war, abgesehen vom eigentlichen Baugeschehen und den Kriegsereignissen, bis dahin nur ein Mitarbeiter der Elbtunnelcrew während des Dienstes ums Leben gekommen – gleich im Eröffnungsjahr 1911 der Tunnelwärter Zebsch, ebenfalls bei Wartungsarbeiten an den Aufzügen.

Zunehmend Sorgen bereitete der Elbtunnelverwaltung der kräftig wachsende Kraftfahrzeugverkehr. Grund dafür waren zunächst weniger Kapazitätsprobleme – hier war man sich ohnehin über die Grenzen im Klaren – sondern vielmehr ging es um saubere Luft. Die Abgase der Autos verpesteten die Röhren in zunehmendem Maße. Die natürliche Selbstentlüftung, mit der man bisher recht gut

Rolltreppen erhöhten ab 1959 die Kapazität des Tunnels um fast 75 Prozent. Das bedeutete, dass zu Spitzenzeiten fast doppelt so viele Personen wie vorher auf- und abbefördert werden konnten.

über die Runden gekommen war, reichte nun ganz und gar nicht mehr. Die größte Verkehrsdichte trat Mitte der fünfziger Jahre vormittags mit stündlich 130 Kraftwagen ein. Die Auspuffgase bewirkten bei ungünstigen Witterungsverhältnissen wiederholt Kohlenoxyd-Gehalte der Tunnelluft bis zu 0,030 Vol.-Prozent. Das war entschieden zu viel. Das Hamburger Amt für Arbeitsschutz hatte ein Drittel dessen als höchstzulässige Grenze festgelegt, da der Tunnel ja ursprünglich in erster Linie dem Fußgänger- und Radfahrerverkehr dienen sollte.

Ende 1955 wurde also der Auftrag erteilt, eine entsprechende Lüftungsanlage im Tunnel zu installieren. Sie sollte so dimensioniert sein, dass sie bei allen möglichen Witterungseinflüssen die CO-Werte möglichst unter den genannten Grenzen hielt. Bereits im Mai 1956 konnte das System in Betrieb genommen werden. Im architektonischen Gesamtbild des Tunnels fallen die Einrichtungen kaum auf.

Leugnen liess es sich indessen schon lange nicht mehr, dass der Tunnel zu eng geworden und dem wachsenden Verkehrsstrom mitsamt seinen Autos, Mopeds und Fahrrädern nur noch begrenzt gewachsen war. Dabei nahm die Zahl der Beschäftigten auf der Steinwerder-Seite noch stetig zu. Vor allem die deutsche Werftindustrie erlebte eine großartige Blütezeit, und Schiffbau war damals noch ein sehr personalintensives Geschäft. Es konnten gar nicht genug Mitarbeiter gefunden werden, um die vielen Aufträge aus aller Welt pünktlich abzuwickeln.

Von Zeit zu Zeit machten die Tunnelbenutzer in gewohnter Weise in Briefen an die Lokalpresse ihrem Ärger Luft, und schon Ende 1957 hieß es dazu kommentierend im »Hamburger Abendblatt«: »Luft wird es erst geben, wenn der geplante zweite Elbtunnel beim Baumwall gebaut ist. Wann das sein wird, können die Planer jedoch nicht sagen. Es ist vor allem eine Frage des Geldes. Und die ist noch nicht geklärt.«

1957 ist der Tunnel von sechs Millionen Fußgängern, drei Millionen Radfahrern, 467 000 Personenautos, 81 000 Lastwagen und Pferdefuhrwerken sowie von 128 000 Motorradfahrern passiert worden.

Es war also ganz schön was los in dem alten Hamburger Prachtstück, das nun wegen der Autoflut irgendwie doch ein wenig von seinem Glanz zu verlieren schien. Die Fahrkörbe und die einspurigen Fahrbahnen schafften es nicht, den rollenden Verkehr in erforderlichem Maße flüssig zu halten. Große Laster passten gar nicht in die Röhre, und selbst bei kleineren Wagen musste zweimal täglich Halt geboten werden, nämlich morgens von sechs bis sieben Uhr und nachmittags von drei bis vier Uhr. Trotzdem, oder gerade deswegen, wer zu diesen Zeiten einmal einen Blick in das Bauwerk tat, der konnte nur erstaunt sein über das, was sich dort tat.

Stephan Clauss beschreibt die Szenerie in der »Welt am Sonntag« folgendermaßen: »Sechs Uhr. Der Hafen, drüben die Werften: graue Masten, Kräne, Gerüste in einem grauen Himmel. Es regnet. Nein, es gießt. Vor drei Minuten ist der letzte Wagen, eine Taxe mit einem Nachtbummler, der es offenbar eilig hatte, auf sein Schiff zu kommen, vom Fahrkorb hinabgesenkt worden. Jetzt ist der Tunnel für eine Stunde allein für Mopeds, Fahrräder und Motorräder da. Und für die Fußgänger.

Sie kommen einstweilen noch mehr oder minder kleckerweise. Beide Hände in die Tasche vergraben, die Aktenmappe unter den Arm geklemmt, so eilen sie heran – dies wahrscheinlich mehr des Regens als der drängenden Zeit wegen. Kaum noch jemand hat den Zampel alter Art über die linke Schulter gehängt. Trumpf ist auch hier das Obligate des modernen Deutschen, die Aktenmappe, die das Frühstücksbrot enthält.

Auch ein anderes scheint auszusterben: die blaue Schiffermütze. Nur die Älteren tragen sie noch. Die Jungen kommen trotz des Regens fast alle ohne Kopfbedeckung. Einige wenige tragen einen Hut. Ganz selten sieht man – wie Zeiten sich wandeln! – einen Schirm.

Nur allmählich wird im ersten Viertel der siebten Tagesstunde der Strom der lautlosen und der knatternden Zweiräder stärker, werden die Fußgängergruppen dichter. Doch dann, man möchte meinen, in einer einzigen Minute, um etwa zwanzig nach sechs, wandelt sich das Bild schlagartig. Unvermittelt ist da eine breite unaufhaltsam herandrängende Flut.

Zu zweien, zu dreien nebeneinander, auch einzeln, immer mit nur wenigen Schritten Abstand, treiben sie heran, die Schauerleute, Fabrikarbeiter, Werftgrandis. Alle fünf Minuten, wenn die nahe U-Bahn ihre Ladung gelöscht hat, kommen sie in dichten Trauben. Jetzt reißt die dichte Schlange, die die Zickzack-Treppe hinunterkriecht, nicht mehr ab. Sie kriecht nicht. Da ist nicht die geringste Spur von Gemächlichkeit. Als ob niemand schnell genug nach unten und also an die Arbeit kommen könnte.

Im Schacht versuche ich einen dezenten Blick auf den Sekundenzeiger, um zu zählen, was da etwa in einer Minute an mir vorüberquillt. Wenn es nur jene gewesen wären, die die Treppe hinunterpoltern! Aber plötzlich sind dann noch zwei Fahrkörbe da, speien nach rechts die Knattermäxe aus, schieben nach links die dichten Pulks der Fußgänger in die Röhre. Ich kann nur schätzen, 150 oder 200, vielleicht noch mehr mögen es sein, die jetzt, Minute um Minute, an mir vorbeiziehen. Ich, ein einziger, der augenblicklich Zeit hat, an der Ecke stehen zu bleiben, erntet viele erstaunte Blicke.

Die ganze fünfhundert Meter lang grüngekachelte Röhre nimmt sich aus wie eine Ameisenstraße. Zuweilen muß sich der Strom teilen; einen schmalen Spalt freigeben. Das ist, wenn die von der Nachtschicht entgegenkommen. Mit Motorenlärm oder Dauerklingeln machen sie sich bemerkbar. Die Nebenröhre, die Einbahnstraße in Richtung Steinwerder, ist derweilen der Ort eines unerträglichen Höllenkonzerts der 3- und 5-PS-Motoren. Der naßgefahrene Asphalt glitzert.

In den Fahrkörben stehen die Räder Lenker an Lenker. Dazwischen und an den Kanten quetschen sich die Fußgänger. Wenn hinter ihnen eine schwere Falltür fällt, sehen sie vorher schnell auf die Absätze und beugen den Rumpf vor.

Man spricht wenig. Höchstens, daß zwei Bekannte, die der Zufall in dieser Masse der Zehntausend zusammentrieb, sich über Fußball unterhalten: ›Wat meenst, wart se dat wedder schaffen?‹

Höchstens, dass sie ihrer Ungeduld Ausdruck geben: ›Kettl em, datt he rünnergeiht!‹ Als der Fahrkorbführer versucht, noch einen Rollerfahrer hineinzuquetschen, fängt ein Alter an zu schimpfen: ›Wat sall dat noch. Nu mok schon to!‹ Bei solchen Bemerkungen hält das Plattdeutsche noch seinen Platz. Sonst kaum.

Auf der Nordseite macht es keine Schwierigkeiten, den Strom einigermaßen fließend zu halten. Anders ist es am Steinwerder-Ausgang. Dort fallen die Treppen aus, dort müssen die vier großen und der kleine Aufzug alles bewältigen, die Räder und die vielen tausend Menschen. Niemand steigt die Stufen hinauf. Die Ordner haben alle Hände voll zu tun, die dichten Haufen und Räderreihen zu dirigieren.

Zehn Minuten vor sieben, vor Schichtbeginn: Unmerklich hat sich der Andrang im Steinwerder-Schacht plötzlich vermindert. Waren vor einer halben Stunde noch die Fahrräder weit in der Überzahl, jetzt dominieren die Mopeds und vor allem die Motorräder, die den Weg zur Arbeitsstelle in wenigen Minuten schaffen.

Um fünf vor sieben bereits räumen die Beamten das rotweiße Sperrgitter fort, das bisher die Fußgänger von den Fahrzeugen trennte. Nur noch die Nachzügler treffen ein. Gemessen an dem, was vorher war, sind die Tunnelröhren einfach leer zu nennen.

Punkt eine Minute nach sieben fährt bereits der erste Lieferwagen hindurch. Die jetzt nach und nach aus den Fahrkörben kommen, sind Angestellte in Hut und Mantel, junge Mädchen mit Regenschirm, einzelne Arbeiter. Die Fahrkorbführer haben wieder Zeit für ein freundliches Wort. Die große Flut, von der der Hafen lebt, ist hinüber. Bei Stülcken und bei Blohm & Voss beginnen sich die Kräne zu drehen. Acht Stunden später wird der gleiche Strom zurückebben.«

Spürbare Erleichterung bei der Bewältigung der alltäglichen Drängelei brachte 1959 die Installation von Rolltreppen in den Tunnelschächten. Rund 650 000 DM ließ sich das Amt für Strom- und Hafenbau diese Neuerung kosten.

Am 23. November 1959 war es so weit. Bürgermeister Engelhard drückte den obligaten Knopf und gab damit die neuen Rolltreppen auf der Steinwerder-Seite für den Verkehr frei. Zahlreiche Gäste rollten die 20 Meter bis fast zur Tunnelsohle hinunter und nach einem erneuten Knopfdruck auch wieder nach oben. Die Inbetriebnahme der Treppen auf der anderen, auf der St.-Pauli-Seite, sollte ebenfalls noch vor Weihnachten erfolgen. Wie Baudirektor Dr. Neumann, Leiter der Maschinenbauabteilung im Amt für Strom- und Hafenbau, bei dieser Gelegenheit mitteilte, habe man auch schon 1906, als der Tunnel entworfen wurde, den Einbau von Rolltreppen erwogen, jedoch letztlich diese amerikanische Erfindung als noch nicht betriebssicher genug angesehen.

Die neuen Rolltreppen erhöhten die Kapazität des Tunnels um fast 75 Prozent. Das bedeutete, dass zu den schon genannten Spitzenzeiten des Verkehrs fast doppelt so viele Personen wie vorher auf- und abbefördert werden konnten. Die rollenden Treppenbänder hielten den Menschenstrom gleichmäßig in Bewegung, während die Fahrkörbe allein für Fahrräder und motorisierte Passanten genutzt werden konnten.

Aufgehängt sind die Treppen an Trägern, die am Gerüst der Aufzüge befestigt worden sind. Sie sind dreiteilig, also durch zwei Plattformen unterbrochen, auf denen »umgestiegen« werden muss. Rund 8000 Personen können sie in einer Stunde bewältigen. Nicht einmal zwei Minuten werden für den Weg nach oben oder nach unten benötigt. Die Rollrichtung der Treppen wird so eingestellt, dass sie der Hauptverkehrsrichtung entspricht: Vor der Frühschicht geht es auf St. Pauli abwärts und auf Steinwerder aufwärts, anschließend umgekehrt. Die wenigen Fußgänger, die in die andere Richtung wollen, können leicht mit den Fahrkörben bewältigt werden.

SANG- UND KLANGLOS GING 1961 DER FÜNFZIG-jährige Geburtstag vorbei. Warum das so war, ist nicht bekannt. Möglicherweise hat man ihn ganz einfach vergessen. Dabei hätte bei dieser Gelegenheit durchaus mit beachtlichen Zahlen aufgewartet werden können: Rund 450 Mio. Fußgänger hatten bis dahin das Bauwerk passiert sowie außerdem noch fast 75 Mio. Radfahrer und über 6,6 Mio. Fahrzeuge. Eine Leistungsbilanz, die sich sehen lassen konnte. Übrigens sind erst in diesem Jubiläumsjahr mit der Erneuerung der Kupferbedachung des Steinwerder-Schachtgebäudes die letzten Kriegsschäden beseitigt worden. Dabei ist anzumerken, dass dieses Eingangsgebäude deutlich schlichter wieder aufgebaut worden ist als das auf der mehr repräsentativen St.-Pauli-Seite, die schon immer als »Schokoladenseite« gegolten hat.

NUR EIN JAHR SPÄTER, WÄHREND DER SCHRECK-lichen Sturmflut im Februar 1962, rückte das Tunnelbauwerk doch noch einmal, wenn auch nicht freiwillig, in das Interesse der Öffentlichkeit. Die Schäden, die der Tunnel im Zuge dieser Katastrophe davontrug, waren beträchtlich. In der Nacht vom 16. auf den 17. Februar stieg das Hochwasser in sämtlichen Kellerräumen des Kraftwerkes bis in etwa 2,60 m Höhe. Es konnte erst am 18./19. Februar wieder gelenzt werden. In der Zwischenzeit konnte die Stromversorgung durch Notmaßnahmen aufrechterhalten werden.

Am 17. Februar um 2.40 Uhr wurde der Tunnel wegen Hochwassers für den öffentlichen Verkehr gesperrt – alle Kabinen standen in der Einfahrt. Zeitweise war auch das Licht abgeschaltet. Da die Schachtsohle Steinwerder bis auf etwa 10 cm unter den Auffahrklappen vollgelaufen war, waren auf dieser Seite sämtliche Aufzüge ausgefallen. Alle entscheidenden Schalter und Kontakte standen unter Wasser.

Doch schon um 14.00 Uhr des gleichen Tages wurde aber mit dem Lenzen begonnen. 15 Stunden später war es geschafft und insgesamt waren 4000 t Wasser abgepumpt. Der Wassereinbruch war durch Kabelzüge der Hamburgischen Elektrizitätswerke über den Tunnelrohrschacht zur Tunnelschachtsohle Steinwerder gedrungen, wobei das einströmende Wasser auch ca. 20 Tonnen Sand mit zur Schachtsohle gebracht hatte.

Am Montag, den 19. Februar frühmorgens, war es so weit, dass zunächst das Westrohr wieder für Fußgänger sowie Rad- und Mopedfahrer freigegeben werden konnte. Mittags war auch der Osttunnel wieder begeh- und befahrbar. Es dauerte jedoch noch bis zum 22. Februar abends, bis alle Aufzüge wieder einwandfrei funktionierten. Auch in den kommenden Wochen gab es noch genug zu reparieren, aufzuräumen und neu zu installieren.

Anfang 1963 verwandelten sich die Tunnelröhren noch einmal in eine Großbaustelle, als die 1911 verlegten 30 cm starken Hauptversorgungsleitungen der Wasserwerke ausgewechselt werden mussten. Sie waren altersschwach geworden und hatten immer häufiger Undichtigkeiten gezeigt. Es wurde eine recht komplizierte Arbeit, die vom Amt für Strom- und Hafenbau mit vielen Auflagen belegt worden war. Wichtigstes Ziel dabei war es, den Tunnelverkehr so wenig wie möglich zu behindern. In rund drei Monaten war es geschafft – Kosten: 500 000 DM.

Einzelheiten über die Einrichtung der Straßenbahnlinie 14 durch den Elbtunnel erfuhren die Hamburger am 1. April 1954 durch eine Lokalzeitung.

Nach ruhigen Jahren wieder Bewegung

Die nächsten Jahre und Jahrzehnte flossen für den Tunnel eher ruhig dahin. Die Zeiten selbst waren zwar hektisch, die Wirtschaft boomte und der Verkehr nahm in gleichem Maße zu, aber es war eine Hektik, die das nun fast schon ehrwürdig zu nennende Bauwerk kaum noch berührte. Sicherlich forderte die fortschreitende Technik auch von ihm immer mal wieder einen Tribut, aber es waren keine Umwälzungen, sondern eher kleine »Aufmerksamkeiten«, so, als wolle man zeigen, dass auch der Tunnel noch am Leben teilnahm.

Zu diesen Aufmerksamkeiten oder auch Tributen an die sich wandelnde Zeit gehörte beispielsweise Ende 1974 die Aufstellung von Automaten, aus denen die Autofahrer, die den Tunnel benutzen wollten, nun ihre Tickets lösen mussten. Ein weiteres Beispiel war die 1978 installierte Überwachung des Tunnels per Fernsehzentrale von der Steinwerder-Seite aus. Die Reihe ließe sich fortsetzen. Aber warum? In Hamburg, und nicht nur dort, war der Elbtunnel ohnehin schon wieder in aller Munde. Gemeint war jedoch dieses Mal bereits ein anderer, ein neuer Elbtunnel. Er sollte allerdings ausschließlich dem Fahrzeugverkehr dienen, und alles was mit Fahrzeugverkehr zu tun hatte, das hatte ohnehin damals wie heute meistens Priorität, auch was das öffentliche Interesse so oder so betraf und betrifft. Auf der anderen Seite ließ damals die explosionsartig von Jahr zu Jahr wachsende Motorisierung breitester Schichten der Bevölkerung wie auch des Berufsverkehrs, mit nicht nur lokaler, sondern wachsend sogar mit internationaler Zielrichtung, auch gar nichts anderes zu. 1968 bis 1975 wurde der neue Tunnel als Teil der Autobahn A 7 bzw. der E 5 gebaut. Zwischen Neumühlen und dem Köhlbrand unterquert er die hier rund 600 Meter breite Elbe. Mehr als 100 000 Fahrzeuge konnten täglich die drei je zweispurigen Röhren passieren. Sie liegen bis zu 27 Meter unter dem mittleren Elbwasserspiegel. Einschließlich der Rampen ist dieses Tunnelbauwerk 3,3 Kilometer lang, über 2,6 Kilometer erstreckt sich die geschlossene Tunnelstrecke.

Das waren natürlich Abmessungen, mit denen der alte »Kollege« an den Landungsbrücken nicht recht mithalten konnte. Aber diese beiden Bauwerke sollten verkehrstechnisch auch nicht miteinander verglichen werden, man würde beiden nicht gerecht – ganz besonders nicht dem zuerst entstandenen. Der ruhte in sich, so wie es einem rüstigen Veteranen gut ansteht. Hinzu kam die Gewissheit, dass kein Tourist Interesse an dem neuen Bauwerk zeigen und sich wünschen würde, es zu durchwandern. Es war des Sehens nicht würdig – eine Durchgangsstraße eben mit sehr viel Verkehr, aber ohne »Seele«.

Immerhin war es aber so, dass die Verantwortlichen in der Baubehörde auch eine Verbindung zu dem alten Bauwerk schaffen wollten, als der Termin der Übergabe an den Verkehr für den neuen Tunnel anstand. Nostalgie war ja schließlich wieder in, selbst in Hamburg. Zu den Eröffnungsfeierlichkeiten am 10. Januar 1975 sollte deshalb nicht nur viel Prominenz mit dem Bundeskanzler an der Spitze

Nach den Erfahrungen mit der Sturmflut wurden Maßnahmen ergriffen, um auf zukünftige Gefahrensituationen besser vorbereitet zu sein.

eingeladen werden, sondern als Ehrengäste auch Veteranen, die rund 70 Jahre vorher beim ersten Tunnel mitgewirkt hatten.

Und tatsächlich meldeten sich auch 23 Senioren auf eine öffentlich gemachte entsprechende Bitte der Behörde. Der Älteste von ihnen war 95 Jahre alt. 18 von ihnen lebten in Hamburg, die anderen kamen teilweise von weit her. Beispielsweise aus Aschaffenburg, aus Limburg an der Lahn und sogar aus Eibenstock am Erzgebirgsrand. Auch Anna, die als Tochter des Baurats Wendemuth am 29. März 1910 beim Durchschlag der Oströhre auf der St.-Pauli-Seite eine wichtige offizielle Rolle gespielt hat, war darunter, wie bereits weiter vorn erwähnt. Es war für alle ein großes Ereignis, tangierte den alten Tunnel ansonsten aber nicht weiter.

Aber, um das gleich vorwegzunehmen, auch der neue Elbtunnel war sehr bald vom Verkehr überlastet. Die Staumeldungen häuften sich, so dass die Planungen für den Bau einer vierten Röhre konkreter wurden. Damit konnte dann nach Ablauf der üblichen Querelen 1995 begonnen werden. Am 27. Oktober 2002 erfolgte die Freigabe für den Verkehr. Die Staumeldungen aber blieben, trotz der so erhöhten Kapazität.

Doch zurück zu dem »Alten«, dem Schmuckstück an den St.-Pauli-Landungsbrücken. Er hatte Glück im allgemeinen Unglück, als bei einer erneuten Hochwasserkatastrophe Anfang 1976 weite Landstriche vor den Toren Hamburgs, etwa die Haseldorfer Marsch und auch Teile des Stadtgebietes, unter Wasser gesetzt wurden. Nur noch wenige Zentimeter fehlten am 3./4. Januar, und die gewaltigen Wassermassen, die über die Elbe hereindrückten, hätten sich in Schächte und Röhren ergossen. Zwar waren bereits Vorkehrungen getroffen worden, um die Einfahrten mit Bohlen abzudichten, ob es aber tatsächlich geholfen hätte ...? Da war man sich beim Amt für Strom- und Hafenbau letzten Endes auch nicht unbedingt sicher gewesen.

Wenig später trafen nicht noch mehr Wassergefahren, sondern nicht minder »gefährliche« harte Sparbeschlüsse des hansestädtischen Senats das nun inzwischen 65 Jahre alte Bauwerk, das zwar nach wie vor völlig intakt war und sich über Generationen einen besonderen Ruf weit über die Stadtgrenzen hinaus erworben hatte. Als wichtige Verkehrsader hatte seine Bedeutung aber doch nachgelassen. Wie sonst wäre wohl der Senatsbeschluss vom 23. März 1976 zu verstehen, der vorsah, 15 der 45 Tunnelaufseher abzuziehen, um jährlich 230 000 DM zu sparen? In den Nachtstunden von 21.15 Uhr bis 5.15 Uhr sowie an Sonn- und Feiertagen sollte der Tunnel zudem für den gebührenpflichtigen Verkehr, also im Wesentlichen für Autos, geschlossen bleiben. Die Bürgerschaft stimmte diesem Beschluss zu, so dass er ab Mitte 1976 in Kraft treten konnte. Das war durchaus als eine deutliche Zäsur zu verstehen.

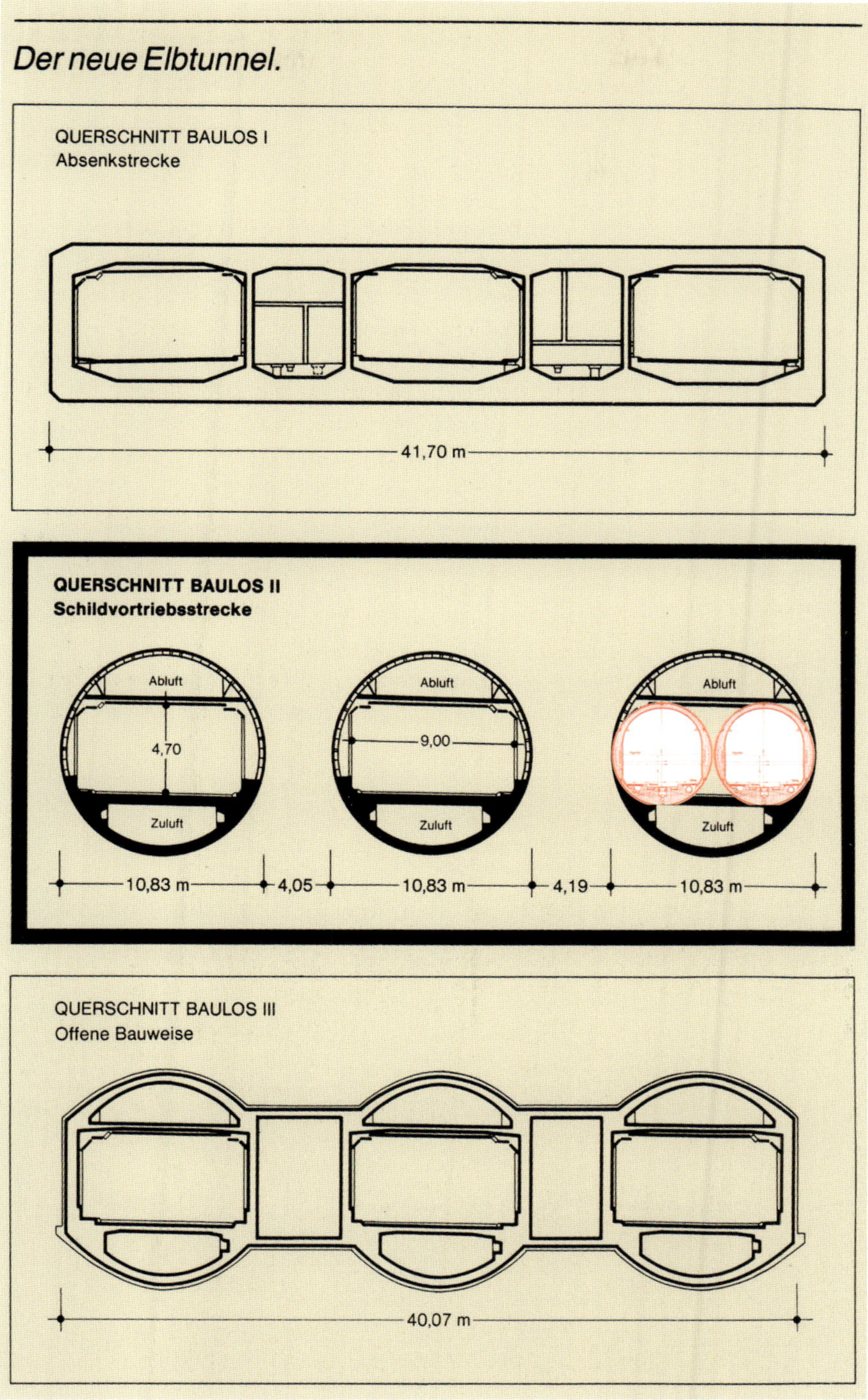

Der »Neue Elbtunnel«: Zwei Röhren, hier rot in die Zeichnung eingefügt, des »Alten« sind zusammen ein Hauch kleiner als eine des »Neuen«.

DECKELMOKER

Ein Deckelmoker kommt

JEDES BAUWERK KANN IRGENDWANN IM LAUFE der Zeit seine Existenzberechtigung ganz oder teilweise verlieren oder sogar zu einem Hindernis für weitere Planungen werden. Das ist eine Erfahrung, die auf vielfältige Weise überall in der Welt gemacht worden ist, auch im Hafenbau. Und so traf es eines Tages auch den Elbtunnel. Ein Hindernis war der Tunnel unter der Norderelbe für die Verkehrsplaner dadurch geworden, dass sie für die weitere Entwicklung des östlichen Hamburger Freihafengebietes eine Wassertiefe von zwölf Metern unter Kartennull als erforderlich erachteten, der Tunnel in seinem damaligen Zustand mit der nötigen Sandabdeckung darüber aber nur zehn Meter zuließ. Das hatte zur Folge, dass der ehrwürdige Bau 1979 ganz arg in den groben Streit um die entsprechenden Pläne zur Erweiterung des Hamburger Hafens (Hafenerweiterungsplan) geriet. Dabei ging es nicht nur um die Bereitstellung und Aufbereitung von Flächen am Rande des bestehenden Hafens, sondern auch um die Vertiefung des Fahrwassers. So sollte der Hafenkomplex in seiner Gesamtheit für die Anforderungen der zukünftigen Seeverkehrsströme vorbereitet werden. Schließlich war der Hafen der Hansestadt nicht nur der größte Deutschlands, sondern darüber hinaus ein zentraler Umschlagplatz für die Güterströme von und nach den mittelosteuropäischen Staaten sowie die Ostsee-Anrainerstaaten bis in das Baltikum hinein. Von den Planungen für die Hafenerweiterung waren im Wesentlichen betroffen die Hamburger Stadtteile Moorburg, Altenwerder und Francop-Ost, die im Zuge der Realisierung der Pläne geräumt werden sollten.

Es versteht sich von selbst, dass die betroffenen Bürger, obwohl gerade in diesen Stadtteilen doch sehr viele von und mit dem Hafen lebten, über dieses Vorhaben wenig glücklich waren. Sie mussten umziehen, die vertraute Umgebung sowie Wohnungen und Häuser verlassen, in denen teilweise schon Eltern und Großeltern gelebt hatten. Ganz sicher kein leichter Schritt, und ob man nun von jedem Einsicht in so oder so begründete, so genannte höhere Notwendigkeiten verlangen konnte, das mag dahingestellt bleiben. Das gilt für damals, und auch heute ist es nicht anders, sondern weitaus ausgeprägter anders, weil

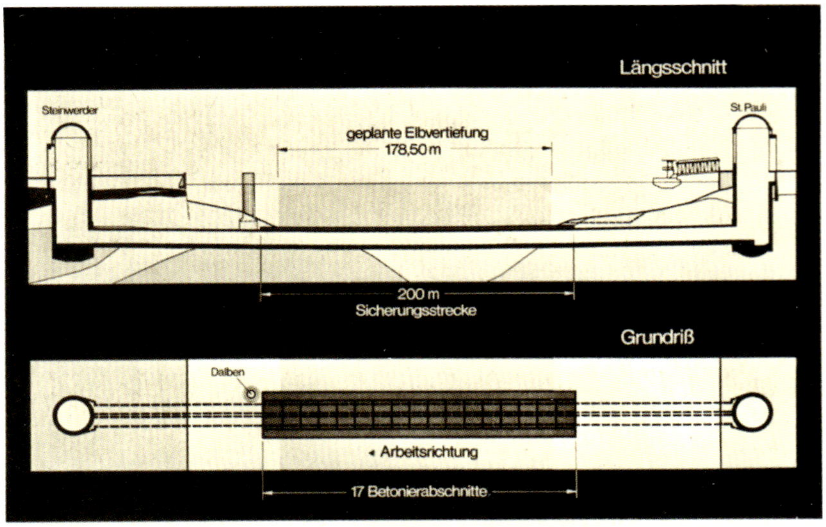

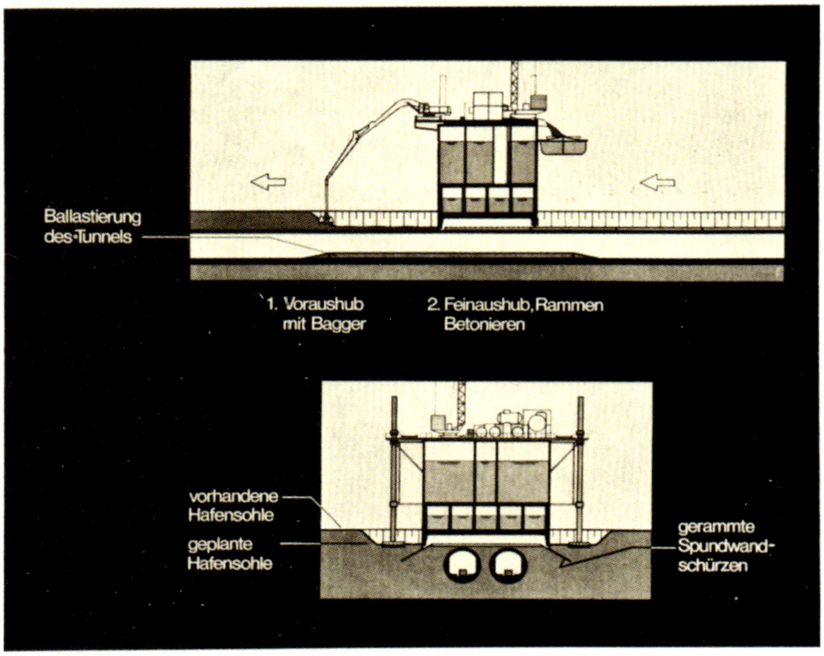

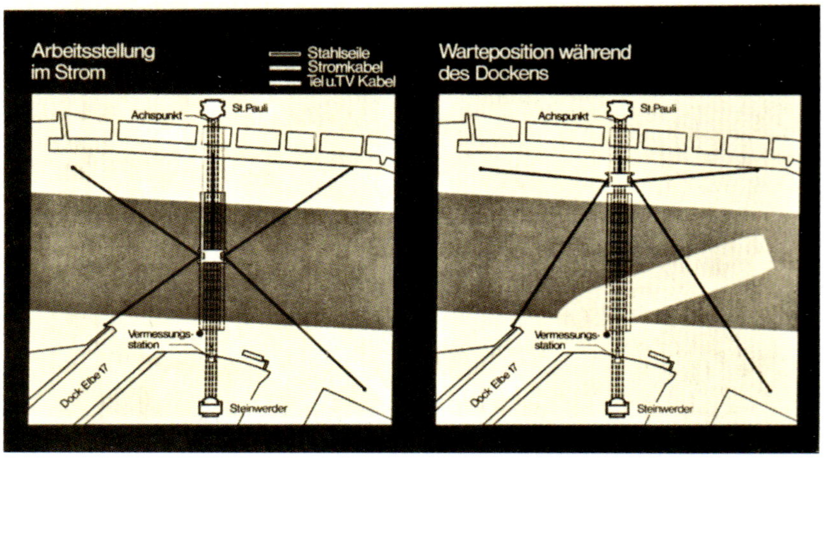

allzu häufig durchaus verständliche Interessen Einzelner als politische Vehikel genutzt bzw. ausgenutzt werden.

Jedoch, so wie es heutzutage schon leider Normalität ist, so geriet auch damals schon der Streit sehr schnell in die Reibeisen der Politik. Dabei blieben die Proteste und daraus initiierten Aktionen weitgehend friedlich, ohne die Gewaltexzesse, die heute die Gazetten füllen und die Fernsehbildschirme beherrschen, wenn sich wieder einmal eine Gelegenheit ergibt. Ganz grob umrissen, vertrat Ende der siebziger Jahre die eine Seite die Wirtschaft, die andere die Ökologie oder so ähnlich, jedenfalls das, was noch heute gemeinhin unter »Grüner Klientel« eingeordnet wird. Und da war natürlich auch gleich die Kirche mit auf dem Plan, womit wir dann wieder zum Kern zurückkommen, zum Elbtunnel. Die Kirche hatte nämlich zusammen mit Elbfischern und einigen Politikern, so wie es ihre angepasste Aufgabe zu sein scheint, auch auf diesem Feld eine Erleuchtung anzubieten, und zwar eine solche, die alle Ökologen sogleich erstrahlen ließ: Reißt doch den alten Elbtunnel ab, hieß es, dann kann die Elbe auch weiter oberhalb auf eine für große Schiffe ausreichende Wassertiefe gebracht werden. Anschließend wären nur noch die Kaianlagen in den östlichen Hafenteilen zu modernisieren – immerhin –, und schon könne man auf alle Expansionspläne im Süderelberaum verzichten.

So einfach war das – schien es jedenfalls den Kirchenexperten und den ihnen verbundenen anderen Gruppierungen –, aber es überzeugte nicht die, die für das Wohl des Hafens, des merkantilen Herzens der Elbmetropole, verantwortlich waren. Hamburgs damaliger Wirtschaftssenator Jürgen Steinert stellte jedenfalls klipp und klar fest: »Selbst wenn der alte Freihafen modernisiert und die Norderelbe weiterhin als Schiffahrtsweg benutzt wird, benötigt Hamburg weitere Kapazitäten im Süderelbe-Raum.« Im Zusammenhang mit der Diskussion um die von den Ökologen geforderte Beseitigung des Elbtunnels als Hindernis für die scheinbar alles rettende Elbvertiefung konnte dies nicht nur als »Freispruch« für den Tunnel angesehen werden, sondern auch als eine Bestätigung für seine nach wie vor bestehende notwendige Existenz.

So stellte es sich allerdings nur nach außen hin dar, denn mit dem vermeintlichen Hindernis hatten sich richtige Fachleute schon längst beschäftigt. Sie waren dazu berufen, einen Weg zu finden, wie der Tunnel zu sichern war, und waren sehr rasch zu dem Entschluss gekommen, dass er gar kein Hindernis

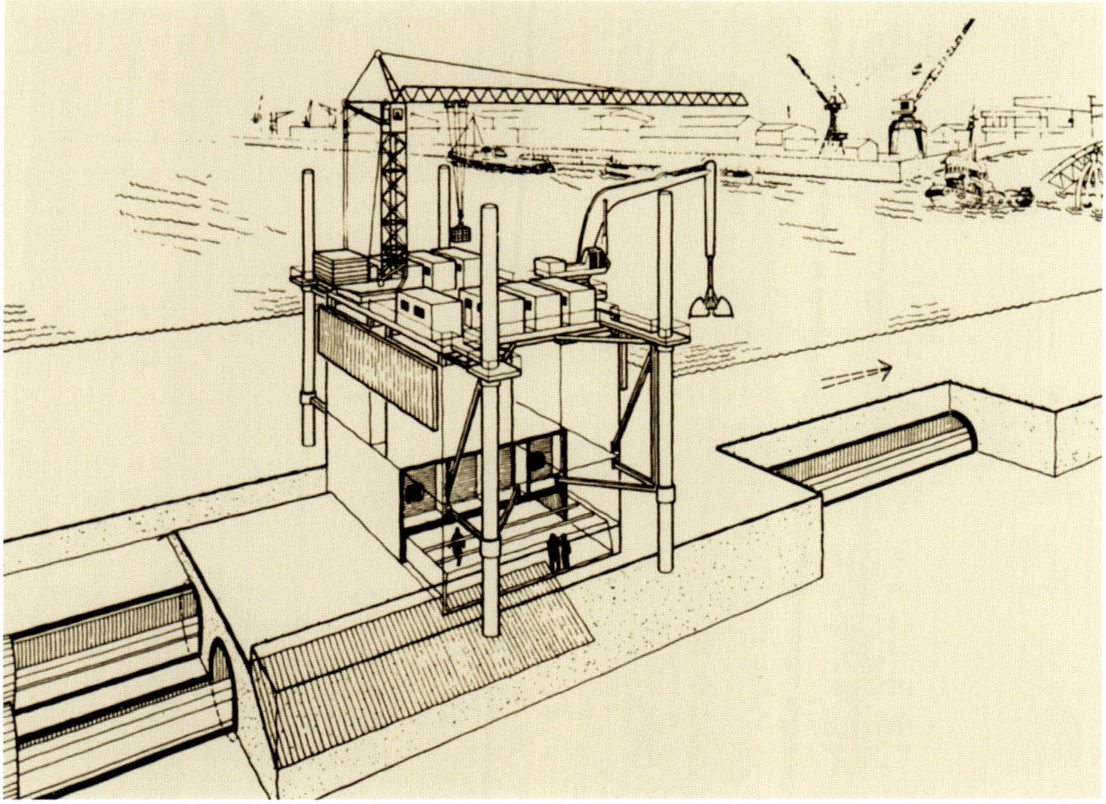

Aufbau und Arbeitsweise des »Deckelmokers«.

für die tatsächlich erforderliche Vertiefung des Fahrwassers sein würde, wenn man ihn nur entsprechend gegen Auftrieb und mögliche Beschädigungen durch Ankerwurf schützen würde. Die Frage, auf die sich letztlich alles zuspitzte, war, ob der Schutz von außen oder von innen vorzuziehen war.

Anfang September 1981, also in etwa zum 70. Tunnelgeburtstag, stellte eine Mitteilung der Staatlichen Pressestelle als Sprachrohr des Senats in diesem Zusammenhang dann auch noch einmal ganz unmissverständlich klar, dass der Elbtunnel noch lange nicht unter die Rubrik »altes Eisen« falle. Er sei zwar in die Jahre gekommen, doch ausgedient habe er dennoch längst noch nicht. Er »ist ein wichtiges Bindeglied zwischen der Stadt und dem Hafen und dient ausschließlich dem Nahverkehr. Monatlich rund 55 000 Fahrzeuge und 120 000 Personen sind dafür deutlicher Beweis. Die Tatsache, dass der Elbtunnel immer noch die kürzeste und schnellste Verbindung zur Stadt ist, hat im Tunnelalltag, neben den Annehmlichkeiten für die vielen Benutzer, auch eine viel realere Bedeutung für manchen Einzelnen, die Notfahrten der Rettungsfahrzeuge und die Einsatzfahrten der Peterwagen ... 1980 wurden rund 630 000 Fahrzeuge und rund 1 450 000 Personen befördert. Grund genug, den Elbtunnel einer Entwicklung anzupassen, die für den Hafen existenzwichtig ist, den Fahrwassertiefen im Hafen. Die Norderelbe erhält zwischen Köhlbrand und den Elbbrücken durchgehend eine Wassertiefe von –12,00 m NN. Das aber bedeutet eine weitere Verringerung der im Laufe der Jahre bereits auf etwas über drei Meter reduzierten Erdüberdeckung des Tunnels.« So wurden mit deutlichen Aussagen die nun einzuleitenden Baumaßnahmen begründet.

Bei einem weiteren Abtrag des Erdreiches über dem Tunnel hätte, wie bereits weiter oben angedeutet, die Gefahr bestanden, dass die Röhren aufschwimmen und dadurch zerstört werden könnten. Darüber hinaus war nicht auszuschließen und deshalb zu befürchten, dass in ihrem Bereich aus irgendeinem Grund geworfene Anker von Schiffen zu möglicherweise schweren Schaden an den Röhren führen würden. Mit Blick auf diese Hauptgefahren musste selbstverständlich Vorsorge getroffen werden. Sicherheit ging und geht unbedingt vor. Bis dahin durchgeführte gründliche Untersuchungen dieser Problematik hatten erkennen lassen, dass der notwendige Schutz und die Auftriebssicherung vom Inneren der Röhren her nicht mit genügender Gewissheit erreicht werden konnte, jedenfalls nicht, ohne den lichten Querschnitt der Tunnelröhren allzu sehr einzuschränken. Aus dieser Erkenntnis heraus entstand schließlich das Konzept, den Tunnel auf 210 Metern Länge mit einer starken Stahlbetonabdeckung zu versehen. Zu beiden Seiten dieser Platte sollten schräg nach unten geneigte Blechschürzen die Bildung von Hohlräumen (Auskolkungen) unter der Platte und das durchaus ins Kalkül zu ziehende mögliche Festhaken von Ankern verhindern.

Eine solche umfangreiche Operation war bei einem Tunnel, der immer noch eine viel befahrene Schifffahrtsstraße unterquerte, ein äußerst schwieriges Unterfangen, für das es bis dahin noch kein Vorbild gegeben hatte. Bei den Planungen war neben vielen wasserbaulichen und sonstigen Sicherheitsmaßnahmen nicht nur der starke Schiffsverkehr zu berücksichtigen, sondern auch noch, aus Unternehmenssicht verständlich, das im Bereich der Baustelle liegende große Trockendock »Elbe 17« der Werft Blohm + Voss. Der Dockbetrieb musste ja auch während der Arbeiten im Strom weitergehen, und die Werft hatte sich ausbedungen, dass bei Bedarf die Baustelle innerhalb von 24 Stunden zu räumen sein müsste, um den Großschiffen das Ein- und Ausdocken zu ermöglichen.

Ein internationaler Teilnehmerwettbewerb mit anschließender Preisanfrage brachte 30 Angebote mit vielen interessanten Lösungsvorschlägen auf die Tische der zuständigen Hamburger Behörde. Die Auswertung der eingereichten Arbeiten wurde in enger Kooperation mit Lotsen, Oberhafenamt, der Werft Blohm + Voss und anderen Beteiligten vorgenommen. Sie ergab, dass die Ausführung der Unterwasserarbeiten im Schutze einer großen Taucherglocke nicht nur möglich, sondern auch unter wirtschaftlichen Aspekten machbar und die günstigste Lösung sein würde.

Der Entschluss war dann auch entsprechend. Im Juli 1981 erhielt die Arbeitsgemeinschaft Dyckerhoff & Widmann/Bilfinger & Berger den Auftrag zur Durchführung der vorgesehenen Arbeiten am Elbtunnel, um den herum sich jetzt noch einmal reges Leben und Treiben entwickelte.

Herzstück der gesamten Operation war die große Taucherglocke, die nach sechsmonatiger Bauzeit bei ihrem Stapelhub am 6. November 1981 den treffenden Namen »Deckelmoker« erhielt. Dieser einzigartige, ganz speziell für die Abwicklung dieses einen Auftrages konstruierte Neubau hatte eine Grundfläche von 16,80 x 21,30 Metern und eine Höhe von insgesamt 20 Metern. Über der 2,45 Meter hohen eigentlichen Arbeitskammer ganz unten im Gerät waren 20 Stahlbetonzellen angeordnet. Eine Sicherheitszelle und eine Materialzelle waren umgeben von 18 Wasserballastzellen. Die gesamte untere Stahlkonstruktion hatte eine Höhe von 8,15 Metern. Darüber schloss sich eine stählerne Gerüstkonstruktion an, die unter Wasser eine Plattform mit den notwendigen Installationen und Unterkünften trug. Der Zugang von der Plattform zur Arbeitskammer erfolgte über zwei kombinierte Material- und Personenschleusen. Die große Schleuse mit 1,8 Metern

Trockenen Fußes auf dem Grund der Elbe: Elbsand unter der Taucherglocke vor dem Feinaushub.

Schräger Job: Ramme für die Schrägspundung für die Spundwandschürzen.

Erledigt: Spundwandschürzen sichern den Betondeckel.

Innendurchmesser erlaubte es, auch sperrige Teile von der Plattform in die Arbeitskammer zu transportieren.

Vier große stählerne Rohrbeine führten den »Deckelmoker« in vertikaler Richtung. Der Erdaushub und das Einbringen der Betonplatten sollte bei Druckluftbetrieb in 16 Abschnitten quer über den Strom erfolgen. Als besonders vorteilhaft erwies sich bei dem gewählten Verfahren, dass der in Arbeitsrichtung auf der Plattform installierte Kranbagger den größten Erdaushub störungsfrei vorweg ausführen konnte, während unten auf dem Elbgrund der davor freigelegte Abschnitt mit Beton zugedeckt wurde.

Die Abdeckplatte erhielt eine Stärke von 50 bis 60 Zentimetern. Sie wurde 210 Meter lang und 21 Meter breit. Der Auftragswert für die Sicherung des Tunnels belief sich auf 16 Mio. DM – ohne Mehrwertsteuer, wie in der offiziellen Mitteilung korrekt vermerkt worden war.

Im Frühjahr 1982 ging es los. Während der Arbeiten im Strom musste der Verkehr durch den Elbtunnel unterbrochen werden, da in den Tunnelröhren, als zusätzliche Sicherungen gegen den Auftrieb, etwa 40 Meter lange Ballastkörper gelagert wurden, die in der folgenden Zeit je nach Baufortgang immer weiter nach vorn verschoben wurden. Für Fußgänger sowie Rad- und Mopedfahrer gab es einen Ersatzverkehr zwischen den St.-Pauli-Landungsbrücken und der Landeanlage Fährkanal in unmittelbarer Nähe des Schachtgebäudes Steinwerder. Autos mussten den Weg über die Norderelbbrücken oder durch den neuen Elbtunnel nehmen. Na ja, das sorgte damals sicherlich für mancherlei unterschwelligen Unmut bei den vielen Nutzern, für die der tägliche Weg durch den »alten Elbtunnel« zur Selbstverständlichkeit geworden war, aber jede Zeit bringt eben neue Herausforderungen, wobei diese jedoch zeitlich befristet und somit durchaus hinnehmbar waren, was dann auch allgemein eingesehen wurde.

Für den Elbtunnel wird der Beton mit Lkws herangeschafft, Huckepack auf Schiffen.

Schütten der Stahlbetonplatte mit dem Beton, der per Lkw (s. Bild oben rechts) angeliefert wird.

Deckel drauf: das fertige Betonplattensegment; rechts vorne der Armierungsstahl für den Anschluss des nächsten der 17 Segmente.

Sehr schnell zeigte sich, dass man bei der ansonsten ganz sorgfältigen Vorplanung dennoch etwas nicht ausreichend berücksichtigt hatte, nämlich die Beschaffenheit des Elbgrundes. Die schlanken Stahlbeine des »Deckelmokers«, die als Führung gedacht waren und von denen die eigentliche Taucherglocke während der Arbeit waagerecht über Grund gehalten werden sollte, sackten unterschiedlich tief weg, so dass sich das gesamte Arbeitsgerät schief stellte und somit zunächst nicht zu nutzen war. Natürlich hätte man die Beine auch tiefer so weit in den Untergrund sacken lassen können, bis sie dort festen Halt gefunden hätten und so ihrer Aufgabe gerecht werden konnten. Das aber war deshalb ausgeschlossen, weil dann die Räumung der Baustelle innerhalb der gesetzten Frist von 24 Stunden nicht hätte erfolgen können, die benötigt wurde, damit die reibungsfreie Nutzung des Großdocks »Elbe 17« von Blohm + Voss gewährleistet blieb. So brachte man nachträglich an den Beinen Fußteller von fünf Metern Durchmesser an, um die Standfestigkeit in der erforderlichen Weise zu verbessern. Und dann klappte es endlich mit der Taucherglocke, die durch verschiedene andere Nachbesserungen inzwischen auf ein Gesamtgewicht von über 3000 t gekommen war.

Nachdem der »Deckelmoker« endgültig seine Arbeitsposition eingenommen hatte, begann das Arbeitsprogramm mit einer Tätigkeit, die man eigentlich in dieser Zeit gar nicht mehr vermutete. Bald vierzig Jahre nach Kriegsende machten sich Experten daran, die festgelegte Trasse nach Bombenblindgängern abzusuchen, nach Resten dieser Teufelseier, die vor allem ab 1943 zu Tausenden mit mörderischen Folgen über der Hansestadt abgeworfen worden waren. Glücklicherweise brachte diese sicherlich sehr notwendige Maßnahme keinen »Erfolg«. Weil aber nichts gefunden wurde, war es dann dennoch ein wirklicher Erfolg.

Der nächste Schritt im Programm waren die Baggerarbeiten, für die der schon erwähnte Greiferkran auf dem »Deckelmoker« in Verbindung mit leistungsstarken Pumpen eingesetzt wurden. Mit dem anfallenden Baggergut wurden unverzüglich vor Ort positionierte Schuten beladen, die es zu den dafür ausgewiesenen Plätzen verbrachten.

Mit Hilfe eines ausgeklügelten Windensystems konnte die Taucherglocke Schritt für Schritt punktgenau in die vorgesehene nächste Position verholt werden. Nachdem diese erreicht war, erfolgte deren Absenken und die Arbeitskammer wurde durch Einpumpen von Luft gelenzt.

Nach dem Abtrag des Bodens über den Tunnelröhren und der Vorbereitung des Planums für den Unterbeton wurde der Beton mit Hilfe einer Pumpe direkt aus den auf einer Fähre stehenden Transportfahrzeugen in die Arbeitskammer gepumpt und dort verteilt. Anschließend begann auf beiden Seiten das Rammen der Spundbohlen, das Legen der Bewehrungsmatten in den Beton und die Verschraubung der Zuganker an die Spundwand. Der Konstruktionsbeton wurde dann, wie schon der Unterbeton, über das Rohrleitungssystem ebenfalls direkt in die Arbeitskammer gepumpt. Die Länge der einzelnen Plattenabschnitte variierte zwischen 11 und 13 Metern. Insgesamt wurden so 300 Tonnen Betonstahl und 2200 Kubikmeter Stahlbeton verarbeitet sowie noch einmal 680 Tonnen Stahlprofile für die Sicherungsschürzen. Sechs bis zehn Mann je Schicht arbeiteten bei einem Überdruck in der Kammer von 1,3 bis 1,7 bar auf dem Elbgrund rund um die Uhr.

Besonders einfallsreich verfuhren die Planer mit den sperrigen Baumaterialien wie Spundbohlen und Baustahlgewebe. Die passten ja nicht durch die Druckluftschleusen und mussten somit auf anderem Wege dorthin gebracht werden, wo sie benötigt wurden. Also fasste man diese Materialien zuvor an Land zu »Paketen« mit Gewichten von 6 bis 12 Tonnen zusammen und legte sie auf dem Elbgrund ab, bevor die Taucherglocke die entsprechende Position darüber einnahm. Nach dem Aufbringen der Druckluft in der Arbeitskammer und der Einschleusung des dort tätigen Personals wurden die auf dem Flussgrund liegenden Materialpakete anschließend aufgelöst und bis zum Gebrauch unter der Arbeitskammerdecke aufgehängt.

Alle beteiligten Stellen, Arbeitsgemeinschaft wie Bauherr, hatten ein gemeinsames großes Interesse daran, den Einsatz der Taucherglocke im Strom so kurz wie möglich zu halten. Einmal, um das Havarierisiko sowie das Unterbrechungs- und Störrisiko durch den Dockbetrieb zu minimieren, und zum anderen aus wirtschaftlichen Gründen, um den kostspieligen Gerätepark so intensiv wie möglich zu nutzen. Daher wurde an fünf Tagen in der Woche rund um die Uhr gearbeitet. Die Gesamtbauzeit war im Endergebnis dann mit 22 Monaten bemerkenswert kurz. Zu berücksichtigen ist dabei noch, dass davon knapp zwölf Monate auf Entwurf, Bau und Erprobung des »Deckelmokers« entfallen waren. Die eigentliche Arbeit, nämlich die Herstellung des Tunnel-Deckels, war bei Berücksichtigung der zweimonatigen Winterpause in beachtlichen rund acht

Die St.-Pauli-Seite des Tunnels mit einem Teil der Landungsbrücken und dem »Deckelmoker«. Sehr deutlich wird auf diesem Bild auch, wie sich die Stadt »dahinter« verändert hat.

Monaten erledigt. Auf die 17 Arbeitspositionen – eine mehr als geplant – entfielen also durchschnittlich zwei Wochen. Das entsprach, einschließlich der Unterbrechungen durch Schifffahrt und Dockungen, genau der Planung. Mit dem Fortgang der Arbeiten, d. h. also mit der hinzukommenden Routine, gelang es, den Zeitaufwand für einen Arbeitsabschnitt sogar bis auf 1,3 Wochen zu senken.

Insgesamt beliefen sich die Kosten für die Sicherung des Elbtunnels einschließlich der erforderlichen Nebenarbeiten und dem Ersatzverkehr in der Endrechnung auf 24,7 Mio. DM (wenn man bedenkt, dass der gesamte Bau des Elbtunnels seinerzeit – jetzt nur in reinen Zahlen ausgedrückt – nur knapp elf Millionen Mark gekostet hatte ...! Aber damals war das Geld eben doch noch mehr wert).

Besonders stolz war die Bauleitung darauf, dass es während der Arbeiten zu keinem ernsten Unfall gekommen war, und natürlich war sie stolz auf ihren »Deckelmoker«, auf dieses ungeheuer komplizierte Gerät, das nur für diesen einen Zweck konzipiert worden und das deshalb als Bauhilfsgerät nur dafür verwendet werden konnte. Es musste deshalb, von vielen bedauert, gleich nach Beendigung der Arbeiten verschrottet werden.

Am 2. August 1983 war die Zwangspause für den Elbtunnel, besser gesagt für seine Benutzer, beendet – und damit das (vorerst) letzte größere Ereignis, das sich mit dem Bauwerk verbindet. Am 2. August wurde der Tunnel wieder für den Fahrzeugverkehr freigegeben. Uneingeschränkt konnte er von da an wieder dem Verkehr zwischen der Stadt und dem Hafen dienen.

Ein lebhaftes, wunderschönes Bild, das sich ganz entspannt und sehr gut von der mit dem Elbtunnel verbundenen Aussichtsplattform der Steinwerderseite verinnerlichen lässt.

Es geht weiter und es wird wieder bunter

DIE JAHRE GINGEN DAHIN. KEINESWEGS zähflüssig, denn es war immer Betrieb im Tunnel – normale Passanten, die von der einen Seite der Elbe zur anderen wollten, Autos, auch Fahrräder, und natürlich kamen nach wie vor sehr viele Besucher: Hamburger, die ihren auswärtigen Gästen dieses schöne Bauwerk zeigen wollten, ganze Schulklassen und natürlich Touristen aus aller Herren Länder – einzeln oder in Gruppen – für die der Tunnel mit einer Fahrt nach unten und vielleicht sogar ein Gang zur anderen Seite auf dem Programm standen. Zwar wurde nicht unbedingt in jedem Fall gleich Begeisterung geäußert, aber ein Staunen und eine gewisse Art von Ehrfurcht waren ihnen doch schon häufig anzumerken. Und das mit Recht! Sicher hatten die allermeisten bereits Tunnel durchfahren, Auto- oder Eisenbahntunnel, aber einen zu erleben wie den Hamburger Elbtunnel, das ist schon etwas Besonderes. Er funktioniert, lässt Fußgänger sowie Autos und Fahrräder zu und verströmt dabei einen geradezu fühlbaren Hauch von Nostalgie, wozu die großen Aufzüge und die keramische Gestaltung erheblich beitragen.

Eine etwas andere, bis heute unverändert charmante Idee ist die eines Spaziergangs durch den Tunnel, um nach dessen Durchquerung vom südlichen Elbufer aus das unvergleichliche Panorama mit Blick auf den Hafenrand, den Michel und die großen Museumsschiffe RICKMER RICKMERS und CAP SAN DIEGO sowie das emsige Treiben auf dem Wasser zu genießen. Es lohnt sich, und das kann man durchaus immer mal wieder machen.

Obwohl also der Tunnel weiterhin die ihm ursprünglich zugedachten Funktionen erfüllte, kamen im Laufe der nächsten Jahre noch einige Dinge hinzu, an die seine Erbauer damals mit Sicherheit auch nicht im Entferntesten gedacht hatten bzw. die sie sich überhaupt nicht vorstellen konnten. Das gilt auch für diejenigen, die nach dem verlorenen Krieg mit seinen furchtbaren Zerstörungen als eine der Hinterlassenschaften darangingen, den unverzichtbaren Verkehrsweg von einem Ufer der Elbe zum anderen wieder herzurichten und seine Leistungsfähigkeit den gestiegenen Anforderungen anzupassen. Auch auf die vielen tausenden Passanten, die Tag für

Tag die Verbindung nutzten, wird das mit höchster Wahrscheinlichkeit zutreffen. Aber man weiß ja nicht, vielleicht war doch der eine oder andere darunter, der daran dachte, dass sich diese schöne und geschichtsträchtige unterirdische Strecke, die in ihren Ausmaßen ja überschaubar war, auch etwa für Veranstaltungen nutzen ließe. Deren besonderer Charakter wäre garantiert, die Atmosphäre einzigartig.

Dieses etwas buntere Treiben unter der Elbe begann, ohne dass es sich genau datieren lässt, mit der Einbindung des Tunnels als eine besondere Kulisse für Spielfilmhandlungen. Wie einer offiziellen Schrift der Hansestadt Hamburg zu entnehmen ist, drehte der Independent-Filmer Roland Klick 1973 in Hamburg den illusionslosen Großstadtfilm »Supermarkt«. Die Hauptfigur Willi bewegt sich im Junkie- und Obdachlosen-Milieu und strebt in der Schlusssequenz im Elbtunnel in der Masse Berufstätiger auf die Kamera zu – untermalt von Marius Müller-Westernhagens wehmütigem Titelsong. Im November 1976 kam dann auch Starregisseur Wim Wenders nach Hamburg, um »Der amerikanische Freund« zu inszenieren, ein komplexer Krimi nach Patricia Highsmith. Dennis Hopper spielte den Amerikaner Tom Ripley, der zusammen mit dem Bilderrahmer Jonathan (gespielt von Bruno Ganz) in einen obskuren Deal um wertvolle Kunstwerke verwickelt ist. In mehreren Szenen spielt dabei auch der alte Elbtunnel eine wichtige Rolle. Spätestens seit dieser Zeit zählt der Tunnel zu den beliebtesten Filmkulissen, zumindest dann, wenn es um »unterirdisches« Geschehen ging.

Jürgen Roland baute ihn in eine Episode seines Dauerbrenners »Großstadtrevier« ein, und auch für eine Folge der erfolgreichen ZDF-Krimiserie »Doppelter Einsatz« diente er als Schauplatz. Regisseur Sebastian Schipper ließ 1998 in »Absolute Giganten« frustrierte Jugendliche mit ihrem aufgemotzten »Ami-Schlitten« durch den Tunnel brausen und der Pay-TV-Sender »Premiere« warb wenig später in einem Werbespot mit einer jungen Frau, die – während sie durch den alten Elbtunnel fährt – ständig an ihren Traumschauspieler Tom Cruise denken muss. Zusammen mit Werbeaufnahmen und Foto-Shootings wurde der alte Elbtunnel nach Angaben der Behörde jährlich im Durchschnitt über 50 Mal als Kulisse be- oder genutzt. Allerdings konnte der Tunnel, weil der normale Verkehr immer noch funktionierte und damit Vorrang hatte, nur eingeschränkt für aufwendigere Filmaufnahmen genutzt werden.

Jedoch war das nur die eine Seite des einsetzenden bunteren Lebens unter der Elbe. Andere Veranstalter und Organisationen hatten dieses besondere Ambiente ebenfalls für sich entdeckt. So beispielsweise die sogenannte Kultur-Szene. Wichtigstes Ereignis in dieser Hinsicht dürfte die seit 1994 einmal jährlich vom Hamburger Kunst- und Kulturverein cult e.V. organisierte »ElbArt im Alten Hamburger Elbtunnel« sein. Gezeigt wurde in diesem ungewöhnlichen Ambiente, der längsten Bildröhre der Welt, wie es hieß, vor allem zeitgenössische Kunst aus dem In- und Ausland. Bei diesen Veranstaltungen vor denkmalgeschützter Fliesenwand mit dem Tunnel als Kunstmeile wurde den Besuchern laut Veranstalter ein repräsentativer Querschnitt durch Malerei, Grafik, Fotografie, Druckkunst und Karikatur vermittelt. Dabei wurde nicht versäumt anzumerken, dass für die Aussteller bei den jeweiligen Terminen nicht nur der direkte Kontakt zu dem kunstinteressierten Publikum wertvoll war, sondern auch der Austausch von Erfahrungen untereinander. So seien, wie cult

e.V. hervorhebt, nach den Veranstaltungen weitere Ausstellungsprojekte, Atelier- und Galeriebeteiligungen besprochen worden sowie neue Freundschaften entstanden. Auf dieser Basis bzw. vor diesem Hintergrund ist die ElbArt zu einer durchaus erfolgreichen und unverwechselbaren Institution in Hamburgs Kulturvielfalt geworden. Nach der 15. Veranstaltung dieser Art Ende Mai des Jahres 2009 war jedoch wegen der bevorstehenden Instandsetzungsarbeiten im Tunnel, auf die weiter unten noch zurückzukommen ist, eine Pause angesagt. Nach Abschluss der baulichen Maßnahmen sollen diese Veranstaltungen aber auf jeden Fall wieder aufleben und fortgesetzt werden, dann in einem sicher noch weiter verschönerten, noch attraktiveren Umfeld.

Aber nicht nur die Kunst belebte den Tunnel von Zeit zu Zeit über das normale Tagesgeschehen hinaus. Eine ganze Reihe weiterer Veranstaltungen, Events heißt das heute auf Neudeutsch, sorgte immer wieder für Überraschungen und Aufsehen. Die Menschen kommen ja auf die schrägsten Ideen. Je ausgefallener, desto besser. In dieser Hinsicht ist zum Beispiel der Elbtunnel-Marathon zu nennen, der seit 2000 stets Ende Januar des jeweiligen Jahres stattgefunden hat. Bei ihm müssen die Teilnehmer 48 Runden durch beide Tunnelröhren drehen. Eine Runde ist demnach 870,8 Meter lang. Da zu den Enden des Tunnels der Kurs leicht ansteigt, waren zusätzlich auch noch insgesamt 150 Höhenmeter zu bewältigen. Außerdem kam zu den 48 Gesamtumlaufbahnen eine weitere Strecke von 396,6 Metern hinzu, so dass eine Gesamtstrecke von 42,195 Kilometern zu bewältigen war, also eine Distanz, die genau der des »echten« Marathonlaufes entspricht. Olympia im Hamburger Elbtunnel! Wer hätte das gedacht? Wegen der begrenzten Kapazität des Veranstaltungsortes und der zur Verfügung stehenden Rettungswege war der Lauf auf 280 Teilnehmer limitiert. 2000 war der Elbtunnel-Marathon damit der weltweit erste komplette Untertage-Marathon überhaupt. Veranstalter war der 1999 gegründete »100 Marathon Club Deutschland«, dessen Mitglieder Läuferinnen und Läufer sind, die mindestens 100 Mal die Marathondistanz von 42,195 Kilometern zurückgelegt haben. Er ist mit über 200 Mitgliedern eine der weltweit größten Vereinigungen von Marathonlauf-Sammlern. Auch der nächste Elbtunnel-Marathon kann wegen der Sanierungsarbeiten frühestens erst 2015 wieder stattfinden.

Für Sanierungsarbeiten gesperrte Tunnelröhre.

Ausser den regelmässig durchgeführten Veranstaltungen wie ElbArt und Elbtunnel-Marathon gab es eine ganze Reihe anderer, die zur Belebung des Tunnelgeschehens beigetragen haben und es sicherlich auch später in ähnlichen Formen weiter tun werden. Im Rückblick waren es beispielsweise der Versuch, mit dem längsten Modelleisenbahnzug der Welt einen Rekord zu ergattern, die Präsentation einer neuen Sportmodekollektion mit einem Überraschungsauftritt des Sängers Sasha, die Produktpräsentation eines Gabelstaplerherstellers oder Jazz-Konzerte. Daneben waren weniger aufwendige Vorhaben, wie Fotoaufnahmen mit kleineren Teams, Bilder- oder Fotoausstellungen sowie beispielsweise auch Plakatierungen durchgängig möglich, also auch während der Öffnungszeiten für den Kraftfahrzeugverkehr. Veranstaltungen im größeren Rahmen ließen sich dagegen nur am Wochenende oder abends ab 20.00 Uhr realisieren. Aber das besondere Flair des Tunnels und die zur Verfügung stehende Fläche wurden immer wieder gern genutzt. Nicht unerwähnt darf bei dieser Gelegenheit der Hamburger Verein Unterwelten bleiben. Er bietet von Zeit zu Zeit auch Führungen durch den Tunnel sowie die Technik- und Betriebsräume an und erlaubt so nicht nur einen Blick hinter die Kulissen des historischen Bauwerks, sondern wirbt, wenn auch in überschaubaren Kreisen, um das Verständnis für dessen Erhaltung.

Manches, was sich da unten kunterbunt tat, war gelegentlich auch ganz bewusst mit Knalleffekt spektakulär angelegt. Beispielsweise berichtete die »Bild«-Zeitung am 2. April 1994, dass eine Mitternachtsfete an ein vormaliges Unglück beim Tunnelbau erinnern sollte: »Kurz nach Mitternacht im alten Elbtunnel: 23 Meter unter dem Stromspiegel trinken 500 Hamburger Weißwein aus Plastikbechern, hören Vivaldis ›Vier Jahreszeiten‹, Mozarts ›Zaide‹. Schaulandt-Chef Thomas Wegner präsentiert den schwersten (120 Kilo) und teuersten (30 000 Mark) Lautsprecher der Welt.

Um halb eins stockt vielen der Atem: Lichter gehen aus, Nebel quillt aus den Röhren, es dröhnt und schallt aus riesigen Boxen: Zischen, Heulen, Pfeifen. Wasser gluckst, gespenstische Stimmung, wie vor 75 Jahren: Am 24. Juni 1909 riß während der Tunnelarbeiten (1907 bis 1911) Preßluft ein riesiges Loch in die Stromsohle. Wasser und Schlamm quollen in die Röhren, 40 Männer rannten um ihr Leben, niemand wurde verletzt.

Nach 20 Minuten ist das Akustik-Unglück vorbei, sanfte Harfenklänge von Andreas Vollenweider erklingen, die Lichter gehen an, viele sind erleichtert. Tunnelchef Eddelbüttel: Eine tolle Tunnel-Fete.«

Nicht ganz so spektakulär und vor allem ohne Knall als Höhepunkt wurde zwei Jahre später, am 20. und 21. September 1996, der 75. Geburtstag des zu Hamburgs unverwechselbaren Wahrzeichen gehörenden Bauwerks, also des Elbtunnels, gefeiert. Dennoch war es schön. Zu diesem Jubeltag war ein richtig großes Programm organisiert worden. Eröffnet wurde es am Sonnabend, den 20. September, vom damaligen Hamburger Wirtschaftssenator Volker Lange, der mit einem Renault Landaulet, natürlich Baujahr 1911, durch den Tunnel steuerte. Schausteller hatten unterdessen für beide Tage einen großen Tunnelmarkt an den St.-Pauli-Landungsbrücken mit Karussells, Imbiss- und Spielbuden sowie vielen anderen »Belustigungsgeschäften« vorbereitet. An den Brücken 6 und 7 waren an beiden Tagen Bergungs-, Polizei- und Feuerwehrfahrzeuge sowie Taucher zu besichtigen und zu erleben. Es wurden Hubschrauber-Rundflüge geboten, und im Kraftwerk Steinwerder sowie im Zollamt Elbtunnel informierten zwei Ausstellungen, »75 Jahre St.-Pauli-Elbtunnel« und »75 Jahre Zoll am Alten Elbtunnel«. Gezeigt wurden Zeichnungen, alte Fotos und Dokumente. Ganz klar gehörte auch Musik dazu. Mehr als 20 Bands traten am und im Elbtunnel auf unter dem Motto: Musikalische Reise durch sieben Jahrzehnte mit Ragtime, Skiffle, Swing, Jazz, Rock'n Roll, Beat und Pop. Es waren überaus gelungene Tage und es war ein ebenso gelungenes Programm, mit dem nicht nur Hamburger, sondern auch Freunde aus dem Umland und viele Touristen aus aller Welt sich der Bedeutung dieses markanten, das Elbpanorama entscheidend mitprägenden Bauwerks bewusst wurden. Übrigens, das am Rande, zu diesem Zeitpunkt waren noch 61 Personen direkt am und im Elbtunnel beschäftigt.

Noch etwas ganz anderes tat sich im Anschluss an die Festivitäten im und am Elbtunnel: Er wurde verhüllt, und zwar so, als hätte der Verpackungskünstler Christo eigenhändig zugeschlagen. Unter dicken Plastikplanen wurde der Jubilar, genauer gesagt ein Teil des Jubilars, nämlich das St.-Pauli-Tunnelgebäude, gegen Ende des Jahres versteckt. Grund dafür waren beginnende Sanierungsarbeiten an der Fassade, die witterungsgeschützt vonstatten gehen sollten. Vor allem ging es dabei um den Schutz der Steinmetze, die an den stark beschädigten Tuffsteinen die schönen alten Bilder sorgfältig wieder herausmeißelten. Es dauerte mehrere Wochen, bis die Instandsetzungsarbeiten beendet waren.

Eine Besonderheit der Sanierungsarbeiten, wahrscheinlich sogar deren Glanzstück, war Mitte Dezember 1986 auf Veranlassung des Amtes für Strom- und Hafenbau sowie des Hamburger Denkmalschutzamtes die Wiedereinsetzung von vier neuen Atlanten in zwölf Meter Höhe auf schmalem Sims. Die alten Figuren, ursprünglich zwölf an der Zahl, waren 1969 von ihren Podesten genommen worden, weil Umweltgifte über die Jahrzehnte Nasen und Arme teilweise weggeätzt hatten. Die neuen sind originalgetreue Nachbildungen nach alten Fotografien, hergestellt für 6000 Mark pro Figur von einer darauf spezialisierten Steinmetzfirma in Mönchengladbach. Obwohl Tuffgestein relativ leicht ist, brachte jeder der vier neuen Atlanten doch noch gut fünf Zentner auf die Waage.

Atlas trug der griechischen Mythologie zufolge das Himmelsgewölbe auf seinen mächtigen Schultern. Seine Hamburger Nachkömmlinge aus Tuffgestein der alten Eifelvulkane halten, zumindest nach optischem Eindruck, die Kuppel des

Elbtunnelgebäudes. Tatsächlich haben sie jedoch nichts zu tragen, so wie auch die Tunnelbauer von 1911 den Kuppelträgern ebenfalls keine tatsächliche, sondern nur eine lediglich symbolische Tragaufgabe zugemessen hatten. Kunstsachverständige interpretierten die Atlas-Gruppe über dem Elbtunnel so: »Die Statuen stellen einen jungen und einen alten Träger dar. Der junge Träger steht immer an der Außenkante, dort, wo die meisten Kräfte aus dem Tunnelgewölbe ankommen. Er zeigt eine angespannte, kraftvolle Haltung, so, als ob er dem Alten neben ihm, der schwer an seiner Last trägt, etwas davon abnehmen will. Damit stellten 1911 die Architekten des Tunnels symbolisch dar, wie vom Alter die Last der Verantwortung auf die Jugend übergeht.«

Fünf Jahre später fand der 80. Geburtstag des inzwischen erneut wieder populärer gewordenen Bauwerkes zumindest in einem Teil der Hamburger Tagespresse Erwähnung, was ja keineswegs als selbstverständlich anzusehen ist. In der »Bild«-Zeitung vom 6. September 1991 hieß es, gut illustriert, zum Beispiel dazu: » Morgen wird unser alter Elbtunnel 80 Jahre alt – und ist beliebter denn je. Jeden Monat marschieren 150 000 Menschen durch den Tunnel, rollen 37 000 Autos durch die beiden Röhren – Rekord! ›Wir feiern nicht, aber dafür wird der Tunnel restauriert‹, sagt Heiko Bräuer vom Amt für Strom- und Hafenbau. ›Schon im Herbst beginnen die Arbeiten: neue Lampen, neuer Aufzug. Die Rolltreppen verschwinden.‹»

Ein knappes Jahr später, am 11. Juni 1992, meldete sich die »Bild«-Zeitung erneut in Sachen Tunnel zu Wort und betonte in der Überschrift noch einmal, dass der alte Elbtunnel beliebt sei wie nie. Weiter hieß es dann: »Neuer Rekord im Alten Elbtunnel. Etwa 55 000 Fahrzeuge und 150 000 Fußgänger nutzen jeden Monat die Verbindung unter der Elbe.« Die Steigerungsrate liegt bei zehn Prozent jährlich, stellte das Amt für Strom- und Hafenbau fest. Ein Sprecher: »Wir führen die Entwicklung vor allem auf die gute Beschäftigungslage bei Blohm + Voss zurück.« Die Tunnelbenutzer seien überwiegend Hafen- oder Werftarbeiter. Diese Aussage hatte damals sicher ihre Berechtigung, denn später, als die Auftragslage der Werften, speziell bei dem am nächsten zum Elbtunnel gelegenen Unternehmen Blohm + Voss, zurückging, sank auch stetig die Zahl der Tunnelnutzer. Die geringere Auslastung der Werften war sicher nicht der alleinige Grund, aber sie spielte doch eine bedeutende Rolle. Die am Schluss des Buches aufgeführten Zahlen sprechen für sich. Als jedoch der weiter oben zitierte Artikel in der »Bild«-Zeitung erschien, war an Beschäftigungsrückgang überhaupt noch nicht zu denken. Der Wert, die Daseinsberechtigung des Tunnels als Verkehrs- und Verbindungsweg, war unbestritten, und niemand verschwendete auch nur einen Gedanken daran, dass es einmal anders werden könnte, zumal ja auch investiert wurde, wie zu lesen war. Und unten wurde es sogar wieder schöner, nicht zuletzt durch die neuen Leuchten sowie für Ästheten durch den Abbau der Rolltreppen, deren Installation seinerzeit sicher notwendig gewesen war, die nun aber mehr und mehr überflüssig erschienen. Der Tunnel bzw. die Tunnelgebäude an beiden Seiten erhielten durch die Demontage der voluminösen Treppenkonstruktionen wieder etwas von ihrer Ursprünglichkeit zurück.

Zwei der Atlanten in zwölf Metern Höhe auf schmalem Sims. Die neuen sind originalgetreue Nachbildungen nach alten Fotografien, hergestellt für 6000 Mark pro Figur von einer darauf spezialisierten Steinmetzfirma in Mönchengladbach.

PETERS
rk
PETERS
rk
SCHULZ
HPA

Zurück zu altem Glanz

Ein neues Kapitel in der Geschichte des Tunnels wurde 1994 aufgeschlagen, als mit seiner umfassenden Grundsanierung begonnen wurde. Ziel war es, außer der Ertüchtigung des Verkehrsweges in seiner Substanz das Erscheinungsbild von 1911 möglichst vollständig wiederherzustellen. Eine schönere Bestätigung für ein Bauwerk kann es wohl kaum geben. Kurz gefasst: Innen sollte modernste Technik genutzt, nach außen das im Laufe der Jahrzehnte verblasste oder zerstörte ursprüngliche architektonische Flair zurückgeholt werden.

Ein tolles Vorhaben, das im Laufe der folgenden Jahre allerdings wegen stetig steigender Kosten und Ähnlichem zwar immer mal wieder in die Diskussion, allerdings glücklicherweise niemals aus den Augen geriet. Aber es wurde ein langer Weg. Nicht etwa, weil es an dem Willen fehlte, die ambitionierten Pläne auch umzusetzen, sondern es waren die leidigen Geldmittel, um die immer wieder aufs Neue gerungen werden musste.

Es mag zwar widersinnig erscheinen, aber so etwa zur Zeit der Jahrtausendwende gab es trotz der laufenden Instandsetzungs- und Sanierungsarbeiten eine ganze Reihe von Leuten in der Politik und in den Behörden, die ernsthaft über eine Schließung des Elbtunnels zunächst für den Autoverkehr nachdachten und dies durchaus auch öffentlich machten. Ihr Hauptargument war, dass der Tunnel seine Rolle als wichtige innerstädtische Verkehrsverbindung mehr und mehr verloren habe. Die Zahl der Autos, die diesen Weg nutzten, um von einem Elbufer zum anderen zu kommen, sei ständig zurückgegangen, hieß es. Die Einnahmen wären entsprechend gesunken, die Kosten dagegen aber weiter gestiegen. Vor diesem Hintergrund und in Anbetracht des maroden Hamburger Haushalts machte der damalige Wirtschaftssenator der Hansestadt, Gunnar Uldall, im Verlauf einer Spar-Klausur des Senats Mitte 2002 erstmals den Vorschlag, den alten Elbtunnel am Sonnabend für den Autoverkehr zu sperren, um so zu Einsparungen zu kommen. Die nüchternen Zahlen allein schienen ihm Recht zu geben. Im Jahr davor, also 2001, waren die Einnahmen auf etwas mehr als 300 000 Euro gesunken. Die Ausgaben lagen dagegen um ein Vielfaches darüber. Allein 170 000 Euro Betriebskosten verschlangen die Röhren unter der Elbe. Hinzu kamen 2,2 Millionen Euro an Personalkosten für die immer noch rund 50 Beschäftigten am und im Tunnel. Für Instandsetzungsarbeiten ging man darüber hinaus bis 2010 noch einmal von weiteren rund 10 Millionen Euro aus. Eine nicht gerade ermutigende Rechnung.

Demgegenüber stand bedrohlich die erwähnte nachlassende Nutzung, die sich schwarz auf weiß nicht nur in den Kassen, sondern ebenso deutlich in den Statistiken widerspiegelte. Um 25 Prozent sei der Autoverkehr seit 1997 zurückgegangen, hieß es beim Amt für Strom- und Hafenbau. Gerade Mal 305 410 Autos hatten im vergangenen Jahr den Tunnel durchfahren. Nutzer waren vor allem Mitarbeiter von Firmen, die am anderen Flussufer ihren Sitz hatten, wie etwa die Werft von Blohm + Voss. Deshalb kam im nach Lösungen suchenden Hause des Wirtschaftssenators der etwas ungewöhnliche Gedanke auf, den Tunnel in einer Private Partnership zu betreiben. Dabei wollte man in erster Linie auf diejenigen Unternehmen zugehen, die den größten Vorteil vom alten Elbtunnel hatten, weil deren Mitarbeiter und Kunden ihn in großem Maße nutzten. Zwar hat es unter diesem Aspekt wohl entsprechende vorsichtige Fühlungsnahmen und Kontakte gegeben, wie sich aber sehr bald zeigte, blieben sie erfolglos. Überraschen konnte das eigentlich nicht. Es blieb also zunächst alles beim Alten, so wie es vorher gewesen war. Allerdings hatte das Amt für Strom- und Hafenbau schon im Vorfeld dieser Überlegungen unmissverständlich klargestellt, dass, wie auch immer Gespräche in dieser Richtung ausgehen würden, wenn sie denn überhaupt zustande kämen, niemand befürchten müsse, dass der alte Elbtunnel komplett dicht gemacht werde. Seine Funktion als touristischer Anziehungspunkt am Wasser solle ebenso erhalten bleiben wie seine durchgängige Öffnung für Fußgänger und Radfahrer. Das bestätigte kurze Zeit später ebenfalls noch einmal ausdrücklich selbst Wirtschaftssenator Gunnar Uldall.

Der Tunnel blieb nach dieser Entscheidung wie gewohnt für Fußgänger rund um die Uhr geöffnet, für Autos montags bis freitags von 5.30 Uhr bis 20 Uhr. Am Wochenende und an Feiertagen sollte der Tunnel jedoch »autofrei« bleiben. Das war an sich im Kern eine gute Nachricht, die allerdings von einem kleinen, wenn auch sicher nicht allzu dicken Wermutstropfen etwas eingetrübt wurde: Die Gebühren für die Autopassage wurden von 1,40 Euro auf 2 Euro pro Durchfahrt erhöht. Im Jahr 2002 rollten zwar 435 580 Autos durch den Tunnel. Die dadurch

Das St.-Pauli-Elbtunnelgebäude – eingehüllt für Arbeiten, mit denen die ursprüngliche Schönheit zurückgewonnen werden soll.

erzielten Gebühreneinnahmen aber deckten jedoch trotzdem die 2,5 Mio. Euro für Personal und Betrieb nur zu 15 Prozent. Durch die Gebührenerhöhung erwartete die Wirtschaftsbehörde rund 250 000 Euro an Mehreinnahmen.

Senator Uldall hatte sich für den Weiterbetrieb des Tunnels auch ohne Private Partnership entschlossen, weil sich erste Angaben seiner Behörde als falsch herausgestellt hatten. Sie hatte nämlich errechnet, dass durch eine Stilllegung 2 Millionen Euro eingespart werden könnten. Tatsächlich sei aber nur eine Einsparung von 400 000 Euro zu erzielen, und dieser relativ geringe Einspareffekt rechtfertige nicht die Schließung einer wichtigen Verkehrsverbindung im Hafen und einer einmaligen touristischen Attraktion.

Noch wichtiger als diese durchaus wichtige Grundsatzentscheidung war aber der ein Jahr später gefasste weitreichende Beschluss, den alten Elbtunnel, als Hamburgs schönstes Stück der Unterwelt, unter Denkmalschutz zu stellen. Den entsprechenden Vorschlag brachte der Kulturausschuss des Hamburger Bezirks Mitte während seiner Sitzung am 18. September 2003 im Museum für Kunst und Gewerbe auf den Weg. Das komplizierte Hamburger Denkmalschutzgesetz sei daran schuld, dass so wenige Bauten in der Hansestadt unter Schutz stünden, erklärte Gabriele Bohnsack-Häfner, die die Städtebauliche Denkmalpflege betreute. Aber was den alten Elbtunnel betraf, da legten sich die Denkmalschützer nun mächtig ins Zeug und gerieten in ihrem siebenseitigen Gutachten richtig ins Schwärmen. Die Leiterin der wissenschaftlichen Inventarisation, Ilse-Marie Rüttgerodt-Riechmann, verglich erneut den alten Elbtunnel mit dem unter der Herrschaft Hadrians 115 – 125 errichten Kultbau Pantheon (griech.: Tempel aller Gottheiten) in Rom. Weiter schrieb sie, dass der alte Elbtunnel zu seiner Entstehungszeit technisch – sowohl hinsichtlich des Bauvorgangs als auch in der Ausstattung – eine Sensation nicht nur auf dem europäischen Kontinent gewesen sei. Der Baukörper vermittle eine Atmosphäre des Untergründigen und eines Zugangs in eine Unterwelt. Die Vieldeutigkeit der Stilelemente mache den alten Elbtunnel zu einem bauhistorisch

Die Tunnelbauer hatten sich schon mit dem beschäftigt, was »da unten« los war. Wunderschöne Kachelreliefs zeugen davon.

interessanten und bedeutenden Bauwerk. Architektur und Stil würden an Sakralbauten, Mausoleen, Pavillons, das Pantheon, gotische Bauwerke und Revolutionsarchitektur erinnern. Mehr kann sich wohl kaum in einem Bauwerk vereinen, zumal es dann auch noch weiter hieß, dass sich in seinem Inneren ein »Darstellungsprogramm« mit Wassertieren, der Lebenswelt der Arbeiter und Reliefs befänden, das auch die Beherrschung der Natur feiere. So weit also alles bestens. Mehr war vorerst nicht zu erwarten.

Keineswegs selten wurden, wenn man sich mit dem Elbtunnel beschäftigte, Menschen in Erinnerung gebracht. Menschen, die den Tunnel erschaffen hatten, und auch die, die aktuell für seinen Betrieb sorgten oder unlängst dafür gesorgt hatten. Öfter traten dabei sogar generationsübergreifende Verbindungen zu dem Arbeitsplatz zutage. So berichtete zum Beispiel das »Hamburger Abendblatt« unter der Rubrik »Menschlich gesehen« am 12. Juli 2005: »Die große Leidenschaft für Maschinen ist offenbar erblich: Sein Vater mochte sie, er selbst natürlich, und nun auch schon sein Sohn. ›Da kann man nichts machen‹, sagt Helmut Püttjer (58), Hauptmaschinenmeister im Alten Elbtunnel lächelnd.

Der gelernte Elektromaschinenbauer bewarb sich 1978 aus der Baubehörde zum Tunnel und verliebte sich sofort in die inzwischen mehrfach modernisierten Antriebsmaschinen für die zwölf Tunnelaufzüge. Doch es ist die gesamte Arbeit dort, in dem denkmalgeschützten Bauwerk zwischen St. Pauli und Steinwerder, die er mag: ›Hier passiert nie zweimal das Gleiche – jeder Tag ist anders.‹ Gerade hat der Mann aus Seevetal die TÜV-Prüfungen für die Tunnel-Aufzüge vorbereitet. Sogar einen Sonnabend hat der Mann mit Spezialisten im Tunnel verbracht. Sie machten Probebohrungen für die anstehende Instandsetzung. Aus geplanten zwei Stunden wurden zehn.« So viel gelebtes, persönliches Engagement ist heute nicht mehr unbedingt selbstverständlich.

Inzwischen war die Grundinstandsetzung des Schachtes Steinwerder in Angriff genommen worden. Dabei ging es, um es summarisch festzuhalten, um die Instandsetzung der Schachtinnenwände durch Reinigung, den Austausch hohlliegender Fliesen gegen neue Standardfliesen, den Ersatz der kompletten Fliesenverfugung, die Demontage der nicht mehr funktionstüchtigen Lüftungsanlage aus den fünfziger Jahren, den Nachbau von fehlenden und die Restaurierung beschädigter Reliefffliesen, die

Das Stahlrippenfachwerk der Kuppelkonstruktion (mittleres Bild) bildet die Basis der kupfernen Kuppel. Das Detail der Kuppel zeigt (linkes Bild) die wiederhergestellten Stahlkuppelfenster, der nach dem Krieg zunächst verschlossenen worden waren.

Erneuerung bzw. Ergänzung des Korrosionsschutzes aller Stahlbauteile von Dach, Decken, Fahrgerüst, Treppe, Aufzugskörben usw., die Erneuerung der Dachfenster sowie den Einbau neuer Podeste für die Fensterreinigung von innen. Fürwahr ein umfangreiches Arbeitsprogramm, verbunden mit entsprechenden Kosten.

Der nächste Schritt hin zu dem Ziel, den alten Elbtunnel in seiner ursprünglichen architektonischen Schönheit wiederherzustellen, war noch anspruchsvoller. Dabei ging es zunächst um die umfangreiche Erneuerung der Dachkuppel und der Rückwand des Schachtgebäudes St. Pauli anhand von Originalplänen und alten Fotos. Die Tragfähigkeit der markanten grünen Kuppel war angegriffen, Feuchtigkeit hatte den Beton unter dem Dach zerbröseln lassen. Am 11. Mai 2005 begann eine erneute Einhüllung dieses Hamburger Wahrzeichens, des Blickfangs an den Landungsbrücken. Es verschwand, komplett eingerüstet, für rund vier Jahre hinter einem nahezu blickdichten Überzug aus Planen. Sie waren allerdings außen mit einer 500 Quadratmeter großen Fassadennachbildung des verhüllten Gebäudes »garniert«, damit sich Hamburger und die vielen Besucher doch noch eine gewisse Vorstellung von seinem Aussehen machen konnten. Ob die monatlich wechselnde, 15 mal 8 Meter große, in der Mitte des Motivs angebrachte Werbefläche wirklich notwendig war, sei dahingestellt. Aber, da die Kosten für diesen Teil der Gesamtsanierung mit zunächst etwa 4,2 Millionen Euro veranschlagt waren, konnten natürlich auch Werbeeinnahmen zumindest etwas hilfreich sein. Ist ja heute auch gar nicht mehr anrüchig, nachdem sich seit Jahrzehnten beispielsweise Sportler aller Sparten, vom Fußballer bis hin zum Rennfahrer, als lebende Werbeflächen zur Verfügung stellen – gegen entsprechendes Honorar selbstverständlich. Sogar die der Stadt und damit der Öffentlichkeit zugewandte Seite eines ehrwürdigen Schwimmdocks von Blohm + Voss musste für diese Zwecke herhalten. Auch sonst »bereichern« immer zahlreicher werdende Flächen an Straßen, Plätzen und Häuserwänden mit allen möglichen und unmöglichen, zu Werbezwecken aufgebrachten Malings und Plakatierungen das Stadtbild.

Matthias Gaettens von der Hamburg Port Authority (HPA) hat für die Mitarbeiterzeitschrift »Holt fast« einen Beitrag über die Erneuerung der

Die Kuppel nach Abschluss der Kupferarbeiten, kurz vor der Enthüllung. Noch stehen Baugerüste und Wetterschutzdach.

Dachkuppel des Schachtes St. Pauli verfasst. Wenn wir dem in groben Zügen und mit Ergänzungen versehen in etwa folgen, dann ist 2005 zunächst mit dem Einbau einer Deckenverstärkung begonnen worden, um überhaupt ein Gerüst im Kuppelraum aufstellen zu können, da die vorhandene Decke nicht ausreichend tragfähig war. Die Deckenverstärkung bestand aus einer mit Trapezblech abgedeckten Trägerkonstruktion, die speziell hergerichtet wurde, um eine spätere Nutzung dieses imposanten Kuppelraumes zu ermöglichen. Untersuchungen hatten ergeben, dass die Betonfüllung des genieteten Stahlrippenfachwerks so instabil war, dass es unumgänglich war, diese zu ersetzen.

Die Demontage der vorhandenen Kupferblechabdeckung ging trotz aufwendiger Entfernung der unter dem Beton vorhandenen speziellen Beschichtung zügig voran. Dieses war notwendig, um überhaupt mit dem Abbruch des Betons beginnen zu können. Im August 2006 waren dies abgeschlossen, so dass weitere Arbeiten durchgeführt werden konnten. Nachdem auf die Stahlkonstruktion der Kuppel der unabdingbare Korrosionsschutz aufgetragen war, wurden bis Juni 2007 die neuen Ausfachungen im Spritzbetonverfahren eingebaut. Dabei entstanden auch wieder die ovalen Öffnungen für die Wiederherstellung der ursprünglich vorhanden gewesenen Kuppelfenster. Sie waren im Zuge des Wiederaufbaus nach dem Krieg verschlossen worden. Jetzt wurden sechs neue Stahlfenster aus nichtrostendem Stahl, mit feiner Sprossenteilung, hergestellt und montiert.

Nachdem die Kuppel im August 2007 mit Bitumenschweißbahnen abgedichtet war, begannen Zimmerer mit der Herstellung der neuen Holzkonstruktion des Daches. Dabei dienten historische Fotos und Pläne als Vorlage für die Form, die ja der ursprünglichen entsprechen sollte. Da der gesamte

Innenausbau der Kuppel für spätere Nutzung.

St.-Pauli-Elbtunnel-Eingang unter Denkmalschutz steht, erfolgte die Ausführung aller Arbeiten in enger Zusammenarbeit mit dem Denkmalschutzamt der Hansestadt.

Den Zimmererarbeiten folgte ab Dezember 2007 die Dachdeckung der Kuppel mit Kupferblech, und rechtzeitig vor dem Hafengeburtstag Anfang Mai 2008 war es so weit, dass nach Beendigung der Dacharbeiten die Einhausung vor den Augen einer interessierten Öffentlichkeit abgebaut werden konnte. Bereits am 21. April war zur Freude aller eine wunderschön rötlich glänzende Kuppel zum Vorschein gekommen, für die sieben Tonnen Kupferblech verbaut worden waren. Es wird allerdings noch etwa zwölf Jahre dauern, bis die Kuppel ihre typische grüne Patina wiedererlangt haben wird und dann sicher noch schöner wirkt als jetzt, wenn sie im Sonnenschein funkelt.

»Durch die vielen Staus im (neuen) Elbtunnel und den Tourismusboom hatten wir 2007 eine Verkehrssteigerung um acht Prozent«, erinnert Tunnelbetriebsleiter Jörg Philipps. 300 000 Autos, 625 000 Radfahrer und 700 000 Fußgänger durchquerten die beiden Röhren zwischen St. Pauli und Steinwerder – eine noch immer schier beeindruckende Zahl.

Doch zurück zu den Bauarbeiten: Über eine neue Entlüftungshaube im Zentrum der Kuppel wurde Mitte Mai 2008 ein Kran eingefädelt, der als stationäres Gerät mit einem Hubkorb zur Bauwerksprüfung an den Schachtwänden, der Kuppel von innen sowie zum Reinigen der Fenster und Wände eingesetzt wurde.

Außerdem begann Mitte Mai 2008 die Renovierung der Innenwände des Schachtes. Nach der Wandreinigung wurden hohl liegende Wandfliesen ausgetauscht und neu verfugt. Außerdem erhielt die gesamte Stahlkonstruktion im Schacht wie auch bereits vorher die der Kuppel einen neuen Korrosionsschutz, das heißt, nach der Reinigung, dem Schleifen und dem Ausbessern erfolgte eine neue Beschichtung in mehreren Lagen – eine überaus wichtige Erhaltungsarbeit, die jedoch, wenn alles so schön wieder verputzt ist, häufig in Vergessenheit gerät.

Ab Juli 2008 wurden dann auch die umfangreichen Instandsetzungsarbeiten an der Natursteinfassade des St.-Pauli-Schachtgebäudes in Angriff genommen. Dazu gehörten neben der kompletten Reinigung vor allem die Fugenerneuerung und die Ausbesserung bzw. der Austausch diverser Steine. Die Planen des Fassadengerüstes fielen im Frühjahr 2009, so dass sich das historische Schachtgebäude

Das Schachtgebäude St. Pauli: Blick vom Treppenpodest in die Kuppel des neu gestalteten Kuppelraums.

Blick vom Kuppelraum auf die Fenster und die Treppenanlagen.

Vom Kuppelraum aus gesehen: die Ansicht des Einfahrtsbereich vor den Fahrkörben.

praktisch wieder in aller Pracht darbot, nicht zuletzt als begehrtes Fotomotiv für viele Touristen. Darüber hinaus bot sich ganz eindrucksvoll der Blick von innen hoch in die Kuppel an, von der aus durch die wiederhergestellten Fensteröffnungen endlich wieder Tageslicht in das Gebäude fiel.

Als weiterer Meilenstein stand aber nun die technisch und organisatorisch besonders herausfordernde Sanierung der beiden Tunnelröhren an, die europaweit, so wie es die EU vorsieht, ausgeschrieben wurde. Als Baustart war der November 2009 vorgesehen. Damit die Verkehrsabläufe aber trotz der auf insgesamt vier Jahre veranschlagten Bauarbeiten nicht komplett behindert oder unterbrochen sein sollten, wurde festgelegt, dass während dieser Zeit immer eine Röhre dem Verkehr zur Verfügung steht, nämlich logischerweise die, in der die Renovierungsarbeiten zu der jeweiligen Zeit nicht stattfinden würden. Die andere sollte komplett gesperrt sein. Wie es denn auch geschah. Während Radfahrer und Fußgänger sich ohne Einschränkungen in der offenen Röhre fortbewegen konnten, war für den Autoverkehr eine Einbahnstraßen-Regelung getroffen worden. Morgens sollten die Pkws von den Landungsbrücken in Richtung Steinwerder den Tunnel passieren, nachmittags wurde der Verkehr dann einseitig in Richtung St.Pauli, also stadteinwärts, geleitet.

Aber auch die zweifellos bedeutende Funktion als wichtiger Verkehrsweg und als »Heimstatt« für die Aktivisten der »KuBaSta« hinaus bot der Alte Elbtunnel immer mal wieder Platz und Bühne auch für etliche andere Veranstaltungen: Für Kunstausstellungen wie die ELBART oder Sportliches wie der Elbmarathon. Zudem war er als architektionische Schönheit mit Hafenumgebung und Hamburg-Panorama eine gern genutzte Kulisse für Filmproduktionen. Es ist erklärtes Ziel, auch den sanierten Tunnel weiterhin als Stätte der Verbindung von Kultur und Freizeit in der Hansestadt unter der Elbe zu erhalten.

Trotz manchen Ärgers, den es selbstverständlich auch gab, freuten sich alle Beteiligten und die vielen interessierten Beobachter über alle Fortschritte, die bei der Instandsetzung bzw. der Rekonstruktion des historischen Gesamtbauwerkes »Alter Elbtunnel« erreicht wurden. Etappenweise ging es vorwärts, für manche nicht schnell genug. Aber bei einem derartig betagten und intensiv genutzten Verkehrsweg gab es natürlich immer wieder Überraschungen, mit denen niemand gerechnet hatte und die die geplanten Bauabschnitte verzögerten. Aber, wie heißt es doch in einem bekannten Sinnspruch, des einen Freud, ist des anderen Leid. So auch hier! Denn es gab nicht nur glückliche und zufriedene Elbtunnelmitarbeiter und Fans, sondern auch »Betroffene«, die mit dem Geschehen nicht so unbedingt einverstanden waren und sich zurückgesetzt fühlten, und das soll hier keineswegs vergessen werden. Es geht vor allem um eine Gruppe von Künstlern und sonstigen Aktivisten des Vereins Kunst, Bauen, Stadtentwicklung (KuBaSta), der die Räume der alten Zollstation auf der Steinwerderseite, die seit 2002 ungenutzt waren, im Juni 2007 von der Bundesanstalt für Immobilienaufgaben angemietet hatte. Sehr bald waren die Ateliers voll belegt. Geboten wurde nach Angabe der Initiatoren ein Mix aus Kunst und handwerklichen Tätigkeiten. Die ehemalige Abfertigungshalle diente als Ausstellungsraum. Teil der Aktivitäten war beispielsweise neben der Ausstellung historischer Fahrräder aus den dreißiger Jahren auch deren Verleih für Touren durch den Hamburger Hafen. Gegen eine Spende konnte man an der Verleihstation auch ein kühles Getränk genießen. Nun aber zog Unheil herauf. Im »Hamburger Abendblatt« hieß es dazu 2009 unter der Überschrift »Dem ›Kult-Treff‹ (am Elbtunnel) droht das Ende«. Und weiter: »Die Künstler, die dort seit Juni 2007 ihre Ateliers haben, müssen raus ... Eine Institution in Steinwerder droht zu verschwinden. Die HPA will die alte Zollstation abreißen. Dort haben 15 Künstler und Kreative ihre Ateliers – zwei ehrenamtliche Mitarbeiter verleihen und reparieren Fahrräder.«

Grund für den geplanten Abriss seien die Sanierungsarbeiten der beiden Elbtunnelröhren ab dem 5. Oktober. Sie sollen vier Jahre dauern. Von der St.-Pauli-Seite werden die Baumaterialien angeliefert, auf der Steinwerder-Seite soll der Schutt abgefahren werden. Die HPA will die alte Zollstation entfernen »weil es zu zeitlichen Verzögerungen kommt, wenn wir diese Fläche während der Bauphase nicht nutzen können«. Gegen diese Planungen hat sich der Mieterverein natürlich vehement gesträubt, obwohl der Vermieter und die HPA zugesichert hatten, nach Alternativen zu suchen, zumal der Hafen bei bestehendem Betrieb in jüngerer Zeit schon häufig, bis heute, auch einzelne Nischenräume für temporäre hafenfremde Nutzungen zur Verfügung gestellt hat. Aber die Mieter blieben hartnäckig, stellten durchaus weitreichende Forderungen zur Realisierung von Alternativkonzepten nach ihren Vorstellungen und scheuten unter Einschaltung der Öffentlichkeit auch rechtliche Schritte nicht. Letztlich erfolglos. Zunächst aber blieb das Zollhaus von den Künstlern besetzt, was, wie von der HPA befürchtet, zu erheblichen Verzögerungen in den Bauabläufen führte. Erst acht Monate nach dem vorgesehenen Termin konnte das Gebäude abgerissen und Platz für die Nutzung im Zusammenhang mit den Bauarbeiten geschaffen werden.

Auch Pippi Langstrumpf verschönte für einige Zeit den Tunnel.

Eigentlich hätte schon im August 2010 die Einrichtung der Baustelle und damit die Ausführung der Sanierungsarbeiten beginnen sollen, um so 2011, zum hundertsten Tunnelgeburtstag, die Grundinstandsetzung der ersten Röhre abgeschlossen zu haben. So jedenfalls sah es die ursprüngliche Planung vor. Aber wie es so ist, Planung ist die eine Seite, Realität ist eben die andere.

»Zum 100. Geburtstag des Tunnels im September 2011 feiern wir die Fertigstellung der ersten Röhre«, war HPA-Chef Jens Meier noch in der »Bild«-Zeitung vom 12. September 2009 optimistisch zitiert worden. »Alles fertig Ende 2013.« Im »Hamburger Abendblatt« hieß es allerdings in etwa zum gleichen Zeitpunkt ebenfalls unter Berufung auf eine HPA-Quelle schon etwas einschränkend, dass die erste der beiden Röhren schon aufgrund der vorangegangenen Bauverzögerungen voraussichtlich wohl doch erst im Sommer 2012, also nach dem 100. Geburtstag, fertig werden würde. Mit dieser Einschätzung lag das Journal, wie sich später erwies, gar nicht schlecht.

Zwischenzeitlich war aber trotz der Streitigkeiten und so gut es die Situation zuließ die Sanierung der Tunnelröhren weiter vorbereitet worden. Vielleicht war das ja der Grund für optimistische Prognosen. Tatsächlich war es jedoch so, dass zwar bereits ab dem 5. Oktober 2009 genau nach Plan die westliche Röhre für einige Wochen gesperrt worden war. In dieser Zeit wurden die Versorgungsleitungen für Steinwerder, wie Datenkabel, Wasser und Strom, aus der Oströhre, die als erste zur Sanierung anstand, in die Weströhre verlegt. Das war es dann aber auch zunächst erst einmal. Zwar wurde nach Wiedereröffnung der Weströhre die Oströhre wie vorgesehen gesperrt, aber der gleich im Anschluss daran ebenfalls vorgesehene Beginn der baulichen Sanierungsarbeiten ließ auf sich warten. Sehr lange sogar.

Zunächst waren nämlich noch ernste Streitigkeiten auszustehen, und zwar nicht nur die erwähnten mit den Künstlern, sondern auch unter und mit den Baufirmen, die sich um den lukrativen Auftrag beworben hatten. Anlass dafür hatte nicht zuletzt das komplizierte Vergabesystem gegeben, nach dem nicht automatisch der günstigste Bieter den Zuschlag erhalten sollte, sondern derjenige, der das schlüssig beste Gesamtkonzept für die schwierigen Arbeiten vorlegte. Aber, was ist denn das beste Gesamtkonzept? So musste beinahe zwangsläufig die Frage lauten, und diese Frage bzw. deren Klärung bot natürlich jede Menge Raum für Interpretationen vielfältigster Art und führte sogar zu länger andauernden juristischen Auseinandersetzungen, die nicht nur die beteiligten Personen belasteten, sondern auch den aufgestellten Arbeitsplan erheblich durcheinanderbrachten. Weitere deutliche Verzögerungen waren nun nicht mehr zu vermeiden. Letztendlich sah das erstrittene Ergebnis dann so aus, dass die Hamburger Firma H.C. Hagemann Ende 2010 den Auftrag erhielt und den Baukonzern Züblin an den umfangreichen Arbeiten beteiligte. Die Kosten für die Sanierung der ersten Röhre waren mit 8,5 Millionen Euro veranschlagt.

Trotz Röhrensperrung, Bauvorbereitungen und juristischen Streitigkeiten hatte es aber noch einmal ein buntes Ereignis im Tunnel gegeben, nämlich als im September 2010 in einem Projekt des Künstlers Thomas Wiczak Schüler der Gymnasien Kirchdorf-Wilhelmsburg und Allee in Altona die Wände des ehrwürdigen Unterwasserweges mit großen Bildern von der Teufelsgöre Pipi Langstrumpf verzierten. Diese ausgefallene und gut gelungene Schau gehörte zum Projekt »Akademie einer anderen Stadt« der Internationalen Bauausstellung IBA und war Teil eines Kunstparcours zwischen Wilhelmsburg und Altona. Der Elbtunnel erwies sich dabei einmal mehr als eine beeindruckende und gut angenommene Bühne für Künste jeglicher Art.

Wer aber gehofft hatte, dass es nun endlich mit den Bauarbeiten losgehen würde, der sah sich erneut getäuscht. An die rechtzeitige Fertigstellung der Oströhre zum Tunnelgeburtstag glaubte ohnehin niemand mehr. Es hatte sich nämlich zwischenzeitlich herausgestellt, dass es auch nach Klärung der rechtlichen Lage gar nicht so problemlos war, nun einfach mit den Arbeiten zu beginnen, wovon zunächst ausgegangen worden war. Selbst wichtige Sicherheitsfragen waren noch keineswegs endgültig geklärt. So war man zum Beispiel unter anderem der Meinung gewesen, dass die alten Steinzeugfliesen, die die Röhre zierten, mehr oder weniger von allein abfallen würden, wegen Altersschwäche oder wie auch immer. Das aber taten sie nicht, denn sie saßen in Wahrheit dank sorgfältiger deutscher Wertarbeit fast alle noch fest an ihrem Platz, so dass nun einzuplanen war, sie

Wo geht es hier zur Fischfütterung?

Was wäre der Hafen, und der Elbtunnel ist ja ein Teil von ihm, ohne Schnack und Döntjes? Neue Tunnelaufseher oder ahnungslose Besucher werden schon mal auf die täglich im Tunnel stattfindende Fischfütterung hingewiesen. Die sei prima zu beobachten, wenn die seitlichen Klappen des Tunnels aufgingen. Es soll schon Besucher gegeben haben, die am nächsten Tag wiederkamen, weil sie die Fütterung leider verpasst hatten.

letztlich aufwendiger abbrechen zu müssen. Das war schon an sich als ein mühseliges Unterfangen einzuschätzen mit der zusätzlichen Erschwerung, wie nicht zuletzt das Problem des Schuttabtransports aus der engen Röhre und der beschränkten Kapazität der Fahrstühle zu bewältigen war.

Und dann war auch noch die keineswegs unwichtige Frage zu klären, und auch dies ist nur ein weiteres Beispiel der Komplexität insgesamt, ob der Tunnel, wenn er so von der »Last« der Betonauskleidung und der Steinzeugfliesen »befreit« war, nicht möglicherweise aufschwimmen könnte, wodurch nicht nur das gesamte Bauwerk zerstört würde, sondern auch der Verkehr auf der Elbe zumindest teilweise zum Erliegen käme. Gründliche Untersuchungen, einschließlich der Nutzung von Ultraschall, wurden nun auch in anderen Problemzonen eingeleitet. Das alles führte natürlich, auch für notwendig erachtete zusätzliche Sicherungsmaßnahmen, nicht nur zu weiteren Verzögerungen bei den Bauplanungen, sondern auch zu einer nicht unerheblichen Erhöhung der Kosten. Um der Gefahr eines Aufschwimmens zu begegnen, wurde im mittleren Bereich der Tunnelröhren auf etwa 200 Metern eine 50 bis 70 Zentimeter Schlackeschicht auf den alten Deckel aufgebracht. Sie sollte später, nach Abschluss der Sanierung der Tunnelröhren wieder entfernt werden.

Es ging also nicht so recht voran mit dem Fortgang der Sanierungsarbeiten. Kritik gab es, wie immer bei derartigen Vorhaben, häufig. Das ist normal, da es stets jede Menge nicht direkt am Geschehen beteiligter Leute gibt, die ohnehin alles anders und besser gemacht hätten. Kritik kam allerdings auch vom gestrengen Hamburger Rechnungshof, und das ist schon als gewichtiger zu werten. Diese unabhängige Behörde unter ihrem Präsidenten Jann Meyer-Abich hatte in ihrem Rechnungshofbericht Anfang 2011 bemängelt, dass die HPA, statt der anfangs zwölf Millionen Euro veranschlagter Kosten für die Sanierung des Bauwerkes, nun bereits mit 25 Millionen Euro rechne, und darüber hinaus immer noch keine exakte Kostenrechnung vorlegen könne.

Die Gründe für diese enorme Kostensteigerung liegen allerdings auf der Hand: Es waren nicht nur die anfänglichen Bauverzögerungen, sondern das ganze Unternehmen hatte sich Stück für Stück weit schwieriger erwiesen, als es überhaupt vorauszusehen war. Das Bauwerk war nun einmal fast hundert Jahre alt, und jeder, der eventuell einmal damit angefangen hat, ein altes Haus zu renovieren oder umzubauen, der weiß, dass sich dabei Kosten für stets

Ein wahrhaft gestanderner Mann, der Bauingenieur Otto Stockhausen …

neue Erkenntnisse, an die vorher gar nicht zu denken gewesen war, summieren.

Erst Mitte Mai 2011 konnten dann endlich die eigentlichen Bauarbeiten in der Oströhre anlaufen. Sie wurde bis auf den Stahl entkernt, da sich die Bleiabdichtungen an den 1700 genieteten Ringen als schadhaft erwiesen hatten. Was den Erhalt der einzigartigen Wandfliesen betraf, die zu dem besonderen Flair des Elbtunnels wesentlich beigetragen hatten, so sollten sie in Absprache mit dem Denkmalschutzamt durch 800 000 neu gebrannte ersetzt werden, jeweils 400 000 für die einzelnen Röhren. Besondere Sorgfalt galt den Reliefflіesen mit Motiven aus dem Unterwasserleben der Elbe. Sie wurden vor der Entkernung einzeln abgelöst, um bis zu ihrem Wiedereinbau grundüberholt zu werden. Zuvor waren Abdrücke gemacht worden, damit sie bei Verlust originalgetreu zu ersetzen waren. Die grünen Resopalleisten an den Wänden – Bausünden aus den fünfziger Jahren – sollten entfernt und durch grünliche Keramikbänder, so wie es im Original einmal war, ersetzt werden. Der Abschluss dieser Arbeiten wird nun für Ende 2012 erwartet, die sich daran anschließenden Sanierungsarbeiten an der Weströhre sollen 2014 abgeschlossen sein.

Aber selbst wenn es mit dem Terminplan für die Sanierungsarbeiten nun leider nicht so geklappt hat wie vorgesehen, ist vor dem Geburtstag des St.-Pauli-Elbtunnels doch schon viel für seinen Erhalt und für seine Restaurierung getan worden. Das verdient volle Anerkennung. Und dabei ist noch einmal festzuhalten, dass dieses Bauwerk auch heute immer noch weit mehr ist als lediglich eine touristische Attraktion. Er ist nach wie vor ein wichtiges, absolut taugliches und gern genutztes Bindeglied zwischen den beiden Ufern des großen Elbstromes. Allein 2008, also kurz vor seinem hundertsten, wurde er von fast 360 000 Autos, aber 110 000 Radfahrern und fast 700 000 Fußgängern genutzt. Sicher waren viele Touristen darunter, die, wie zur Zeit der

... ebenso sein Vorgesetzter, Oberbaurat Ludwig Wendemuth, der als geistiger Vater des Elbtunnels gilt.

Eröffnung des »Tunnels unter der Elbe« diesen einmal mit einem Durchgang als besonderes Erlebnis fühlen wollten. Das ist doch nicht nur verständlich, sondern kann guten Gewissens empfohlen werden, immer wieder! Jedoch ist das selbstverständlich nur ein Teil seiner heutigen Bedeutung, denn neben dem, was der Tunnel als Verkehrsweg und Touristenattraktion bietet, ist er inzwischen zu einem Kulturdenkmal geworden, das seinen festen Platz in der Geschichte der Stadt sowie in der des Ingenieur- und Wasserbaus gefunden hat. Daran wird sich auch in Zukunft nichts ändern.

Angesichts dieser Wertschätzung kann es eigentlich gar nicht weiter verwundern, wenn auch die Bundesregierung dieser durch die Ausgabe einer 10-Euro-Sondermünze zum 100. Geburtstag Ausdruck verleiht. Der Entwurf stammt von dem Künstler Herwig Otto aus Rodenbach, wie einer Mitteilung des Bundesfinanzministeriums zu entnehmen war. In der Begründung der Jury heißt es: »Die vollständige und harmonische Darstellung des Hamburger

Eine im September 2011 von der Bundesregierung herausgegebene Gedenkmünze – auch eine schöne Anerkennung. Bei einem Besuch der Hamburgischen Münze prägte der Finanzsenator der Hansestadt, Peter Tschenscher, die erste Münze persönlich.

Elbtunnels zeigt die Lage am Strom, das Schachtbauwerk mit Tunnelanschluss, beide Röhren sowie die darüber laufende Schifffahrt und gibt das Thema in hervorragender Weise wieder.« Dem sollte nichts hinzugefügt werden.

Der hundertste Geburtstag des beeindruckenden Bauwerkes, das seit seiner Entstehung die Stadtseite des Elbehafens in Hamburg so unverwechselbar prägt, wurde am 7.September 2011 in der Hansestadt verdientermaßen zu einem großen Ereignis ausgestaltet. Rund 100 000 Hamburger und Besucher nahmen daran teil, ungeachtet dessen, dass die Oströhre, also eine der beiden »Lebensadern« des Tunnels, nebenan praktisch noch eine Großbaustelle war. Das störte kaum und tat der Stimmung keinen Abbruch. Höhepunkt der Feiern war natürlich der Geburtstag selbst am 7. September. Hamburgs Erster Bürgermeister höchstpersönlich bedankte sich in seiner Festrede ausdrücklich bei allen, die das einzigartige Baudenkmal in Betrieb halten und dadurch die Feier überhaupt erst möglich machten. Beim Festakt, der vor den Aufzügen auf der Schachtsohle stattfand, wurde der Elbtunnel zudem von der deutschen Ingenieurskammer als »Historisches Wahrzeichen der Ingenieursbaukunst in Deutschland« gewürdigt. Eine Ehrentafel am Portal auf der St. Pauli Seite weist alle Besucher auf diese besondere Auszeichnung hin, die bis dahin nur acht Mal verliehen worden ist.

Abb. rechts: Ehrentafel »Historisches Wahrzeichen der Ingenieursbaukunst in Deutschland«

Abb. ganz rechts: Eine einfühlsame Lösung zum Widerspruch Sicherheitsbeschilderung versus Denkmalschutz.

Nach der kurzen Unterbrechung anlässlich der Geburtstagsfeier gingen dir Arbeiten in der Oströhre unter der Projektleitung von Hartmut Gräf weiter. Darüber wurde im September 2015 in der Mitarbeiterzeitschrift »Wellengang« der HPA zwar zusammenfassend aber doch mit einigen interessanten Details berichtet. »Zunächst waren die Kacheln der Oströhre entfernt worden, um das Tunnelgerüst freizulegen. Es bestand, das noch einmal erklärt, aus gebogenen Metallsegmenten, von denen jeweils sechs einen Ring von sechs Meter Durchmesser und 25 Zentimeter Breite bilden. Über 1600 dieser Ringe, Tübbinge genannt, bilden aneinander genietet eine Tunnelröhre. Zur Abdichtung waren die Fugen mit Blei abgedichtet worden. Doch weder Bleifugen noch Nieten halten ewig dicht. Insgesamt 6000 Nieten und zwölf der insgesamt 37 Kilometer langen Fugen mussten ausgetauscht werden. Letztere unter extrem aufwendigen Sicherheitsmaßnahmen, um die Arbeiter vor einer Bleibelastung zu schützen.

Und der Tunnel wartete mit noch einer weiteren Schwachstelle auf: Um das Erdreich außerhalb des Tunnels mit Hilfe von Luftdruck zu verpressen, hatte man während des Baus sogenannte Verpresslöcher in die Tübbings gebohrt und später wasserdicht verschraubt. Diese Schrauben mussten ebenfalls neu abgedichtet werden. Da sie nicht herausgedreht werden konnten, entschied man sich, Metallkästen über die Schrauben zu verschweißen.

Das nächste große Projekt betraf die Verkleidung. Rund 400 000 Kacheln hatte man von den Wänden entfernt. Sie mussten nun ersetzt werden. »Aber mit heutigen Mitteln den Effekt von früher herzustellen, ist gar nicht so einfach«, weiß Gräf zu berichten. Allein die Anforderungen des Denkmalschutzamtes mit denen des Arbeitsschutzes übereinzubringen, war eine große Herausforderung. So wollte die Arbeitssicherheit beispielsweise eine Sicherheitsbeschilderung gemäß der aktuellen Norm, während der Denkmalschutz am liebsten auf jegliche modernen Schilder verzichtet hätte.

Vier Jahre suchte der beratende Keramiker weltweit nach dem richtigen Produkt. Denn die Fliese musste nicht nur äußerlich den Vorstellungen des Denkmalschutzamtes entsprechen, auch die innere

Kurz vor der Fertigstellung der Oströhre: Die Blechverkleidung zwischen den Lampen (siehe Foto Seite 157 oben) wurde entfernt und durch grüne Ornamentfliesen ersetzt, der Straßenbelag fehlt noch.

Die beliebten Reliefbilder, die die Tunnelwände verzieren, wurden vollständig neu nachgebildet. – Damit der Tunnel nicht steril aussieht, wurden die Fliesen der Verkleidung in sieben verschiedenen Farbschattierungen produziert.

Zusammensetzung musste stimmen. So durfte sie beispielsweise nicht zu viel Feuchtigkeit aufnehmen. Ein weiteres Jahr benötigte der Keramiker um eine Glasur zu entwickeln, die für die ganz besondere Lichtbrechung sorgt. Damit der Tunnel nicht steril aussieht, wurden außerdem sieben verschiedene Farbschattierungen produziert.

Auch die Verlegung der Kacheln entsprach nicht dem Standard, da ein nicht unerheblicher Teil der Fliesen über Kopf angebracht werden musste. Zudem durften sie nicht hundertprozentig plan verlegt werden, damit die Wände nicht zu steril wirken.

Auch um die beliebten Tunneltiere, die Reliefbilder, die alle acht Meter die Tunnelwände verzieren, wurde sich aufwendig gekümmert. Etliche von ihnen waren so stark beschädigt, dass sie vollständig neu nachgebildet werden mussten. An einigen Stellen wird der Tunnel nach Abschluss der Sanierung dem Original näher kommen als zuvor. So wurde beispielsweise die Blechverkleidung zwischen den Lampen entfernt und durch grüne Ornamentfliesen ersetzt, wie sie dort ursprünglich einmal angebracht waren.

Mitte Juni konnten die Fliesenarbeiten abgeschlossen werden. Den Blick auf die nun im neuen Glanz strahlende Oströhre konnte das Team um Projektleiter Gräf aber nur kurz genießen, denn bald zogen neue Maschinen in die Röhre ein, um mit der Erneuerung der Fahrbahn zu beginnen.

Vorausgesetzt, dass bei der Fahrbahnsanierung nicht noch unerwartete Hindernisse auftreten

würden, rechnete das Projektteam damit, die Arbeiten an der Oströhre 2017 abschließen zu können. Dann könnte es 2018 mit der Weströhre weitergehen, hoffte Gräf. »Es wäre wirklich sinnvoll, dort gleich im Anschluss weiterzumachen, damit wir das Wissen und die Erfahrungen aus der Oströhrensanierung anwenden können.« Die Chancen, dass die Weströhre bald zum Zuge kommen würde, standen recht gut, denn der Bund hatte bereits einen Zuschuss von 21 Millionen Euro für die Sanierung zugesagt.

Aber soweit war es noch nicht, denn für die Weströhre war besonders zu berücksichtigen, dass sie im Zweiten Weltkrieg während eines Bombenangriffs getroffen und beschädigt worden war. Das Ausmaß der Beschädigung war, soweit möglich, im Vorwege analysiert worden, um die späteren Arbeitsabläufe entsprechend anpassen zu können. Etwas Unruhe hatte es im Frühjahr 2014 gegeben, als der Norddeutsche Rundfunk über die Kosten der Elbtunnelsanierung berichtete. Sie seien von ursprünglich veranschlagten 15 bis 17 Millionen Euro nach Angaben der Wirtschaftsbehörde auf rund 100 Millionen Euro gestiegen, hieß es. Die nun einsetzende öffentliche Aufregung , auch Empörung, war zwar teilweise nachzuvollziehen, berücksichtigte aber in keiner Weise die oft nicht vorhersehbaren gewaltigen Schwierigkeiten, die sich bei der Aufgabe, ein mehr als hundert Jahre altes Bauwerk wie den Elbtunnel, mit einer grundlegenden Sanierung funktionstüchtig zu erhalten. Beispiele für derartige Kostensteigerungen gibt es zahlreiche, sowohl im In- als auch im Ausland.

Manch einer der Empörten forderte sogar die Einstellung der Arbeiten an der zweiten, der Weströhre des Tunnels, die allein 42 Millionen Euro kosten sollte. Sie fanden glücklicherweise kein Gehör. Auch die in der Behörde diskutierten Überlegungen, einen Teil der Kosten durch eine Tunnelmaut für Fußgänger und Radfahrer einzuspielen, wurden letztlich zu den Akten gelegt, ebenso wie der noch Mitte 2018 von den im Hamburger Rathaus von den Fraktionen der Regierungskoalition erwogenen Plan, den Tunnel ab 2019 ganz für Autos zu sperren.

Einen gewissen Vorgeschmack, was ein autofreier Tunnel bedeutete, hatten die Hamburger Anfang Dezember 2017 erleben können, als die Hamburg Port Authority (HPA) den St.-Pauli-Elbtunnel wegen anstehender Arbeiten einige Tage für den gesamten Verkehr komplett sperrte, auch für Radfahrer und Fußgänger. Während der Sperrung wurden unter anderem Vorbereitungen und umfangreiche Untersuchungen für anstehende Sanierung der Weströhre und Arbeiten an den Aufzügen ausgeführt. Die Bereiche Kleiner Grasbrook und Steinwerder waren während der Sperrung per Auto über die Elbbrücken und den Veddeler Damm erreichbar.

Einen Höhepunkt besonderer, geradezu »zauberhaft« anmutender Art gab es, wenn auch nicht unbedingt allein die Arbeiten in der Oströhre betreffend, als der Alte Elbtunnel im Zuge der vom Lichtkünstler Michael Batz konzipierten Aktion »Blue Port« erstmals 2017 in dieses Spektakulum einbezogen wurde. Im Tunnel hatte ein Team des Künstlers die normalen Leuchtröhren gegen blaue Leuchtröhren ausgetauscht. Das Ergebnis war beeindruckend. Leuchtete es im Hafen nur am Abend blau, kamen Passanten und Besucher im Alten Elbtunnel den ganzen Tag über die den Genuss des blauen Lichts. Die Röhre – zu der Zeit stand ja nur die Weströhre zur Verfügung – im blauen Schimmer zu durchqueren war ein einzigartiges Gefühl und Erlebnis.

Während die Instandsetzungs- und Restaurierungsarbeiten in der Oströhre des Tunnels noch voll im Gange waren, sich aber bereits ihrem Ende näherten, ging es auch an der Oberfläche weiter. Ab 2019 war mit der Neugestaltung des Tunnelvorplatzes auf der Steinwerderseite sowie der anschließenden Hermann-Blohm-Straße begonnen worden. Für alle Verkehrsträger sollten die Streckenführung neu strukturiert und die Flächen modernisiert werden – ausdrücklich unter besonderer Berücksichtigung der Fahrradfahrer, wie es sich für die selbsternannte »Fahrradstadt Hamburg« gehörte. Im Zuge der Sanierungs- und Restaurierungsarbeiten in der Weströhre soll auch der Tunnelvorplatz als Verbindung zu den Landungsbrücken neu gestaltet werden.

Der etwas abgelegene Bornsteinplatz wurde aufgewertet. Unmittelbar am Elbufer gelegen bietet sich von diesem Platz aus ein besonders schöner Blick über die Elbe mit ihrem regen Schiffsverkehr und auf die gegenüber liegenden Landungsbrücken sowie auf die dort liegenden Museumsschiffe.

Auch der etwas abgelegene Bornsteinplatz, benannt nach Dr. Arthur Bornstein, bekannt geworden als »Pressluftarzt« beim Bau des Elbtunnels, und seiner Frau Olga, wurde aufgewertet. Unmittelbar am Elbufer gelegen bietet sich von diesem Platz aus ein besonders schöner Blick über die Elbe mit ihrem regen Schiffsverkehr und auf die gegenüber liegenden Landungsbrücken sowie auf die dort liegenden Museumsschiffe. Der Bornsteinplatz ist unbedingt dem »Gesamtkunstwerk Elbtunnel« zuzuordnen.

Aber, wie schon angedeutet, die Arbeiten an der Oströhre gingen ihrer Vollendung entgegen. Wiedereröffnet wurde das über Jahre gesperrte Teilstück am 26. April 2019 durch Hamburgs Bürgermeister Peter Tschentscher, der diesen Teil des Tunnels ganz offiziell wieder für den Verkehr freigab.

Nach der Freigabe der Oströhre lief der Verkehr dann vorübergehend einige Tage durch beide Röhren, bis Anfang Juni endgültig mit der Restaurierung der Weströhre begonnen und diese verschlossen wurde. Sie soll voraussichtlich bis zum Jahr 2024 dauern. Aber so genau vermochte das zu dieser Zeit noch niemand vorhersagen, was übrigens auch für die Kosten galt. Sicher war nur, dass sich der Aufwand lohnen werde.

Vor Beginn der Arbeiten in der zweiten Röhre gab es allerdings noch zwei große Ereignisse, die es wert sind, festgehalten zu werden: Es waren besonders die Tunnelkonzerte, bei denen an zwei Tagen in der zweiten Maihälfte 144 Musiker 20 Meter unterhalb der Wasseroberfläche spielten – eine eigens zu diesem Anlass komponierte multimediale »Tunnelsymphonie«. Die Musiker verteilten sich in beiden Röhren und jeder von ihnen wurde mit einem Tablet ausgerüstet – auch weil über die insgesamt 860 Meter nicht in herkömmlicher Weise dirigiert werden konnte. Das zweite Großereignis gleich Anfang Juli war sportlicher Art – gut 300 Läufer starteten zu einem Tunnelmarathon – auf der einen Hälfte des Rundkurses mit einem völlig neuen Lauf- bzw. Umgebungsgefühl.

So ist der ehrwürdige Alte Elbtunnel, auch wenn in seinem Innern weiter gearbeitet wird, zwar weiterhin wie bisher zusammen mit den Landungsbrücken ein nicht nur vertrauter und im wahrsten Wortsinn herausragender Anziehungspunkt am sogenannten Hafenrand, sondern einer, der nun zumindest teilweise mit seinem ursprünglichen Glanz beeindruckt. Er verbindet zweckdienliche Ingenieurskunst mit architektonischer Schönheit und anmutiger Verzierung. Das prägt ihn als ein meisterliches Bauwerk, das »zwar völlig im Zwecke aufgeht, bei dessen Verwirklichung, aber nichts unterlassen worden ist, was dazu beiträgt, diesem Zwecke die Schönheit zu verbinden«. So stand es bereits 1911 in den »Hamburger Nachrichten« und dem ist auch heute nichts hinzuzufügen.

Wiedereröffnet wurde die über Jahre gesperrte Oströhre am 26. April 2019 durch Hamburgs Bürgermeister Peter Tschentscher, der diesen Teil des Tunnels ganz offiziell wieder für den Verkehr freigab. Rechts im Bild Jens Meier, Chef der Hamburg Port Authority (HPA).

Tunnelchronik kurzgefasst

6.5.1903	Beginn der Planungen
18.4.1904	Der Senat beantragt bei der Bürgerschaft 8,2 Mio. Mark
7.11.1906	Die Bürgerschaft bewilligt 10,722 Mio. Mark
27.3.1907	Die Fa. Ph. Holzmann & Cie., G.m.b.H. erhält den Bauauftrag
5.7.1907	Beginn der Arbeiten (Bohrungen in der Elbsohle)
22.7.1907	Erster Spatenstich auf Steinwärder
18.6.1908	Die erste Druckluftperiode im Fahrschacht Steinwärder beginnt
12.11.1908	Fahrschacht Steinwärder im Rohbau fertig
2.6.1908 – 30.11.1909	Bau des Schachtes St. Pauli
9.2.1909	Brand im Schacht Steinwärder. Zerstörung der Schildeinbauten, Sandeinbruch
24.6.1909	Luftausbruch im Osttunnel, Sand- und Wassereinbruch Wiederaufnahme der Vortriebsarbeiten
4.7.1909	Brand im Schacht Steinwärder (Telefonzelle)
29.3.1910	Durchschlag des Osttunnels
1.6.1910	Durchschlag des Westtunnels
18.6.1910	Kaiser Wilhelm II. besichtigt das noch unfertige Bauwerk
7. 9. 1911	Eröffnung für den Fußgängerverkehr
30.11.1911	Öffnung auch für den Fuhrverkehr. Während des Tunnelbaus hat es fünf Todesfälle gegeben: drei davon durch Presslufteinfluss, zwei durch Unfall
1919	Die Hamburger Elektrizitätswerke übernehmen die Beleuchtung des Tunnels anstelle des bis dahin tätigen tunneleigenen Kraftwerks
1928	Verbreiterung der Fahrwege um zehn Zentimeter
1943 – 1945	Der Tunnel erleidet schwere Bombenschäden. Dennoch kann der Betrieb, wenn auch mit Einschränkungen, weitgehend aufrechterhalten werden.

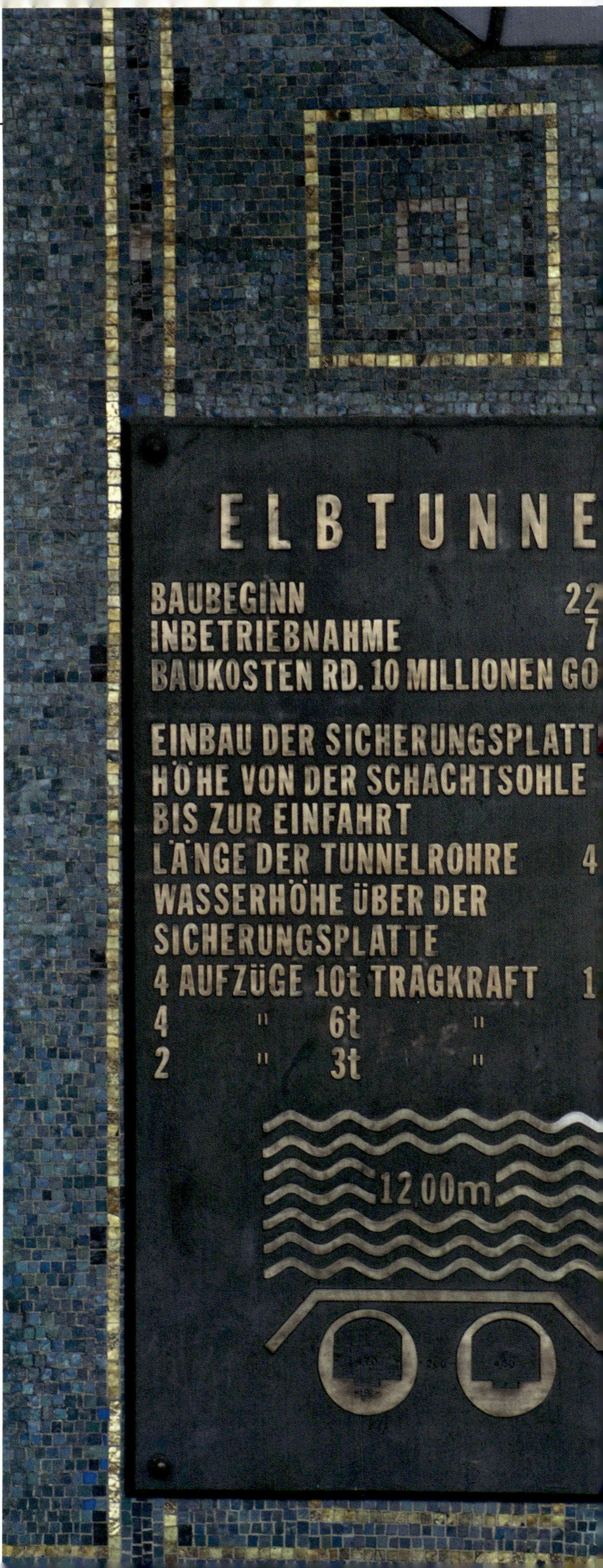

ab 1946 Schrittweise Wiederinstandsetzung des Tunnels

18.3.1950 Sprengungen am Großdock »Elbe 17«

1951 Erneuerung der Beleuchtung

1956 Einbau der Tunnelbelüftung

1959 Einbau von je drei Rolltreppen auf beiden Seiten

1961 Mit der Erneuerung der Kupferbedachung des Steinwerder-Schachtgebäudes werden die letzten Kriegsschäden beseitigt

1962 Bei der großen Sturmflut steht das Wasser im Tunnel bis zu 1,50 Meter hoch

1974 Aufstellung von Ticketautomaten für die Pkw-Passage

1976 Der Elbtunnel wird nachts sowie an Sonn- und Feiertagen für den Kfz-Verkehr gesperrt. Sperrung von 21.15 Uhr bis 5.30 Uhr

1978 Installierung einer Zentrale mit Fernsehtechnik (Videokameras) zur Überwachung des Tunnelverkehrs

1980 Die Bürgerschaft beschließt die Vertiefung des Fahrwassers der Norderelbe und Sicherheitsmaßnahmen für den Alten Elbtunnel

1981 Per Stapelhub wird die Taucherglocke »Deckelmoker« zu Wasser gelassen

1982/83 Abdeckung der Tunnelröhren mit Betonplatten wegen der Elbvertiefung (»Deckelmoker«)

1983 Nach Vollsperrung 1982 Wiedereröffnung des Tunnels nach Abschluss der Sicherungsarbeiten

1986 Das St.-Pauli-Tunnelgebäude wird verhüllt, um die Instandsetzungsarbeiten an der Außenfassade vor Witterungseinflüssen zu schützen.
Wiedereinsetzung von vier Atlanten

1991 Erneuerung der Tunnelbeleuchtung

1992 Ausbau der Rolltreppen

1994 Einbau neuer Brückenkrane in den Maschinenräumen als Ersatz für die Kräne von 1952. Die Tunnelaufseher erhalten erneuerte Unterstände mit Beheizung und Belüftung

1994 Erstmals findet im Tunnel bei großem Zuspruch des Publikums die Kunstausstellung ElbArt statt.

1994/95 Beginn einer umfassenden Grundinstandsetzung des St.-Pauli-Elbtunnels mit dem Ziel, das ursprüngliche Erscheinungsbild weitestgehend wiederherzustellen und alle Anlagen dem aktuellen Stand der Technik anzupassen. Einbau neuer Personenaufzüge einschließlich Steuerung.

1995 Erneuerung der Stahlblechverkleidung vor den Einfahrten Steinwerder und St. Pauli, Erneuerung sämtlicher Hubtore an den Lastenaufzügen, Einbau neuer Türsteuerungen, Erneuerung der Niederspannungsverteilungen

1995 Außerbetriebnahme des Kraftwerks und Demontage der Dieselaggregate zur Gleichstromnotversorgung der Lastenaufzüge

1999/2000 Erneuerung der Hochwasserverschlüsse am Schacht Steinwerder und am Schacht St. Pauli

2000 Erstmals wird ein Elbtunnel-Marathon durchgeführt, der dann jährlich wiederholt wird

2001/2005 Grundinstandsetzung Schacht Steinwerder

2002 Wegen der Euro-Umstellung erhalten die Kassenhäuschen neue Automaten

2003 Beschluss, den Elbtunnel an Wochenende und Feiertagen für den Autoverkehr zu schließen

2003 Der St.-Pauli-Elbtunnel wird unter Denkmalschutz gestellt

2005/2010 Grundinstandsetzung des St.-Pauli-Schachtgebäudes

ab 2010 Erneuerung des größten Teiles des Innenausbaus der Oströhre

7. 9. 2011 Beginn der fünf Tage dauernden Feiern anlässlich des 100. Tunnelgeburtstages

26. 4. 2019 Hamburgs Bürgermeister Tschentscher öffnet die sanierte und komplett restaurierte Oströhre des Tunnels wieder für den Verkehr

Mitte 2019 Beginn der Sanierungs- und Restaurierungsarbeiten in der Weströhre

Technische Daten

Durchmesser der beiden Einfahrschächte 22,00 m.
Sie sind von Mitte zu Mitte gerechnet
448,5 m voneinander entfernt. Der Tunnel ist in seinem Mittelstück auf
108,5 m waagerecht und steigt jeweils zu den Schächten auf
100 m um 1,5 m an.
6 Fahrstühle mit unterschiedlicher Tragkraft in jedem Fahrschacht.
Jedes Tunnelrohr besteht aus
1700 einzelnen Stahlringen mit 6 m Durchmesser, 25 cm Breite, sechsteilig z ProMar usammengesetzt. Jeder Ring wiegt 1300 kg. Verbaut wurden u. a. 5000 t Eisen, 200 t Blei und 600 000 Niete.

Zwei Schachtgebäude
22,00 m innerer Durchmesser
23,50 m Höhe von der Schachtsohle bis zur Straßeneinfahrt, d. h. Hubhöhe der Aufzüge 41,20 m Höhe von Schachtsohle bis zur Maschinenraumdecke 45,83 m, Höhe von der Schachtsohle bis zum Kuppelpunkt St.-Pauli-Seite

Zwei Tunnelrohre
8 m Abstand von Rohrmitte zu Rohrmitte
6,06 m äußerer Rohrdurchmesser
5 bis 6 m überlagernder Elbgrund (ursprünglich)
10 bis 11 m Wasserstand bei mittlerem Hochwasser über den Röhren (ursprünglich)
426,5 m gesamte Rohrlänge
4,66 m lichte Rohrweite
4,88 m lichte Rohrhöhe

Höchstzulässige Fahrzeugabmessungen
Breite: 2,20 m
Länge: 9,50 m
Höhe: 3,40 m
Spurweite: 1,82 m (zwischen den Außenkanten der Räder) 1928 auf 1,92 m verbreitert

Verkehrszahlen

Jahr	Fußgänger	Fuhrwerke/ Autos	Fahrräder/ Karren
1912	11 167 000	66 000	121 000
1915	7 677 000	33 000	97 000
1920	11 200 000	60 000	279 000
1925	9 700 000	85 000	402 000
1930	11 456 000	61 100	1 411 000
1935	12 514 000	42 000	4 058 000
1939	15 931 000	59 000	4 419 000
1945	232 455	6 500	316 000
1950	5 845 000	74 000	750 000
1955	5 129 000	438 000	2 895 000
1960	6 058 000	733 000	2 384 000
1965	4 225 000	883 000	789 000
1970	3 507 000	934 000	462 000
1975	2 229 000	642 000	213 000
1980	1 432 000	629 000	200 000
1985	844 800	385 200	140 500
1986	688 801	372 782	114 433
1987	617 416	358 912	91 981
1988	635 880	431 671	130 834
1989	734 126	437 633	134 767
1990	785 962	448 841	154 670
1991	754 013	423 984	166 784
1992	676 218	414 542	144 882
1993	619 896	420 367	149 905
1994	603 693	383 855	150 702
1995	488 253	364 668	132 627
1999	481 885	354 620	118 590
2000	500 535	350 150	120 840
2001	441 580	319 870	94 330
2002	695 290	447 790	123 130
2003	654 250	386 930	128 500
2004	494 150	227836	75 300
2005	573 230	238 547	60 330
2006	747 260	266 380	67 580
2007	702 000	297 750	63 000
2008	699 700	356 080	111 700
2009	855 690	234 500	114 092
2010	790 350	319 088	105 380
2011	790 900	157 000	101 300
2012	790 300	124 000	105 000
2013	970 930	121 000	241 500
2014	749 200	114 000	204 300
2015	1 232 000	74 000	336 100
2016	1 239 100	55 000	338 000
2017	1 145 300	42 500	312 300
2018	ca. 1 100 000	ca. 38 000	ca. 300 000

Quellen

Mitteilungen und Archivmaterial des Amtes Strom- und Hafenbau, Hamburg
Mitteilungen der Staatlichen Pressestelle in Hamburg
Mitteilungen der Handelskammer Hamburg
Nachrichten und Reportagen aus folgenden Zeitungen:
»Hamburger Fremdenblatt«
»Hamburgischer Correspondent«
»Hamburger Nachrichten«
»Hamburger Abendblatt«
»Hamburger Morgenpost«
»Bild-Zeitung«
»Hamburger Echo«
»Hamburgische Grundeigentümer Zeitung«

Literatur

Bilfinger & Berger, Hauszeitschrift der Firma
Bocklitz, Klaus: »Der Bau des Hamburger Elbtunnels«, Technikgeschichte Bd. 41 (1974) Bd. 3
Elektrotechnische Zeitschrift 9/54, Hamburg
Die Bautechnik 5/58
Eddelbüttel, Helmut: »75 Jahre St. Pauli-Elbtunnel«, Freie und Hansestadt Hamburg, Staatliche Pressestelle
Faesecke, Karl Peter: »Ein Pressluftarzt für Hamburg«, Kiel 1998
Freie und Hansestadt Hamburg, Staatsarchiv, Behörde für Bau und Verkehr, »drunter oder drüber – Elbquerungen gestern und heute«, Hamburg 2002
Gaettens, Mattias: »Glänzendes Panorama ...,« in »Holt fast«, Mitarbeiterzeitschrift der HPA, Hamburg 6/2008
Heisterberg, Walter: »Hamburger Straßen unter der Elbe«, Baukultur, Bonn 1988
Höft, Hans Dieter: »Die Sicherung des St.-Pauli-Elbtunnels«, Hansa 1/2-1984
Höft, Hans Dieter/ Siemers,Werner: »Die Sicherung des St.-Pauli-Elbtunnels in Hamburg«, Jahrbuch der Hafenbautechnischen Gesellschaft, 39. Bd. 1982
Horn, Erich: »Die geologischen Verhältnisse des Elbtunnels nebst einem Beitrag zur Geschichte des unteren Elbtales«, Hamburg 1912
Informationsschrift der Otis Aufzugwerke GmbH, Berlin
Klein, H. J.: »Modernisierung der Stromversorgungsanlagen des Elbtunnels«, ETZ Elektronische Zeitschrift 9/54, Hamburg
Krause, Baurat Dr. W. A.: »Die neuen Beleuchtungsanlagen am Elbtunnel in Hamburg«, Lichttechnik 6/54
Klein, Baurat H.J.: »Einbau von Lüftungsanlagen im Elbtunnel«, Die Bautechnik 5/58
Rausch, Erich: »Sicherung Alter Elbtunnel«, in »beton« 2/83
Stockhausen, Otto: »Der Elbtunnel in Hamburg und sein Bau«, Zeitschrift des Vereins Hamburger Ingenieure, 1912
Wundrahm: »25 Jahre Betrieb des Hamburger Elbtunnels«, in »Werft, Reederei, Hafen« 1936

Fotonachweis

Sämtliche Fotos, die nicht gesondert ausgewiesen werden, gehören zum Archiv des Verfassers. Die bei weitem meisten davon sind der ehem. Baufirma Ph. Holzmann zuzuordnen, die seinerzeit Hauptauftragnehmer für den Bau des Elbtunnels war. Diejenigen Fotos bzw. Abbildungen, für die als Quelle Hamburg Port Authority (HPA) angegeben wird, wurden von dort bzw. für vorherige Auflagen von deren Vorgängerbehörde Amt für Strom- und Hafenbau zur Verfügung gestellt.

Dennoch war es trotz aller Bemühungen nicht möglich, weitere Inhaber von Bildrechten zu ermitteln. Der Verlag bittet daher freundlich um Kontaktaufnahme:
ProMar, Nöpps 4, 22043 Hamburg

Amt für Denkmaschutz, Hamburg: 79, 132
Archiv Bahnsen: 30/31, 60/61, 77, 78
Blohm+ Voss: 12/13, 106, 118/119
Bundesministerium der Finanzen: 159 (unten)
Deutsches Schiffahrtsmuseum: 89 oben, 94/95, 96, 126
Hamburg Port Authority/Amt für Strom- und Hafenbau: 20, 21, 51 (unten), 55 (rechts), 92/93, 122, 128/129, 138/139, 142/143, 148, 152, 153, 154, 161 (Engel+Gielen), 163 (oben), 168
Hapag-Lloyd 14 (unten), 112/113
Internationales Maritimes Museum, Elbtunnel-Grafik: 2–8
Landesbildstelle Hamburg: 10/11, 12 (2), 17, 23, 120/121, 124
Röhrbein, Ingo: 164
Staatsarchiv Hamburg: 52 (3), 53 (unten), 56, 62, 63, 74/75, 80/81, 98, 104/105, 115, 116, 121
Westerholt, Karl-Heinz: 144/145, 147, 150, 151, 158, 159 (oben), 160 (2), 161, 162/163 (unten), 164/165
Witthöft, Felix: 157

Zum 100. Tunnelgeburtstag sollten einen Tag lang wieder Pferdekutschen durch die Röhren fahren. Die Proben Ende Juli 2011 verliefen zufriedenstellend.